依法治國
金融為先

江平

本书系2018年辽宁省社科基金项目“新经济背景下商业银行混业经营风险的准入监管法律问题研究”（L18BFX004）成果

金融法治发展文丛

我国商业银行混业经营准入监管法律制度研究

杨海瑶 著

法律出版社
LAW PRESS·CHINA

金融治理能力现代化的法治回应

——金融法治发展文丛总序

杨　松

21 世纪,的确是国家大振兴、大变革、大发展的时代。国际金融危机深层影响还在继续,世界经济深度调整仍在持续,国际经济治理机制和架构的缺陷始终凸显。精准把脉世界经济形势,促进全球经济稳定增长,增进全球协同治理已经成为共识。中国在"一带一路"倡导下的亚洲基础设施投资银行、金砖银行、丝路基金,以及人民币成为首个纳入 SDR 的新兴市场货币,正在对国际经济金融秩序和格局调整与发展做出贡献。在 2015 年 11 月 15 日土耳其 G20 峰会上,习近平总书记再次提出"构建人类命运共同体"的主张,在党的十八大提出"加快完善社会主义市场经济体制和加快转变经济发展方式"、十八届三中全会提出"全面深化改革"、四中全会提出"全面推进依法治国"、五中全会确定"十三五"规划之后,国家经济社会发展进入了"快车道"。随着经济转型升级,金融已经从传统的货币流通行为,转化为体现经营活动资本化过程的现代金融,它不仅仅是一个产业,而且是经济的核心,是经济发展的"血脉"。金融发挥着现代经济稳健运行的指挥棒作用。深化金融业改革开放,加快完善金融市场体制,是适应新的历史时期,经济治理现代化的需要;金融的强大,不但是现代国际战略博弈的制高点,也是中国走向世界的战略支撑。

21 世纪中国金融发展之路,是一条通过改革提升金融配置资源和服务实体经济的功能之路,它直接关系到经济转型的成败。无论是金融发展理念的创新、金融机构体系的健全、金融结构功能的转型、金融调控功能的发挥,还是金融监管治理的装备,首先都要直面金融制度已有的难题和“瓶颈”,正视金融市场潜在的风险和缺欠,走出顶层设计和基层细化并进、互助的逻辑演进之路。其中法治的作用是独特的,法治是金融发展的重要资源,以法治为核心的制度体系直接影响到金融市场的规范性、一致性和有效性,从而降低金融市场的制度成本和政治风险。法治还是金融市场发展的自发选择,金融交易的非人格化特征排斥传统社会的管制方式,金融交易的外部性需要统一的市场规范。金融交易的道德风险、“搭便车”行为、信息不对称的存在,都需要统一、透明、公开公正的规范予以规制。

十八届三中全会明确提出,全面深化改革的总目标是推进国家治理体系和治理能力的现代化,而金融深化改革的目标就是建立符合现代金融发展要求的金融治理体系和金融治理能力的现代化,金融法治正是这个现代化进程中的支点和抓手。就宏观金融治理而言,就是在金融改革的顶层设计中体现法治治理的思维,注重金融法制度与金融政策的整体规划、协调,优化金融法治能力,合理配置金融结构和市场,全面提升金融宏观治理功能,提高金融业的国际秩序话语权和制度调控力,有效维护国家金融安全;微观金融治理上,注重金融产品的规范化经营,规范各类金融主体的权义边界和权力清单,以公司治理结构改革促进金融市场法治化,完善以市场为基础的经营机制,增强金融市场主体的权利意识。

金融法治研究的水平和成就,从一个侧面体现了国家对金融的治理水平和制度建设的能力,是增强金融竞争力的重要指征。当下的国际金融新秩序的形成、国内金融改革的深化,都需要法治从理念、理论、制度、调控、规制、监管等供应侧的推进和回应。所以,金融法治的研究日益受到法学界和金融学界的关注,越来越多的中青年学者投身于国家金融法治研究的大潮,为适应国家治理现代化的目标,加强金融法治建设,辛勤耕耘,贡献着自己的真知灼见，大大推进了中国金融法治研究的进程。今天，我们设立了“金融法治发展文丛”，在丛书编委会主任王卫国教授的倡议下，我们期待能够为广大的中青年金融法学者提供展示成果和学术交流的平台，获得金融法学术界的关注、鼓励和支持，以学术研究服务于金融法治发展。先期出版的闫海《货币即权力：货币调控权论》等三部专著，是辽宁大学法律与金融研究中心从事的教育部哲学社会科学重大课题攻关项目“加快发展民营金融机构的法律保障研究”（13JZD012）的成果。

我们非常希望年轻一代学者能够勇于开拓金融学和法学跨学科的研究，在金融法治的学术发展上体现我们这一代人的担当，推进金融法治的中国学派的建立和发展。

谨以此文丛为国家的金融治理现代化和金融法治建设尽绵薄之力。

是为序。

2015 年 12 月

目 录

图表目录

图目录

表目录

第一章　绪　论

一、问题的提出

1933 年，美国总统罗斯福在就职演说中直击银行业的极端自由主义，他指出："银行家们已不再遵从社会文明的价值，我们应该重新确立社会价值的衡量标准，重建文明的殿堂。"[①]然而 20 世纪 70 年代全球经济自由化浪潮再一次兴起，金融业放松管制的自由化趋势日益加强。商业银行不断突破原有的业务范围，介入证券、保险等业务，展开混业经营活动。[②] 混业经营在给商业银行带来巨大利益的同时，也使商业银行日益远离传统的存贷业务，转而开发高度抽象化、虚拟化的金融衍生产品，同时形成了商业银行组织机构日益庞大、复杂的局面。[③] 2007 年发端于美国并席卷全球的次贷危机给高歌猛进的商业银行混业经营敲响了警钟。在次贷危机

---

① Franklin D. Roosevelt Inaugural Address 4 in "1933: the Only Thing We Have to Fear Is Fear Itself", 载 https://www. theguardian. com/theguardian/2007/apr/25/greatspeeches，最后访问日期：2017 年 9 月 16 日。

② 参见魏燕慎：《国际金融体制监管变革》，社会科学文献出版社 2011 年版，第 4 ~ 6 页。

③ See Awrey D., "Complexity, Innovation, and the Regulation of Modern Financial Markets", *Harvard Business Law Review*, 2, 2012, p. 239.

中美国先后对花旗银行、美林银行等13家银行提供了约7000亿美元的救助,英国、法国、德国等11个欧洲国家为银行系统提供了约6000亿欧元的救助。[①] 世界银行2009年《全球经济稳定报告》中指出,本次次贷危机给全球造成的损失高达2.7万亿美元。[②] 我国2016年、2017年连续两年的中央经济工作会议都将"防控金融风险放在更加重要的位置",2017年年初更是连续出台了加强商业银行混业经营的监管新规。2018年4月中国银行保险监督管理委员会(以下简称银保监会)[③]的成立体现了国家在监管机构层面加强商业银行混业经营监管的变革决心。2018年监管部门先后出台了《关于规范金融机构资产管理业务的指导意见》《商业银行理财业务监督管理办法》《商业银行理财子公司管理办法》等加强商业银行混业经营监管、隔离风险的具体措施。2019年中国人民银行提出的《金融控股公司监督管理试行办法(征求意见稿)》,对商业银行通过金融集团进行的混业经营活动具有指导作用。

次货危机后的国际政治金融环境和我国商业银行野蛮生长的现实促使人们思考商业银行混业经营的风险问题:

第一,危机后各国政治、经济、法治环境拷问商业银行的高风险混业经营模式。

次贷危机反映出商业银行高风险混业经营模式的弊端,美国、英国、欧盟等国家和地区纷纷推出了加强金融监管的政策法规。[④] 然而商业银行高风险混业经营存在的道德风险、利益冲突等问题在危机之后并没有得到解决,仍然在政治、经济、司法领域不断发酵,引人关注。

在政治领域,2011年2月,为了表达对商业银行从事高风险业务引发公众救助的不满和危机后商业银行未承担相应责任的愤怒,数以万计的美

---

① See Fratianni M U., Marchionne F., "The Banking Bailout of the Subprime Crisis: Size and Effects", *PSL Quarterly Review* 63, 2010, p. 226.

② 参见《2008年IMF全球金融稳定报告》,载https://www.imf.org/external/pubs/ft/gfsr/2009/01,2017.06.12,最后访问日期:2017年6月21日。

③ 2018年3月,根据第十三届全国人民代表大会第一次会议批准的国务院机构改革方案,将中国银行业监督管理委员会和中国保险监督管理委员会的职责整合,组建中国银行保险监督管理委员会。本书在一般意义上使用"银保监会"的称谓,但在论及已有文献和已经颁布的规范性文件以及历史事件时仍使用当时"银监会"的称谓。

④ 美国2010年颁布《多德弗兰克法》,英国2013年颁布《金融服务(银行改革)法》,欧盟、德国、法国也通过了限制商业银行混业经营准入的法律规范。

国公民走上街头，“占领华尔街运动”由此爆发。[①] 2011 年 9 月 11 日，示威者高举“我们才是大多数”的标语，在纽约华尔街附近游行，表达对美国金融体系的不满。“占领华尔街运动”波及了 120 个城市和 75 所美国高校。[②]

在经济领域，已经在次贷危机中转制为商业银行的摩根大通银行 2012 年发生了“伦敦鲸”事件，再一次引发了公众对商业银行利用储蓄资金经营高风险业务的愤怒。2012 年 3 月 20 日，摩根大通驻伦敦首席投资办公室的交易员布鲁诺·伊克希尔（Bruno Iksil），绰号“伦敦鲸”，通过商业银行自营交易业务在与多家对冲基金的对赌中失败，给摩根大通银行带来了约 70 亿美元的损失，这一事件被称为“伦敦鲸”事件。[③] “伦敦鲸”事件使刚刚经历过次贷危机的人们再一次体会到商业银行无约束的高风险混业经营带来的恶果。

在司法实践中，次贷危机引发了一系列的诉讼浪潮。住房所有人起诉抵押贷款发放者，贷款发放者起诉华尔街银行，华尔街银行起诉贷款咨询师，证券投资者起诉以上所有人。[④] 2010 年 4 月美国证券交易委员会（SEC）对高盛银行的衍生产品提起了诉讼，最终高盛支付了 5.5 亿美元，并承诺改进银行的业务模式。[⑤] 英国监管当局也对“伦敦鲸”事件中的摩根大通银行开出了 4900 万美元的罚单。[⑥]

第二，我国金融混业格局的深化追问商业银行混业经营的准入限度。

在金融自由化的国际趋势下，我国金融业也逐渐打破了 20 世纪末建立的分业经营、分业监管的格局，走上金融混业的道路。随着我国金融业基本法对混业经营限制的放松，[⑦]银行、证券、保险、信托等金融机构纷纷通过扩

---

① See Bennett. Drake, David Graeber, “The Anti-Leader of Occupy Wall Street”, *Business Week*, October 26, 2011.

② See BBC News, “Police: Hundreds of Occupy Wall Street protesters arrested”，载 http://www.cnn.com/2011/10/01/business/wall-street-protests/index.html，最后访问日期：2017 年 6 月 12 日。

③ See Jessica Silver-Greenberg, “JPMorgan Fears Traders Obscured Losses in First Quarter”, *The New York Times*, July 13, 2012.

④ See Vikas Bajaj, “If Everyone's Finger-Pointing, Who's to Blame?”, *the New York Times*, January 22, 2008.

⑤ See “Goldman Sachs to Pay Record $550 Million to Settle SEC Charges Related to Subprime Mortgage CDO”，载美国证券交易委员会官方网站：https://www.sec.gov/news/press/2010/2010-123.htm，最后访问日期：2017 年 5 月 2 日。

⑥ See Kirstin Ridley, “UK fines JPMorgan record $49 million”, *NY Daily News*, September 14, 2009.

⑦ 2003 年《商业银行法》第 43 条但书，2005 年《证券法》第 6 条但书，2009 年《保险法》新增第 8 条。

大经营范围、建立金融集团①等方式展开混业经营活动。

从我国商业银行混业经营的组织形式来看，中国银行、中国工商银行、中国建设银行、招商银行等大型银行纷纷通过金融集团方式设立了多种金融子公司，拥有多项金融牌照，展开混业经营（见表1－1）。

表1－1　我国部分商业银行集团混业经营结构②

金融集团	中国银行	工商银行	建设银行	交通银行	招商银行	农业银行	民生银行
	中银保险有限公司	工银瑞信基金管理有限公司	建信基金管理有限责任公司	交银施罗德基金管理有限公司	招商金融租赁有限公司	农银汇理基金管理有限公司	民生金融租赁股份有限公司
子公司或参股机构	中银国际基金管理有限公司	工银金融租赁有限公司	建信金融租赁股份有限公司	交银国际信托有限公司	西藏信托	农银金融租赁有限公司	民生加银基金管理公司等
	中银国际证券有限责任公司	工银国际控股有限公司	建信信托有限责任公司	交银金融租赁有限责任公司	招商基金管理有限公司	农银人寿保险股份有限公司	
	中银国际控股有限公司	工银东亚金融控股公司	中国国际金融有限公司	交银国际控股有限公司	招银国际金融有限公司等	农银国际控股有限公司	
	中银集团保险有限公司	工银国际融资有限公司等	建银国际（控股）有限公司等	交银国际保险有限公司等		农银财务有限公司等	
	中银集团人寿保险有限公司等						

从我国商业银行混业业务来看，非利息收入占比逐年增加，见图1－1。

① 商业银行投资从事混业经营而组建的金融集团是广义金融控股公司的一种类型，但2019年中国人民银行等部门起草的《金融控股公司监督管理试行办法（征求意见稿）》第2条将金融控股公司界定为“依法设立，对两个或两个以上不同类型金融机构拥有实质控制权，自身仅开展股权投资管理、不直接从事商业性经营活动的有限责任公司或者股份有限公司”。而将商业银行等金融机构跨业投资控股形成的金融控股公司称为“金融集团”，其监管办法由相关金融监管部门根据《金融控股公司监督管理试行办法（征求意见稿）》具体制定。因此本书对商业银行投资控股形成的金融控股公司称为“金融集团”。

② 资料来源：各商业银行2017年年报。

商业银行越来越多地参与到银保合作、银信合作中，其经营的混业业务也已经从最初的转账、资金融通、代理、资金托管发展到投资理财、融资担保、证券承销、股票质押、衍生品交易等业务，[①]目前正在向"提供综合金融服务全面解决方案"的"大资管时代"迈进。

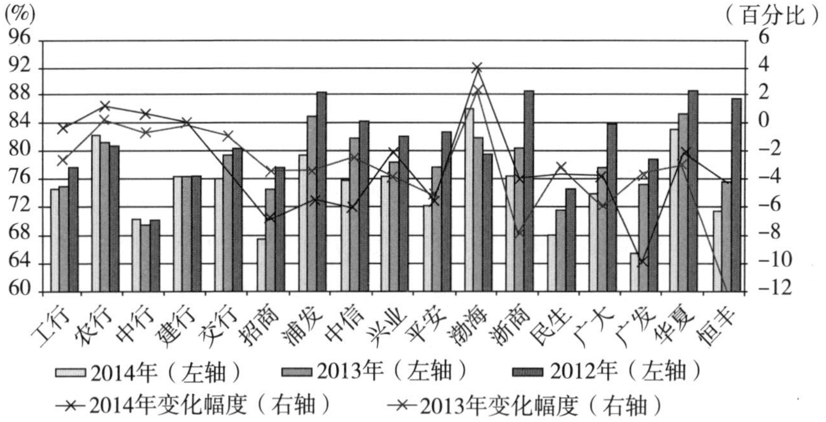

图1－1　2012～2014年全国性商业银行利息收入占比[②]

近年来商业银行混业经营异化扩张的弊端也暴露出来，2011年富滇银行的"倒券风波"、2013年涉及齐鲁银行并引发债券市场动荡的"养券"风暴都是商业银行无序经营证券业务引发的。[③] 更严重的是，随着监管层对商业银行信贷业务监管的加强，商业银行开始通过证券公司、信托公司的多种"通道业务"将信贷资产转移出表，以寻求逃避监管，进而威胁了整个金融系统的安全。[④] 随着中银国际、建银国际和工银国际大举进入私募基金领域，在很多项目投资中，企业一旦获得股权投资，银行对企业的授信等级便会相应增加，[⑤]这也严重危及了公众储蓄资金的安全性。

① 参见席德应：《商业银行机构金融业务》，中国金融出版社2010年版，第86页。

② 参见蔡鸿志：《全国性商业银行财务分析报告》，载《银行家》2015年第9期。

③ 参见孟扬：《债市风暴引发蝴蝶效应：银行忙与"债券代持"划清界限》，载《金融时报》2013年5月14日，第6版。

④ 参见霍海龙：《通道业务的风险》，载《中国金融》2015年第24期。

⑤ 参见史进峰：《商业银行布局私募股权投资基金，纾困地方融资平台》，载《21世纪经济报道》2010年8月28日，第3版。

第三,争鸣与核心问题。

次贷危机后国际政治经济环境和我国的商业银行野蛮生长的混业经营现实促使人们反思商业银行混业经营所蕴含的系统性风险、安全网扩散、利益冲突等问题,①并不断提出对商业银行从事高风险混业经营的质疑:“商业银行可以用纳税人的钱去冒险吗?”“商业银行变得‘大而复杂’没有损害公共利益吗?”“商业银行应该从事投资银行业务吗?”“商业银行不应从事何种高风险业务?”这些争论的核心是商业银行从事混业经营的合理限度问题,即商业银行混业经营的准入问题。由于商业银行从事混业经营业务既具有规模经济等积极因素,又可能引发系统性风险和公共利益损失,因此商业银行混业经营准入问题的本质就是确定商业银行从事混业经营活动的合理限度,从而实现混业经营的效率价值与金融系统的安全、维护商业银行混业经营自由与保障公共利益的平衡。从制度的表现形式而言,商业银行的混业经营准入问题涉及混业经营背景下金融法律的变革;从监管主体而言,商业银行的混业经营准入问题涉及确定混业经营法律限度的监管机构及其权限;从准入的具体规范而言,商业银行的混业经营准入问题既包括积极的混业经营授权性规范也包括消极的混业经营禁止性规范。

商业银行混业经营的准入问题既是一个传统问题,又是一个新兴问题,既是各国金融监管的共性问题,又是我国混业经营深化发展所必须解决的问题。自美国 1933 年《银行法》引发了对商业银行能否经营投资银行业务的讨论之后,近百年来关于商业银行能否经营高风险混业经营业务的争论便从未停止。② 对金融市场发达的西方国家而言,如何抑制商业银行过度金融创新以保障金融安全是商业银行混业经营准入监管的重点。而我国的金融市场经过了 30 几年的发展,金融混业经营正逐步深化。为了在提升商业银行的

---

① 参见 Macey J R, Holdcroft Jr J. P., “Failure Is an Option: An Ersatz-Antitrust Approach to Financial Regulation”, *The Yale Law Journal* 20, 2011; Merkley. Jeff, Carl Levin, “The Dodd-Frank Act Restrictions on Proprietary Trading And Conflicts of Interest: New Tool to Address Evolving Threats”, *Harvard Journal on Legislation* 48, 2011;刘毅、于薇:《美中商业银行分业及混业经营的经验教训与我国未来经营模式的理性选择》,载《现代财经》(天津财经大学学报)2010 年第 5 期;杨东、石富元:《论次贷危机对金融控股公司法制的影响》,载《社会科学》2009 年第 9 期。

② 在经济学、政治学、法学领域有大量关于商业银行混业经营准入的相关文献,研究的焦点集中在商业银行从事混业经营的利弊与影响、混业经营准入的金融与法律监管等问题。

全球竞争力和保障商业银行储蓄安全之间寻求平衡,避免发生次贷危机式的系统性风险,必须确定商业银行混业经营的法律限度,解决商业银行混业经营的准入监管问题。

二、本书的意义和结构

(一)本书的意义

次贷危机之后,美国、英国、欧盟等国家和地区都进行了商业银行混业经营监管法律的变革,特别是旨在限制商业银行从事特定高风险混业业务的准入立法,更对各国的银行业乃至全球的金融业产生了深远影响,如美国的沃尔克规则、英国的"栅栏原则"。

近年来我国商业银行的混业经营趋势日益加剧,一方面,商业银行直接从事的混业业务逐渐增多,仅2014年我国商业银行从事的资产证券化、理财业务、证券承销等混业经营业务达9022亿元,同比增长19.2%,超过了利息收入的增长速度;[①]另一方面,商业银行也不断通过设立控股公司的方式布局证券、保险、信托行业,使商业银行混业经营的格局更为复杂。正如习近平总书记在《关于中央"十三五"规划建议的说明》中所言:"金融业综合经营的趋势给我国现行的分业监管体制带来了重大挑战。"在我国商业银行混业经营格局日益复杂、风险逐渐积累的背景下研究商业银行混业经营准入问题,既能为商业银行转型发展提供制度基础,同时有利于保障我国银行业乃至整个金融业的安全与稳健。

本书旨在从市场准入的视角探讨商业银行混业经营风险的法律规制问题,力图以市场监管的源头——准入制度——为着眼点对我国商业银行混业经营的监管机制和混业经营的具体业务范围提出系统的法律建议。即结合中国商业银行混业经营的实践,对商业银行混业经营准入监管进行理论分析、法律制度借鉴和具体制度设计。

1. 理论意义

第一,结合规制经济学理论、法律价值理论,进一步研究"国家适度干预"理论。明确国家干预在商业银行混业经营准入领域中的合理边界,寻求商业银行混业经营自主权与混业经营风险防范之间的协调与平衡。

---

① 参见张小东:《我国商业银行资产证券化业务的实践与思考》,载《清华金融评论》2015年第10期。

第二，结合我国金融业发展的实践，研究金融领域市场准入规则的发展方向。提出在混业经营日益深化的背景下，机构准入之后的业务准入监管更应该受到重视，成为金融市场准入监管理论发展的新方向。

第三，通过对机构监管理论、功能监管理论和目标监管理论的分析，研究适合我国混业经营监管现状的金融监管理论，并为我国商业银行混业经营准入监管架构提供正当性理论前提。

2. 现实意义

第一，通过对商业银行混业经营准入制度的研究，提出对高风险混业经营业务进行准入限制，为我国商业银行混业经营业务的风险防范提供法律依据，从而保障商业银行混业经营的稳健运行，进而促进商业银行的整体安全。

第二，通过对商业银行混业经营准入制度的研究，提出对商业银行的混业经营准入许可进行制度变革，为我国商业银行的混业经营转型发展提供法律依据，减少商业银行市场化运营的法律障碍。

第三，通过对商业银行混业经营准入制度的研究，提出对商业银行混业经营准入监管主体和具体业务监管制度的设计，从而减少商业银行特别是大型金融集团的系统性风险，最终保障我国金融业和国民经济的整体安全。

（二）本书的结构

本书以“问题的提出——研究的基础——我国的问题——国际制度考察——问题的解决”为逻辑顺序展开。其逻辑框架如图 1 – 2 所示。

本书共分八章，具体内容如下：

第一章，绪论。在次贷危机后各国的政治、经济、法治环境和我国金融混业格局深化的现实背景下，提出商业银行混业经营准入监管问题的研究目标和意义。并对商业银行混业经营的优势与风险、商业银行准入监管制度、我国商业银行混业经营准入监管制度等问题进行了文献综述。

第二章，商业银行混业经营准入监管法律制度的基本理论。本章从商业银行混业经营的特征及其发展的必然性出发，分析了商业银行混业经营引发的外部性问题、公共物品问题、信息不对称问题等市场失灵现象，指出相较于商业银行的机构准入监管，商业银行混业经营的业务准入规制路径更符合金融混业监管的要求，能够为金融市场公平竞争提供制度依据，为金融发展与系统性风险防范的平衡提供具体指引。以金融混业经营概念为基础，对商业

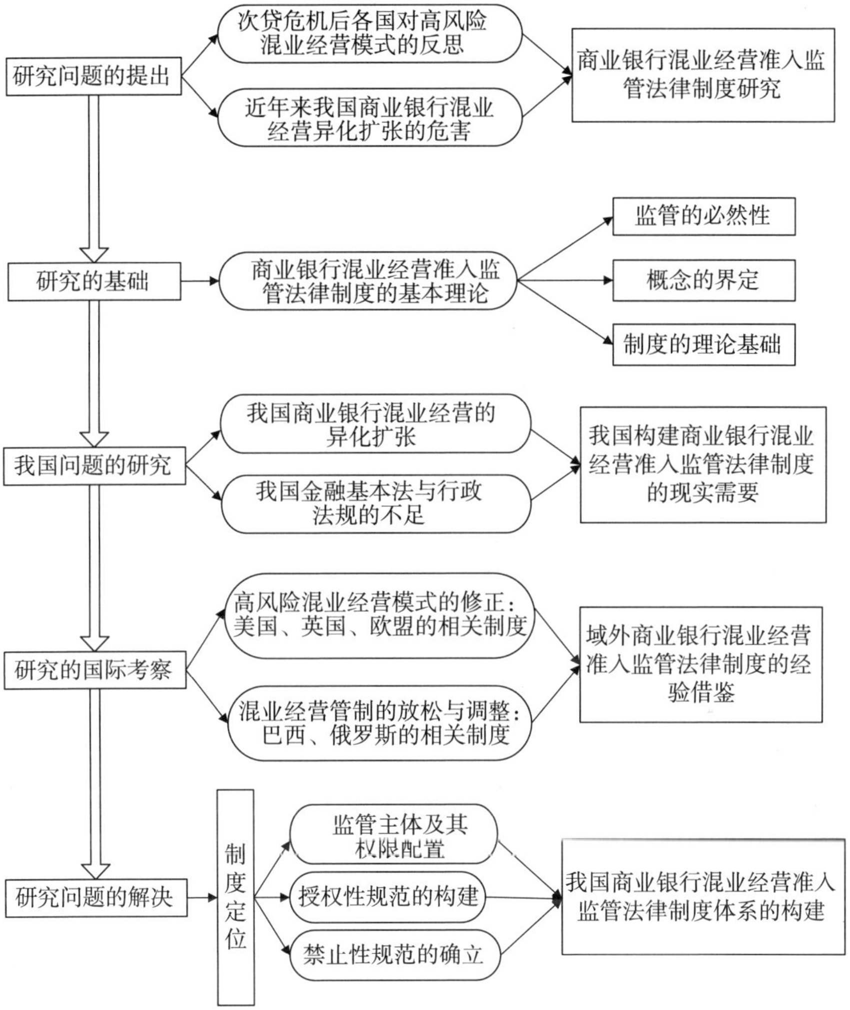

图 1-2 本书的结构框架

银行混业经营准入监管概念进行了界定，并与商业银行业务范围等概念进行了区分。以规制经济学理论、价值均衡理论和国家适度干预理论论证了商业银行混业经营准入监管法律制度的正当性。

第三章，我国商业银行混业经营准入监管法律制度存在的问题。本章从我国近年来商业银行经营模式转型的现实出发，介绍了我国商业银行混业经营业务和混业经营组织不断膨胀的现象，并对司法实践和监管实践中我国商业银行混业经营的异化现象进行了分析。通过对我国相关法律规范的分析整理,指出目前我国金融基本法律和相关行政法规存在的4方面问题:分业准入立法模式与混业经营现实的错配;准入监管机构及其监管权规范不足;混业经营的法律地位规定不明;禁止性规范缺乏系统性。

第四章,域外商业银行混业经营准入监管法律的制度借鉴。本章对美国、英国和欧盟等金融业发达国家和地区的商业银行混业经营准入监管法律度和新兴国家的代表巴西、俄罗斯商业银行混业经营准入监管法律制度进行了介绍和对比。指出,美国、英国、欧盟的相关法律规范体现了这些国家和地区对金融过度自由化进行修正的趋势,而巴西、俄罗斯的相关法律规范则体现了新兴国家金融转型过程中不断调整的趋势。提出,次贷危机之后,加强对商业银行混业经营准入监管是金融法的发展方向,尤其是对商业银行高风险业务的限制是防范系统性风险的重要措施。

第五章,我国商业银行混业经营准入监管法律制度的定位。本章从机构监管、功能监管和目标监管三种主要的金融监管理念出发,对金融监管理念与金融监管体系的关系进行了分析。提出我国分业监管体系下商业银行混业经营准入监管立法的应然选择,即修法与立法结合、原则立法与规则立法结合并对原有准入的行政审批模式进行修正。

第六章,我国商业银行混业经营准入监管主体制度变革。本章从商业银行混业经营对我国已有金融监管格局带来的影响出发,分析了目前我国金融监管存在的金融监管割据现象,提出了为保障金融安全应当引入差异化监管的理念。提出,对商业银行混业经营准入监管也应当采取差异化的准入监管方式,不同类型的商业银行由差异化的监管主体进行监管,并应赋予监管主体不同的监管权限。

第七章,我国商业银行混业经营准入授权性规范的确立。本章从分析商业银行混业经营授权性规范的制度依据出发,指出经过了多年混业经营的发展,我国已有的商业银行混业经营准入规范和存款保险等制度的不断完善为我国基本法律中规定混业经营的授权性规范提供了可能性。对简政放权背景下授权性规范的表达方式进行了分析,并对其具体表现形式进行了制度设计。

第八章,我国商业银行混业经营准入禁止性规范的完善。本章从商业银行混业经营准入禁止性规范的目标和设立原则出发,对商业银行混业经营准入禁止性规范的主要类型和例外条款进行了分析和设计,并对我国的混业经营业务进行了具体分析。

三、文献综述

(一)商业银行混业经营的优势与风险

目前在商业银行混业经营的优势与风险分析方面存在较多的研究成果。学者们通常认为商业银行混业经营具有范围经营优势,可以降低成本、提高效率、增加整个金融市场的价值。沃尔特(Walter)对美国、德国、英国、瑞典的银行监管体系和商业银行混业经营情况进行了对比,并考察了世界上最大的混业经营银行的成本函数与利润增长率,认为混业经营具有规模效应,可以分散风险,并能提升一国商业银行的国际竞争力。① 沃尔特(Wieandt)认为,多样化经营的大型全能银行可以提供更多样的服务,促进经济的增长。全能银行能够共享基础设施和信息,因此能够降低信息、结算、监管方面的成本。② 埃尔萨斯(Elsas)选择了6个欧洲国家和澳大利亚、加拿大、美国的相关数据进行分析,认为银行多样化经营的程度与银行市场价值具有正相关性。即使经历了次贷危机,银行兼营投资银行业务的多样化经营优势仍然没有消失。当然无止境的兼营活动也不是最优的。③ 随着我国分业经营体制的改变和混业经营模式的发展,我国学者也开始关注到商业银行混业经营的优势。吴晓灵、④谢平、⑤王国刚⑥等学者从世界主要国家金融发展趋势和中国加入世贸组织后金融业对外开放、增强商业银行竞争力、促进金融创新等角度肯定了中国商业银行混业经营的趋势。

对商业银行混业经营风险的研究主要集中在两方面:一是商业银行混业

---

① See Saunders A, Walter I, *Universal banking in the United States: What could we gain? What could we lose?*, Oxford University Press, 1994, pp. 11 – 16.

② See Sebastian C. Moenninghoffdu, Axel Wieandt, "Too Big To Fail? – Lessons from the Financial Crisis", *Revue Déconomie Financiève*1, 2011, p. 231.

③ See Ralf Elsas, Andreas Hackethal, Markus Holzhäuser, "The Anatomy of Bank Diversification", *Journal of Bank & Finance* 6, 2010, p. 1274.

④ 参见吴晓灵:《金融综合经营趋势——中国金融控股公司模式选择》,载《科学决策》2004年第9期。

⑤ 参见谢平:《金融控股公司的发展与监管》,中信出版社2004年版,第62页。

⑥ 参见王国刚:《全球视角下的金融混业现象:多维度透析》,人民出版社2006年版,第38页。

经营是否增加了风险,二是商业银行混业经营增加了哪种类型的风险。对商业银行混业经营的风险的讨论则集中于“利益冲突”“道德风险”“系统性风险”方面。科内特(Cornett)对1987~1997年的数据进行研究后,得出结论:相对于没有设立分支机构和兼营商业银行业务的银行而言,那些兼营投资银行业务的银行的经营状况明显更好,获得了大量来自非传统银行业务的收入。[①] 同时产业调整风险指数显示,这些银行的风险情况并没有明显改变。Stern 和 Feldman 认为,金融控股集团和大银行往往单纯追求规模的扩大,而对扩张的风险却不能够采取及时有效的防范措施。[②] 赫布(Hebb)、[③]斯蒂格利茨(Stiglitz)[④]等研究认为,一旦商业银行将存贷款业务与证券承销结合就会引起利益冲突。当银行发现未归还贷款的企业财政状况不良时,银行可以为该企业发行债券,以此来归还银行的贷款。结果是银行将自己的风险转移到了证券市场和投资者的身上。国内学者滑冬玲从金融的脆弱性角度出发,对我国金融体系的风险进行了研究,提出我国5家大型商业银行已经成立了金融控股公司,其巨大的规模、子公司之间的关联交易极易引起局部的金融动荡,并将金融动荡传导到整个金融体系,增加了系统性金融危机的可能性。[⑤] 彭建刚等提出:混业经营程度较低时,可有效降低金融机构的系统性风险值,当混业经营超过一定程度时,将促使金融机构的系统性风险值上升。他提出了分两阶段稳妥推进我国银行业经营模式改革的设想。[⑥] 陈星宇认为,利率市场化、金融脱媒以及国际化竞争加剧等多方面的现实都对我国银行业提出了新的挑战,分业经营的模式已经越来越难以适应银行的现实发展

---

① See Millon Cornett, Evren Orsl, Hassan Tehranian, “Bank Performance around the Introduction of a Section 20 Subsidiary”, *Journal of Finance* 1, 2002, p. 501.

② See Stern G., Feldman R., “Addressing TBTF by Shrinking Financial Institutions: An Initial Assessment”, *Federal Reserve Bank of Minneapolis: The Region* 6, 2009, p. 813.

③ See Hebb. G. M., Franser. D. R, “Conflict of Interest in Commercial Bank Security Underwritings: Canadian Evidence”, *Journal of Banking and Finance* 10, 2002, p. 935.

④ Joseph E. Stiglitz, “Lessons From the Global Financial Crisis of 2008 Seoul”, *Journal of Economics*, 2010(3): 321.

⑤ 参见滑冬玲:《制度质量、金融发展与金融脆弱性的关系研究》,中国社会出版社2014年版,第160页。

⑥ 参见彭建刚、邹克、蒋达:《混业经营对金融业系统性风险的影响与我国银行业经营模式改革》,载《中国管理科学》2014年第11期。

需要，银行混业经营已经成为必然的发展趋势。[①] 张海报以中国平安集团为例，分析了平安集团全混业金融模式的5方面优势，包括强大的品牌溢出效应、形成协同效应并促进各单元业务发展、汇聚全金融行业优秀人才、形成强大的学习和金融创新能力、扩大国际金融保险市场的话语权和规则制定权。[②]

现有商业银行混业经营优势与风险的研究成果比较丰富，这些成果证明，对商业银行的混业经营不应持完全的肯定或否定态度，这为商业银行混业经营的监管研究提供了基础。然而，现有研究多从理论层面论证混业经营的优势与风险，实证研究较少，特别是对我国商业银行混业经营实践中的优势与风险缺乏针对性研究，这正是进一步研究的方向。

（二）商业银行准入监管制度研究

由于商业银行经营吸取公众资金的特殊业务，具有较强的外部性，因此国内外学者对商业银行的准入监管进行了较多的研究，尤其是次贷危机之后对商业银行准入监管的研究更为集中。

在商业银行准入监管的性质问题上，戴蒙德（Diamond）和拉詹（Rajan）首次提出银行特许权的概念，他们认为银行所拥有的信用和资金交易优势取要得到政府或是其他相关部门的特许，通常称为“银行特许权”。[③] 邢会强认为，在商业银行设立之时，它所受到的特殊保护是商业银行的许可设立。该许可不是一般的行政许可，而是一种特许，具有特殊权价值。而这种特许关系到人民群众的生产和生活，金融稳定和金融安全，因此商业银行具有一定的公共性。[④]

对商业银行准入监管的研究较多地集中在机构准入的条件问题上，尤其是针对外资商业银行和民营银行的进入效应、准入模式、准入国际规范、准入要求的研究。时建中提出：外资银行监管应当遵循保护本国银行、对等互惠、最惠国待遇以及国民待遇等原则，并应当参考美国、英国等国家的做法对外

---

① 参见陈星宇：《开发性银行立法相关问题研究》，载《法学杂志》2017年第1期。

② 参见张海报：《中国平安全混业金融模式的优势与风险探讨——基于财务及价值分析视角》，载《财会月刊》2017年第13期。

③ See Diamond，Rajan，“Present Models That Formalize a Bank's Franchise Value and Its Liquidity and Fragility Implica tions”，*Journal of Economics and Business* 2，1968，p. 568.

④ 参见邢会强：《商业银行的公共性理论——兼论商业银行收费法律问题》，载《现代法学》2012年第1期。

国银行的进入提出相应的条件和要求，适度限制外资银行的进入。[①] 周仲飞认为，随着我国银行业的逐渐开放，外资银行的准入条件必须综合考虑国际标准与保护存款人利益、维护金融稳定等多方面因素。[②] 姜鹏分析了国际商业信贷银行倒闭和巴林银行事件的经营，结合我国外资银行市场准入的数据分析，提出外资银行具有资金的跨国流动型风险，因此在外资银行的准入方面应坚持政府监管与市场约束并行，完善我国外资银行准入监管的相关法律制度。[③] 张勇认为，我国一直以来对外资银行实施的“法人导向”的监管制度存在市场准入条件过高的问题，导致“法人化”外资银行数量少，政策效果不佳。[④] 王文宇认为，应有限度地开放并有完整的配套措施。除在原有的金融体制中改制外，对于开放完全民营的银行无须过分排斥。对于民间资本进入银行业应采取渐进式改革，但应保留一定的弹性。[⑤] 蔡四平认为，我国民间金融规模庞大，对宏观经济发展意义重大，应当有效规范和管理民间金融的发展。应当建立健全民营银行的市场准入机制，民间金融机构只要股东人数、资本金、经营者资格及其他有关条件达到法律规定标准，就可以注册登记，不应当受到歧视待遇。[⑥] 张杰认为，现代银行体系稳健运行的关键问题在于维持市场竞争与准入限制的微妙平衡，而牌照价值是其中的关键因素。20 世纪 90 年代以来的金融自由化浪潮打破了这种平衡，紧随其后的是监管当局越来越严格的资本要求。我国在银行市场化改革进程中应当更加重视牌照价值而不是市场的竞争性，对于民间资本进入银行市场应采取更为谨慎的政策步骤。[⑦]

对商业银行的业务准入监管研究主要集中在商业银行能否从事投资银行业务的问题上。格兰特（Grant）认为，美国在次贷危机后“大而不倒”现象更加严重：在银行面临经营损失的时候，对银行特殊保护的安全网反而给银

---

① 参见时建中：《外资银行监管法律问题研究》，载《法学评论》2003 年第 6 期。

② 参见周仲飞：《新外资银行法：完善中的不足》，载《华东政法学院学报》2007 年第 2 期。

③ 参见姜鹏：《我国外资银行市场准入监管研究》，中国金融出版社 2009 年版，第 140 页。

④ 参见张勇：《中国“法人导向”的外资银行监管模式评析》，载《河北法学》2017 年第 1 期。

⑤ 参见王文宇：《论中国银行体制的改革——以内资民营银行准入限制缓和为中心》，载《清华法学》2010 年第 1 期。

⑥ 参见蔡四平：《规范我国民间金融发展的路径选择》，载《中央财经大学学报》2011 年第 2 期。

⑦ 参见张杰：《牌照价值、资本要求与银行体系》，载《金融论坛》2017 年第 2 期。

行提供了一个负面的动机，产生了道德风险。如果银行知道因为规模太大而自己一定会被救助，那么银行就乐于兼营投资银行业务，从高风险业务中获取高回报。[①] 查特吉（Chatterjee）认为，没有《格拉斯—斯蒂格尔法》的约束大型银行集团就可以允许自己的投资银行机构从事高风险的业务，同时又依靠商业银行机构在联邦储备银行的账户为自己提供保障。这种道德风险是立法者所关注的，但《金融服务现代化法》允许的银行兼营投资银行活动却加剧了这种道德风险。[②] 王轶昕等认为，商业银行依赖传统信贷业务已经无法满足自身的发展需要以及对实体经济的金融支持需要，而投行业务作为打破商业银行利润增长"瓶颈"和社会融资"瓶颈"的新型业务，成为我国商业银行今后较长一段时间着力发展的核心业务领域。但我国商业银行开展投行业务受到牌照限制、投资范围限制以及自身经营水平限制，应当选择金融控股关系型模式开展投行业务，提升我国投行业务的资源配置功能。[③]

次贷危机之后理论界和监管部门都对商业银行混业经营的监管问题进行了反思。相关研究主要集中在次贷危机后商业银行混业经营准入限制的原因、准入限制的范围和影响，以及对各国政策法规的评价方面。

对次贷危机后对商业银行混业经营加强监管的原因，Merkley 参议员作为沃克尔规则的起草者之一，从利益冲突的角度进行了分析。他认为，银行在自营交易中可以通过两种方式将自己的利益置于客户的利益之上：或者利用客户的交易信息在市场中对抗另一些客户，或者设计并推出一些最终会贬值的产品。因此，应当采取广泛禁止自营交易的监管措施，只允许银行的"做市"业务和套期保值业务，同时这些交易必须坚持以客户为导向。[④] 杨松等

---

① See Grant. Joseph Karl, "What the Financial Services Industry Put Together Let No Person Put Asunder: How the Gram-Leach-Bliley Act Contributed to the 2008 – 2009 American Capital Market Crisis", *Albany Law Review* 73, 2009, p. 371.

② See R. Rex, Chatterjee, "Dictionaries Fail: The Volcker Rule's Reliance on Definitions Renders It Ineffective and a New Solution Is Needed to Adequately Regulate Proprietary Trading", *International Law & Management Review* 8, 2011, p. 31.

③ 参见王轶昕等：《我国商业银行开展投行业务：理论分析、模式比较与路径选择》，载《南方金融》2017 年第 3 期。

④ See Merkley. Jeff, Carl Levin, "The Dodd-Frank Act Restrictions on Proprietary Trading and Conflicts of Interest: New Tool to Address Evolving Threats", *Harvard Journal on Legislation*, 48, 2011, p. 534.

对欧盟、美国、英国次贷危机监管法规的变革进行了分析，认为危机后混业经营监管的强化反映了金融监管理念的变革：开始从危机应对转变为事先预防，从微观审慎监管发展为系统性风险的监管。① 刘明彦从道德风险的角度提出，一些英国银行同时从事国内零售银行业务、全球公司银行业务和投资银行业务，这些经营活动能产生巨大的经济价值，但同时承担着较大风险。实行零售银行业务与公司银行业务、投资银行业务的分离，是为了解决利润私有化和亏损社会化的问题。② 李迅雷认为，美国、日本的企业特别是金融企业杠杆率过高导致负债方的付息偿债压力过大而无法维持，从而出现违约、破产清算或重组的情况。当较多企业出现债务问题时，会引发大规模廉价抛售、资产价格下跌、通货紧缩、失业率上升、实际利率上升等一系列连锁反应，从而引发金融危机。因此，次贷危机后美国和日本通过了多项去杠杆的监管措施。③

次贷危机后很多国家和地区都推出了对商业银行混业经营准入进行限制的政策法规，包括美国 2010 年多德弗兰克法中的沃尔克规则（Volcker's Rule）及其最终文本、英国 2013 年《金融服务（银行改革）法》确立的“栅栏原则”（Ring-fencing）、欧盟的 2012 年利卡宁报告和 2014 年巴尼尔建议（Barnier Proposal）。学者们从这些规范限定的准入范围、可能产生的影响等方面进行了研究。科伦坡（Colombo）认为，银行可以利用资产负债表为获得利益进行投机活动，而银行活动使用的资金有一部分来自政府保障的存款机构。因此，沃克尔规则通过禁止银行、银行附属机构、银行控股公司从事自营交易，防止银行从确定存款保险中获益，预防商业银行的道德风险。④ Schwarcz 还系统地总结了英国“栅栏原则”可以起到的积极作用：第一，“栅栏原则”以法律形式将传统零售银行业务与高风险的投资银行业务分开，可以纠正市场失灵，保护存款机构和公众的利益。第二，“栅栏原则”有利于纠正

---

① 参见杨松等：《银行法律制度改革与完善研究：调控与监管的视角》，北京大学出版社 2011 年版，第 40～66 页。

② 参见刘明彦：《英国银行业围栏改革述评》，载《银行家》2011 年第 12 期。

③ 参见李迅雷：《日美去杠杆对中国的借鉴》，载《新金融》2017 年第 6 期。

④ See Nicholas J. Colombo, "The Flawed Explicit Safety Net: How Federally Sponsored Deposit Insurance Contributes to Financial Crisis", *Fordham Law Review* 82, 2013, p. 1237.

有限理性导致的信息失灵与市场失灵,减少银行的经营风险。由于英国没有官方的存款保险制度,因此这种优势在英国得到更充分的体现。第三,“栅栏原则”通过减少传统零售银行的风险,降低了整个金融体系的风险。[①] 孙天琦、张晓东认为,次贷危机最大的教训就是在追求金融自由化的同时忽略了对新型金融产品的风险及交易的监管,因此必须坚持创新与监管的同步,必须加强对商业银行过度高风险经营模式的监管。[②] 孙建波、李妍对次贷危机之后的金融监管措施进行了分析,指出通过金融宏观调控来应对次贷危机只能是紧急措施,在微观市场有缺陷的情况下必须综合运用合同法、担保法、房地产法、贷款人保护法、金融监管法等多个部门法共同解决混业经营这一“综合经济法律问题”。[③] 林涌等认为,虽然特朗普在竞选中强调《多德—弗兰克法》中复杂的监管条款消耗了大量的社会资源,阻碍了经济的复苏,但由于《多德—弗兰克法》在控制金融风险、遏制系统性危机、保护消费者和投资者方面发挥了积极作用,该法案很难被废除。尤其是对于整个金融市场而言,废除沃尔克规则将会引发多种高风险、高杠杆交易,增加金融体系的风险。[④]

现有商业银行准入监管的研究成果中,关于外资银行、民营银行等金融机构准入监管的研究较多,而对于商业银行特定业务的准入研究较少,这体现出商业银行准入监管研究,甚至市场准入监管研究的不足。对商业银行混业经营的准入问题往往只涉及投资银行业务一方面,缺少对商业银行混业经营业务准入的系统性研究。现存研究普遍认为,次贷危机后各国加强商业银行混业经营准入监管具有积极意义,并分析了各国准入监管限制的不同规范,这为研究商业银行混业经营准入监管的发展方向奠定了基础。但现有的对监管国际趋势的研究缺少对我国商业银行混业经营实践的探讨,缺乏对监管趋势本土化的深入思考。因此,结合我国金融的实际情况分析适合我国的商业银行混业经营准入监管机制是进一步研究的方向。

---

① See Schwarcz. Steven,“Ring-Fencing”,*Southern California Law Review* 87,2013,p. 69.

② 参见孙天琦、张晓东:《美国次贷危机:法律诱因、立法解危及其对我国的启示》,载《法商研究》2009 年第 2 期。

③ 参见孙建波、李妍:《美国对“次贷”的金融监管及其经济法学思考》,载《法学杂志》2009 年第 5 期。

④ 参见林涌、黄少明、赵琛:《〈多德—弗兰克法案〉的存废》,载《中国金融》2017 年第 4 期。

（三）我国商业银行混业经营准入监管制度研究

随着我国金融混业经营的深化，学者也更多地关注到我国金融混业经营监管体制的变革，特别是近年来学者尤其关注混业经营监管模式的选择与监管权限的配置问题。朱崇实、刘志云等认为，我国金融混业融入全球金融程度不深，混业规模和比例较小，目前采取分业监管模式仍然具有现实基础。但长期来看我国应建立适应混业经营发展的统一监管模式。① 巴曙松指出了我国金融业的变化趋势，认为，综合经营的趋势给现行的分业监管体制带来重大挑战。频繁显露的局部风险特别是近期资本市场的剧烈波动说明，现行监管框架存在不适应我国金融业发展的体制性矛盾，必须通过改革保障金融安全，有效防范系统性风险。② 吴晓灵面对“三会合一”的提议，指出，金融市场还是应坚持分业监管，重新组建一个“超级机构”会降低运行效率，进而使监管功能无法充分发挥。③ 周小川指出：我国的金融监管体制在危机中也有一些不令人满意的表现，特别是2015年中国金融市场出现的一些动荡也促使我们反思金融监管体制需要做出调整，目前此问题还处在研究阶段。其中一个因素是要考虑新的监管体制是否有利于宏观审慎政策体系的有效运行和政策框架的执行。④ 吴云、张涛指出，“双峰监管”通过重新整合监管权力，设立审慎监管机关和市场行为监管机关，以实现维护金融稳定与保护金融消费者的双重目标。这一模式可以充分发挥监管目标的专一性和监管能力的专业性，既可以消除分立监管引发的监管割据，又可以消除综合监管的目标冲突和审慎不足，因此，得到了广泛认可，成为危机后主要国家的改革方向。⑤ 谢宜泽对近年来“超级央行”“金融协调委员会”“央行+金融监管总局”等六种金融监管改革方案进行了分析，提出金融监管组织再造是分步骤

---

① 参见朱崇实、刘志云等：《混业经营趋势下的中国金融监管法：挑战与革新》，厦门大学出版社2013年版，第5~27页。

② 参见巴曙松：《中国金融监管改革的可能路径》，载《金融客》2015年第2期。

③ 参见金欢：《全国人大常委会委员、财经委副主任吴晓灵——金融监管机构不能一合了之》，载《经济日报》2016年3月1日，第4版。

④ 参见李德、尚玉、周小川：《金融监管体制改革处于研究阶段》，载《经济日报》2016年2月29日，第5版。

⑤ 参见吴云、张涛：《危机后的金融监管改革：二元结构的“双峰监管”模式》，载《华东政法大学学报》2016年第3期。

的折中渐进过程，应当将原有的部际联席会议升级为金融监管协调委员会，并逐步形成中国人民银行负责宏观审慎，合并微观审慎监管，形成独立的行为监管局。①

在监管权的划分方面，黎四奇认为，在信贷管理、反洗钱监控权、支付阶段监管权等方面，中国人民银行与银监会存在权限划分的不明确，这种不彻底的监管权分离伤害了我国银行业监管的有效性。② 朱大旗等认为，银行监管是存款保险制度的重要功能之一，应赋予存款保险机构包括规则制定权、监督检查权、强制执行权在内的银行监管权，督促银行审慎经营，防范金融风险。存款保险机构应当加强与中国人民银行、银监会等机构的协调合作，实现信息共享、运行通畅，确保银行监管的一致性和有效性，以促进银行业健康稳定发展。③ 刘志伟认为，在我国既有金融监管框架之下，地方金融监管格局已现雏形，但业已进行的金融监管权分置举措实为地方金融具体性事项的监管权下移，缺乏整体性、系统化的金融监管权分置安排。在地方金融监管的分权改革中，须确立地方金融监管新范式，实行中央督察式省级以下垂直监管。④

商业银行混业经营监管中的业务监管主要存在于金融领域，主要涉及准入后的监管问题，较少从准入的类型与条件进行研究。周仲飞将银行服务准入分为机构准入和业务准入，认为，审批机关批准银行机构准入并不意味着银行可以自然地从事涉及银行业的全部业务，有的国家的立法只是笼统地规定了银行业务的定义，银行究竟可以从事哪些具体的活动仍需获得监管机构的审批。⑤ 蔡奕对银行证券业务进行了分析，指出，银证混业不仅是银行业与证券业在业务上的交叉与结合，而且也包括二者在机构上的联系与融合，并且前者往往是以后者为手段而实现的。银行参与证券业的市场准入是指

---

① 参见谢宜泽：《中国金融监管组织再构造分析》，载《现代经济探讨》2017 年第 5 期。

② 参见黎四奇：《我国银行法律制度改革与完善研究》，武汉大学出版社 2013 年版，第 178 页。

③ 参见朱大旗、李慈强：《论存款保险立法中银行监管权的分配与协调》，载《北京行政学院学报》2013 年第 3 期。

④ 参见刘志伟：《地方金融监管分权：协同缺失与补正路径》，载《上海金融》2017 年第 1 期。

⑤ 参见周仲飞：《银行法研究》，上海财经大学出版社 2010 年版，第 110 页。

一国允许银行服务或资本参与其国内证券市场的程度。①

杨松、闫海对银行代理保险业务的监管进行了研究,认为,银行代理保险是银行保险合作乃至金融混业创新的突破口。应当在立法上对银行代理保险业务的资格条件作出明确规定,并将准入条件与监管政策相衔接,实施分类设置,同时规定相应的资金、人员、制度及设施等要求。② 薛梅对银行保险业务进行了分析,认为银行代理保险有其内在的合理性,即银行市场化会内生出以银行为平台的金融交叉业务。但银监会与保监会两个监管主体监管节奏的不一致造成了银行与保险的市场化程度不同,市场化滞后的银行在渠道合作中如再不增强主体意识,将导致消费者对两个金融主体难以信任的社会危机。③

目前的研究充分注意到了混业经营对监管机构改革提出的新要求,同时对西方监管机构的研究也为我国监管机构的改革提供了借鉴。但现有成果多是从宏观上探讨混业经营监管机构的确定与权限,缺少对商业银行特殊监管要求的关照。同时,对商业银行混业经营的业务监管,也多是从某种特定的业务风险出发,缺乏从宏观视角、系统性风险视角对商业银行复杂混业经营业务进行的分类监管。无论未来的监管体系如何构建,都应当考虑商业银行特殊的安全需求和对系统性风险的影响。同时,从保护储蓄机构安全的角度系统研究商业银行可以从事的混业经营业务范围应是进一步研究的重点。

(四)第五次全国金融工作会议后的准入监管研究

2017 年 7 月我国召开了第五次金融工作会议,会议在肯定我国金融发展成就的同时,也分析了我国金融业出现的问题,指明了我国未来金融业改革发展的方向。2017 年 10 月中国共产党第十九次全国代表大会在报告中也明确提出"健全金融监管体系,守住不发生系统性风险的底线"。全国第五次金融工作会议和十九大报告所确定的"防控风险""深化金融改革""服务实体经济""守住不发生系统性风险底线"的理念成为目前学者研究关注的重

---

① 参见蔡奕:《银行参与证券业务热点透析》,北京大学出版社 2006 年版,第 31 ~ 35 页。

② 参见杨松、闫海:《银行代理保险业务的法律规范体系研析》,载《法学评论》2010 年第 5 期。

③ 参见薛梅:《银行竞争主体的塑造及银行保险的进一步演变趋势——银监会监管政策效应的经济学分析》,载《保险研究》2011 年第 3 期。

要主题,这也深刻影响了商业银行混业经营准入监管的研究。相关的研究主要集中在金融安全、金融监管协调机制、金融监管模式改革、防范系统性风险方面。

关于金融安全的研究逐渐增多。管涛①从金融发展的视角对我国的金融安全进行了解读,提出发展是金融安全最大的保障。他认为,金融发展滞后仍然是中国经济发展的主要矛盾,金融业需要通过持续发展来解决前进中的问题、化解运行中的风险,应坚持发展与规范的并重。孙辉②认为,应当从开放的、发展的、符合金融业本质要求三方面建立我国的大金融安全观,即坚持改革开放促进金融业的发展、在继续深化金融改革创新和更好支持实体经济发展中实现和维护金融安全。范小云③认为,我国的系统性风险既具有与其他国家的共性,又具有新型金融业态发展迅速、金融体系改革的特殊属性,因此我国应当推进以系统性金融风险防控为目标的监管改革,要关注不同机构业务的同质化程度和多样化业务的关联,发展统筹监管。

以金融稳定监管委员会为中心的金融监管协调研究成为研究的热点问题。中国人民银行金融稳定局局长陆磊在接受《人民日报》采访时指出,国务院金融稳定发展委员会的主要职能是统筹金融改革发展和监管,统筹协调货币政策和财政政策、产业政策等,增强监管协调的权威性和有效性。④ 马玉荣、李佩珈等⑤认为,"金稳会"是首次在国务院层面成立的针对某类具体问题的专业委员会,将之前的"联席会议""部际间水平协调"转化为"上下级关系的垂直协调",监管协调作用将实质性加强。葛丰⑥认为,设立国务院金融稳定发展委员会标志着中国的金融监管从分业再一次回归统一,是在更高水平的金融格局中主动求变。这种统一监管符合金融机构混业经营发展趋势,有助于推动金融工作回归本源。王朝阳⑦认为,目前对监管部门合并后

---

① 参见管涛:《发展是金融安全的最大保障》,载《中国金融》2017年第15期。
② 参见孙辉:《树立大金融安全观》,载《上海金融》2017年第7期。
③ 参见范小云:《系统性金融风险的监管策略》,载《改革》2017年第8期。
④ 参见王观:《国务院金稳会做什么怎么做》,载《人民日报》2017年7月18日,第2版。
⑤ 参见马玉荣、李佩珈等:《中国金融监管框架谋变》,载《中国经济报告》2017年第9期。
⑥ 参见葛丰:《金融格局的全新征程》,载《中国经济周刊》2017年第29期。
⑦ 参见王朝阳:《树立金融监管的新框架、新理念与新精神》,载《中国发展观察》2017年第16期。

的理论、行政管理问题还存在较大争议,合并时机不成熟,更为务实的做法是在既有框架上设立更高一级的组织,即国务院金融稳定发展委员会。徐洪才①认为,我国金融监管协调性不足,同时需要强化央行宏观审慎和防控系统性金融风险的责任,因此在“一行三会”框架下,设立“金稳会”在弥补监管短板方面成本最小、冲击也最小。金融稳定发展委员会应该不是一个实体部门,办公室设在央行,其实质是强化央行的领导地位。王国刚认为,中国金融监管框架由原先的“一行三会”调整为“一委一行两会”(国务院金融稳定发展委员会、中国人民银行、中国银保监会和中国证监会),这标志着研讨多年的中国金融监管框架改革有了明确的体制回应,是在总结“一行三会”监管框架的成就、经验和教训基础上,根据新时代中国经济高质量发展要求,立足于解决我国经济社会主要矛盾的客观需要,服务于“五位一体”总体布局和“四个全面”战略布局,具有明显的中国特色。② 王刚等指出,下一步“金稳会”的工作重点应当包括五个方面:一是在厘清定位的基础上明确“金稳会”的权限;二是确定人员组成,细化“金稳会”下设日常支持型组织的具体架构和运转机制;三是优化运作机制,包括确立定期会议和不定期会议相结合的工作机制,信息收集、保密和透明度安排,问责机制等;四是尽快启动与“金稳会”相关的立法修法工作;五是按照急用先行原则,将加强资管产品监管协调和提升金融数据标准作为下一步“金稳会”的工作重点。③

功能监管和行为监管模式在现有的研究中较多地体现出来。张庆昉对金融行为监管进行了界定,并指出,我国金融行为监管制度虽然已经初步形成,但存在行为监管机构设置不合理、监管范围窄、监管标准不合理、监管工具缺失等问题,应当建立独立的金融行为监管机构,并推动金融行为监管的统一立法。④ 郭彬⑤对金融危机前后各国金融监管模式的调整进行了分析,认为,与以往的以机构类型和特定机构主体为监管目标的机构监管功能监

① 参见徐洪才:《详解“金稳会”》,载《中国经济周刊》2017 年第 9 期。

② 参见王国刚:《新时代金融监管框架点论》,载《IMI 研究动态》2018 年第二季度合辑。

③ 参见王刚、颜苏、王洋:《系统性金融风险防控体系研究》,载《经济纵横》2018 年第 1 期。

④ 参见张庆昉:《金融行为监管体系改革》,载《中国金融》2017 年第 11 期。

⑤ 参见郭彬:《后金融危机时期中国金融综合监管改革框架初探》,载《甘肃金融》2017 年第 8 期。

管不同,功能监管强调实质重于形式,提出我国金融监管应从机构监管理念调整为功能监管。马玉荣、李佩珈等①指出,影子银行最大的问题就是导致了混业经营与分业监管的制度性错配,因此在应对影子银行风险上,应强化综合监管,突出功能监管和行为监管。

以系统性风险防范为主题的研究逐渐增多。杨子晖、周颖刚②从网络关联视角考察全球金融市场的风险走势后发现,中国内地金融市场为风险溢出的净输入者,为保持中国金融市场的稳定与安全,宏观审慎风险防范机制应该树立"太关联而不能倒"的监管理念。王国刚③指出,系统性金融风险主要产生于高杠杆和脱实向虚的金融交易上,防控系统性风险成为中国经济金融运行中一个至关重要的政策取向,要充分有效地防控系统性金融风险,需建立金融数据和金融信息的精准性统计机制,强化对系统重要性金融机构的流动性监管,强化对金融市场运行态势的监控,强化"去杠杆",增强实体企业的盈利能力,完善和改革金融监管框架。张家臻、刘亚④认为,银行业系统性风险的产生包括内因和外因,内因是银行系统内在的脆弱性,表现为高杠杆、金融衍生品等过度风险承担;外因是实体经济波动和政府政策干预的外部冲击。金融创新与交叉性金融业务的开展加大了金融杠杆,增强了金融机构间和金融市场间的联动性,放大了同业与混业的风险敞口,使系统更加脆弱,因此,"强监管、严防控"依然是未来银行业监管的主旋律。宋清华、胡世超⑤认为,在我国经济新常态下,应当借鉴国际金融组织、欧盟和美国在防控系统性金融风险上的有效经验,加强对系统性金融风险防控的顶层设计、强化中央银行在系统性金融风险防控中的地位和作用、实现宏观审慎监管与微观审慎监管的有效结合;防范系统性金融风险需要守住银行体系稳定的底线。刘

---

① 参见马玉荣、李佩珈等:《中国金融监管框架谋变》,载《中国经济报告》2017年第9期。

② 参见杨子晖、周颖刚:《全球系统性金融风险溢出与外部冲击》,载《中国社会科学》2018年第12期。

③ 参见王国刚:《防控系统性金融风险:新内涵、新机制和新对策》,载《金融评论》2017年第3期。

④ 参见张家臻、刘亚:《基于宏观审慎视角的银行业系统性风险研究》,载《江淮论坛》2018年第6期。

⑤ 参见宋清华、胡世超:《系统性金融风险防控的国际实践及其启示》,载《武汉金融》2018年第8期。

瑶、张明[①]指出，近年来中国银行部门账面杠杆率的“向好”与宏观经济杠杆率的“堪忧”形成了巨大的反差。商业银行“去杠杆”并非一再降低负债率，而是对银行风险的全面重新审视。未来微观审慎与宏观审慎政策的协调搭配、杠杆率的校准成为银行业监管的新方向；监管部门需同时关注商业银行短期流动性风险和中长期信用风险，避免去杠杆过急造成新一轮系统性金融风险的集中爆发。

第五次金融工作会议和十九大报告之后的相关研究关注到了金融安全、监管机构变革、系统性风险防范等问题，但由于时间和认识原因，现有研究主要集中在金融领域中，法学研究较少，对金融安全的制度化建议、金融稳定发展委员会的具体职权、金融稳定发展委员会在混业经营中的监管定位、功能监管和行为监管在混业经营监管中的应用等具体问题研究较少。

（五）新经济、金融科技对混业经营监管的影响

20 世纪 70 年代以后，第三次科技革命方兴未艾，科技与经济增长的关系日益紧密，许多经济学家提出，知识的积累和技术的革新对经济增长作用很大，甚至是决定性的。为更好地解释经济增长，必须将这些因素纳入模型。而分析工具和经济理论的进步，也为研究经济增长提供了更好的工具和思路。在此背景下，诞生了经济增长研究的新成果——新经济增长理论。

卡内瓦莱（Carnevale）在其《美国与新经济》一文中对新经济涵盖的几个问题进行了阐述，他认为，新经济并不是一种特定的经济板块或者产业板块，而是在新的产业技术革命基础之上形成的一种新的经济增长方式，其核心就是由传统的追求分工细密化、资本深化和规模经济转变为追求创新驱动型经济增长。[②] Argandoña（2003）基于伦理学视角提出了新经济的三个基本特征：它是以知识和信息为基础的技术变革；其参与主体遍布全球范围（全球化）；其网络化的组织形式具有高度灵活性。[③] 董微微指出，新经济的产生总是伴

---

① 参见刘瑶、张明：《中国银行部门杠杆率：现状与隐忧》，载《国际经济评论》2019 年第 3 期。

② See Carnevale, Anthony Patrick, “America and the New Economy”, *American Society for Training and Development*, 1991.

③ See Argandoña A., “The new economy: ethical issues”, *Journal of Business Ethics*, 2003 (1): 3 – 22.

随着技术革命,其影响渗透到整个经济社会的各个领域,提供了新产品、新的生产流程和组织形式、产生了新兴产业,改变了人们的社会生活方式,对整个经济带来重大影响。[①] 张弛、张曙光指出,中国新经济的发展取得了举世瞩目的成绩,成为引领中国经济发展和转型的重要引擎。新经济的均衡超越了数量—价格的二维均衡或同质均衡,是数量—价格—品种的三维均衡或异质均衡,数字网络技术和信息化生产力正是新经济的典型代表。[②]

金融科技的发展极大地影响了全球金融业的格局,大数据、云计算、智能合约、电子身份认证等金融科技对传统商业银行业务和原有的金融监管体系提出了挑战,近年来学者对金融科技的研究也逐渐增多。目前对金融科技的研究主要集中在金融科技的界定、金融科技与互联网金融的关系,以及金融科技监管的方向。而与混业经营监管相关的研究主要存在于以下三方面:金融科技企业的混业经营对金融监管的影响、商业银行与金融科技的关系、监管科技在混业经营监管中的应用。

在金融科技企业混业经营活动对金融监管的影响方面的研究中,杨松、张永亮[③]指出,金融科技公司成为了新型的金融服务主体,其业务范围逐渐渗透到传统金融的各领域,混业经营特征凸显,这对我国的机构监管模式构成了重大挑战。廉薇、边慧等[④]对蚂蚁金服 2003 年 10 月至 2017 年 4 月的发展历程进行了整理,认为数字金融业从诞生的那天开始就具有混业经营的特征,在我国分业监管的体制下如何监管数字金融是一个新课题,尤其是对于蚂蚁金服这样一个具有系统重要性的数字金融公司来说,监管的问题就更加复杂。杨东[⑤]指出,金融科技使金融跨行业、跨国境发展,这将带来不稳定的风险因素。而随着金融科技企业混业经营的发展,各种不同类别市场之间的交易摩擦减小,给不同行业的不同监管规带来法律适用上的不确定,从而增

① 参见董微微:《国外新经济理论的研究进展》,载《技术经济与管理研究》2014 年第 9 期。

② 参见张弛、张曙光:《分工协调方式和组织结构创新———再论新经济对经济学理论的挑战》,载《南方经济》2019 年第 2 期。

③ 参见杨松、张永亮:《金融科技监管的路径转换与中国选择》,载《法学》2017 年第 8 期。

④ 参见廉薇、边慧等:《蚂蚁金服》,中国人民大学出版社 2017 年版,第 56 页。

⑤ 参见杨东:《防范金融科技带来的金融风险》,载《红旗文稿》2017 年第 16 期。

加了法律规制成本。姚耀军、施丹燕①对阿里金融进行的混业经营业务功能进行了分析,他们认为,金融科技企业从事混业经营具有了储蓄功能、分散风险功能、促进支付功能,可以降低金融交易成本,但我国金融监管当局反应滞后,对网络金融存在"无监管、无门槛、无规则"的"三无"的情况。尹振涛指出,中国已经成为全球金融科技发展最快的国家,也成为拥有金融科技独角兽最多的国家。越来越多的互联网公司或科技公司仍在不断涉足金融领域,这些互联网科技属性的公司通过成立、收购和并购等方式,获得多种金融或类金融牌照,逐渐形成了一类有别于传统的金融控股公司的互联网科技类金融控股公司。金融监管部门也应充分考虑到金融科技特别是互联网金融控股公司的特点,据此出台科学可行的监管措施。在有效防控系统性金融风险的同时,应继续鼓励金融创新的发展,巩固中国金融科技已有的国际竞争力和影响力。② 张永亮指出,金融科技的"信息技术风险""数据化"和"技术化"对传统金融监管模式提出了挑战。在中国语境下,"监管科技"应界定为监管机构在金融监管过程中的科技化、自动化和智能化,其应用主体是国家金融监管机构,属公法范畴。监管科技之有效应用,一方面,要求监管者既要坚信技术是提升监管智能化的核心手段,又要时刻防范技术带来的风险,树立适应性、包容性、实验性、协调性的监管理念;另一方面,监管科技之应用需要一系列法律制度的构建作为支撑,包括构建技术应用标准化体系、优化金融数据法律制度、创设实验性监管模式等。此外,监管法规还应及时反映技术与风险的变化。③

在商业银行与金融科技的关系上,一方面金融科技公司通过金融科技的应用实现了金融领域的全产业链运营,对商业银行形成了较大的竞争压力。科塔巴(Kotarba)④指出,随着金融监管的日趋严格、金融科技的迅速发展,金融机构与客户端的关系发生了巨大变化。以银行业务为例,由于金融科技的

---

① 参见姚耀军、施丹燕:《阿里金融:网络金融与中国金融创新——浙商模式、金融功能与交易成本的三重视角》,载《中共浙江省委党校学报》2016 年第 6 期。

② 参见尹振涛:《互联网金融控股公司的监管》,载《中国金融》2019 年第 1 期。

③ 参见张永亮:《金融监管科技之法治化路径》,载《法商研究》2019 年第 3 期。

④ See Kotarba M, "New Factors Inducing Changes in the Retail Banking Customer Relationship Management(CRM) and Their Exploration by the FinTech Industry", *Foundations of Management* 8, 2016, pp. 69 – 78.

影响传统金融机构在技术上正在逐渐失去市场份额。布莱恩·沃尔夫(BrianWolfe)①在2017年度美国联邦存款保险公司银行研究会议会上指出:通过金融科技实现的P2P借贷活动使大量资金在传统银行业之外流动。P2P借贷活动主要针对小额信贷,给小银行造成了较大的损失,对大型银行的影响不大。另外,商业银行也开始采用金融科技手段改进服务,积极展开经营转型。李小庆②指出,各大银行已经开始尝试基于云计算技术构建私有云,并在其上部署应用系统,并从技术设计方面提出了建议。王镇③指出,为了应对Fintech企业的挑战,商业银行也应当在业务经营中搭建自身的Fintech技术平台,使业务线条向智能型方向转变。

在监管科技在混业经营监管中的应用方面的研究中,杨松、张永亮④指出,金融科技监管的核心就是监管科技(RegTech),监管科技实现了持续监管的理想,降低了金融机构的资本要求,缩短了调查违规企业的时间。而我国金融监管框架重构的核心就是监管科技的法制化。李仁真、申晨⑤指出,英美等金融发达国家以及金融稳定委员会(FSB)等国际金融组织积极开展金融科技监管的创新探索,形成了监管沙箱、淡中心化监管、风险评估的分析框架等制度成果,从不同侧面揭示了Fintech监管制度的发展方向。其中监管沙箱(Regulatory Sandbox)就是监管科技的主要表现形式。李文莉、杨玥捷⑥对金融科技中智能投顾的相关问题进行了分析,他们指出,智能投顾业务界限的模糊性对传统信义义务的挑战、服务的跨界性对分层监管的挑战、算法的专业性对传统监管手段的挑战,要通过借鉴监管沙箱模式并引导监管科技介入监管,以实现对金融科技的有效监管。

在金融科技对混业经营监管的相关研究中,学者们普遍认识到金融科技对金融竞争格局的影响,并提出监管科技对金融科技监管的重要性。但对商

---

① See Brian Wolfe, "Crowdingout Banks: Credit Substitution by Peer-to-PeerLending", 17*th Annual Bank Research Conference FDIC Center for Financial Research*, 2017.

② 参见李小庆:《银行私有云的构建和实现》,载《金融科技时代》2017年第1期。

③ 参见王镇:《商业银行应用Fintech技术的对策研究》,载《经济管理》2017年第6期。

④ 参见杨松、张永亮:《金融科技监管的路径转换与中国选择》,载《法学》2017年第8期。

⑤ 参见李仁真、申晨:《Fintech监管的制度创新与改革》,载《湖北社会科学》2017年第6期。

⑥ 参见李文莉、杨玥捷:《智能投顾的法律风险及监管建议》,载《法学》2017年第8期。

业银行通过金融科技实施混业经营业务的风险以及运用监管科技实现混业经营监管的研究较少。

(六)我国上市商业银行混业经营业务情况

对上市商业银行混业经营业务数据进行分析,这对研究商业银行混业经营监管,特别是大型商业银行集团的混业经营监管具有重要意义。本书对2007~2016年我国上市商业银行年度报告中涉及混业经营业务的数据资料进行了整理。总体而言,这10年间我国上市商业银行经历了2007~2011年的高速增长和2012年至今整个银行业的增速放缓、利润下降,在上市商业银行净利差持续收窄的情况下,中间业务、非利息收入等混业经营活动逐渐成为支撑银行业发展的重要力量,呈现出形式多样、稳定发展的特点。

2007年11家上市银行的中间业务平均增长124.5%,远高于2006年度70.6%的平均增幅,其中工商银行、建设银行和中国银行以其庞大资产、客户规模在中间业务活动中占据优势地位。2007年我国上市商业银行中间业务增幅平均是营业收入增幅的2.9倍,为银行的非利息收入进而为营业收入的增长做出了远超于利息收入的贡献。2008年在次贷危机的影响下,我国资本市场深度调整,11家上市银行的中间业务平均增长45.8%,远远低于2007年的增长幅度。但各上市银行中间业务占比仍然稳中有升。工商银行、中国银行、建设银行和交通银行4大行中间业务占比较高,其中建设银行、工商业银行最高,均超过14%,中国银行、交通银行也在11%以上。中小规模上市银行中间业务占比差异明显,招商银行和民生银行分别达到13.9%和12.7%。2009年我国为应对全球金融危机先后数次下调了利率水平,给各银行带来的直接影响就是净息差收窄。尽管净息差收窄对银行的利润产生了较大的负面压力,但中间业务收入成为我国上市银行稳定收入的主要来源,2009年我国上市银行的业绩仍然实现了增长。工商银行2009年实现非利息收入636.33亿元,较上年增长36.2%,非利息收入占比15.2%。中国银行2009年实现非利息收入737.35亿元,非利息收入占比达31.7%。2010年受益于生息资产规模增长和净息差的起稳回升,我国上市银行净利息收入同比增长27.6%。同时2010年上市银行净手续费及佣金收入对营业收入的贡献继续提高,2010年上市银行共计实现净手续费及佣金收入为2978.93亿元,同比增长32.3%,较2009年的同比增速提高了6.9个百分点。净手续费及佣金收入在营业收入中的贡献程度也有所提高,全部上市银行的净手续费及佣金收入总和在其营业收入总和中的占比由2009年的16.2%上升到了17%。2011年我国上市银行的营业收入大幅增长,利息收入和非利息收入持续增加,中间业务成为推动收入增幅的重要力量。2011年工商银行实现非利息收入1124.5亿元,较上年增长45.9%,非利息收入占比23.7%;中国银行实现非利息收入1002.34亿元,较上年增长21.4%,非利息收入占比30.5%。

2012年我国利率市场化改革提速,利率改革对银行业的冲击明显,上市银行普遍出现了净息差降低和净利息收入增幅减缓的现象。2012年年初,中国银监会下发了《关于整治银行业金融机构不规范经营的通知》,监管的加强也减缓了商业银行银行中间业务收入快速增长的趋势。但2012年我国上市银行的中间业务收入依然实现了增长,兴业银行年手续费与佣金净收入比增长了69%,而大型银行中增速最快的交通银行增长率仅为11.9%。2013年伴随着宏观经济下滑、利率市场化进程加快和互联网金融的异军突起,我国商业银行的经营环境发生了重大变化,传统的经营模式面临着重大挑战。2013年我国上市银行利润增幅持续下降,与2012年相比,工商银行、建设银行的平均净利差和净息差分别下降0.15%和0.14%。与此同时,我国上市银行非利息收入的占比继续提升,理财业务和银行卡业务基本上都占据中间业务贡献榜的前三位,建设银行2013年银行卡手续费收入257.83亿元,增幅为28%,理财产品业务收入106.8亿元,增幅为13.9%。2014年我国经济步入"新常态"阶段,面对复杂多变的经营和监管环境,商业银行传统盈利模式难以为继,我国商业银行不断探索经营模式的转型,中间业务收入明显增加。2014年,工商银行、建设银行等大型商业银行和股份制银行手续费及佣金净收入占比持续上升,工商银行为20.1%,建设银行为19%,招商银行为22%,民生银行为28.2%。2015年我国经济进入结构调整、新旧动能转换的新常态,中国人民银行多次降息降准,我国上市商业银行也出现了净息差下降,利息收入增速持续下降的情况。与此同时,我国上市商业银行积极寻求业务模式转型,中间业务等非利息收入增长较快,特别是商业银行的理财业务在资产规模和增速方面持续增强。2015年工商银行理财产品余额为26,165.98亿元,增速32%,建设银行理财产品余额为16,176.43亿元,增速 41.1%,民生银行理财产品余额为 10,585.40 亿元,增速 121.8%。2016 年在稳健的货币政策和加强监管的环境下,我国上市商业银行净利息收入多与 2015 年持平或下降。大型商业银行的中间业务收入放缓,地方性商业银行中间业务增长较快,在手续费等中间业务方面地方性商业银行保持了 50% 以上的增长,如浙商银行增长了 83%,常熟农商行增长超过 200%。由于理财业务竞争的日益激烈,监管日趋严格,建设银行等大型商业银行加强了投资银行业务的发展力度,“大投行、大资管”成为发展的方向。2016 年工商银行担任债券主承销 1.5 万亿元,并不断发展托管、代理收费、顾问业务等多种投资银行业务。

第二章　商业银行混业经营准入监管法律制度的基本理论

一、商业银行混业经营监管的必然性

（一）商业银行混业经营的特征和发展动因

金融混业经营，又称“综合经营”“多元化经营”，是与分业经营相对应的概念。① 一般认为金融混业经营是银行、证券、保险、信托等各种金融机构在保持原有业务的基础上拓展经营范围，相互进入对方领域并提供多种金融产品和服务的行为，即金融机构至少实质性地从事银行、证券、保险中的两种或三种经营活动。②

商业银行的混业经营，通常是指商业银行不仅能经营存款、贷款、结算等传统银行业务，还能经营代理股票发行与买卖、基金管理、资产管理、保险销售等原属于证

---

① 参见张忠军：《金融业务融合与监管创新》，北京大学出版社 2007 年版，第 6 页。

② 面对次贷危机中大型金融集团从事高风险混业经营活动的教训，2012 年巴塞尔委员会与国际证券委员会组织（IOSCO）、国际保险监管协会（IAIS）组成的联合论坛（The Joint Forum）修订了《金融集团监管原则》。《金融集团监管原则》在“适用范围”部分，将多元化金融集团界定为“在受监管的银行业、证券业或保险业中，实质性地从事至少两类金融业务，并对附属机构有控制力和重大影响的所有集团公司”。

券公司、保险公司等金融机构的多种金融业务。①

商业银行业务,总体可以分为资产业务、负债业务和其他业务。其中负债业务包括存款业务和借款业务;资产业务包括贷款业务、证券投资业务、现金资产业务等;其他业务包括银行卡业务、投资银行业务、金融衍生交易业务等。② 商业银行的混业经营业务往往表现形式多样,主要存在于存款业务和贷款业务之外的其他业务中,例如资产证券化、衍生品交易等业务;商业银行的混业经营业务也可能表现为资产业务的形式,如债券投资、股权投资等。

金融的本质是资金的筹集、分配、融通、运用及管理,③因此资金在不同金融业态之间的跨业流动是资金融通的必然结果。金融的混业与分业的区别从来都是相对的,往往由于不同时期、不同国家的法律或政策的变化形成金融业的相对分业或相对融合。④ 然而由于商业银行具有吸收公众存款的特殊功能,其也就具有了更强的外部性。对于商业银行是否可以从事混业经营业务一直存在着截然相反的观点:支持者认为,商业银行的混业经营活动可以提高金融效率,为消费者提供多元化的金融服务;反对者则认为,混业经营可能导致银行资金流入股市等高风险领域,银行极易与客户发生利益冲突。⑤ 这两种观点的交锋从20世纪初至今仍未停歇,并随着金融形势的时代变迁演化出各自的理论与实证依据,⑥理论研究的争执不下也使立法呈现出戏剧性的反复无常。⑦ 因此商业银行混业经营的问题始终伴随着

---

① 参见陈为:《中国大型国有商业银行发展综合经营路径研究》,西南财经大学2010年博士学位论文。

② 参见杨宜:《商业银行业务管理》(第2版),北京大学出版社2016年版,第5页。

③ 参见陈伟鸿:《金融学》,浙江大学出版社2006年版,第5页。

④ 参见许多奇:《从“分业”到“混业”:日本金融业的法律转变及其借鉴》,载《法学评论》2003年第4期。

⑤ 参见宣文俊:《我国金融业混业经营的法律框架思考》,载《法学》2005年第1期。

⑥ See Saule T. Omarova, Margaret E., Tahyar, “That Which We Call a Bank: Revisiting the History of Bank Holding Company Regulations in the United States”, *Review of Banking & Financial Law* 3, 2012, p. 113.

⑦ 以美国为例,1933年《格拉斯—斯蒂格尔法》强制实行了商业银行与投资银行的分离,1999年《金融服务现代化法》允许商业银行、投资银行合法进入对方的业务领域。2010年美国颁布《多德—弗兰克法》中的沃克尔规则(The Volcker Rule)重新加强对商业银行高风险业务的监管,严格限制商业银行的混业经营业务。

金融实践与法律规制的冲突与博弈。

商业银行混业经营的特征可以从金融实践和法律认可两方面理解：从金融实践而言，商业银行混业经营与分业经营的主要差异体现在商业银行所从事的业务类型的不同。分业经营意味着商业银行主要从事存款、贷款、支付结算等银行基本业务，而混业经营则允许商业银行除了开展基本银行业务之外还可以从事证券公司、保险公司等其他金融机构经营的基本业务，如股票的发行、买卖和承销，进行债券、衍生品的交易，开展综合资产管理业务，从事保险、养老金等扩展业务。[①] 从法律制度层面而言，分业经营意味着法律规范对商业银行从事基本业务之外的混业经营业务持否定态度，甚至采取了强制性分离商业银行基本业务与投资银行业务的法律措施。而混业经营则体现了法律制度对商业银行从事非传统银行业务的宽容态度，对商业银行从事证券、保险、信托等金融业务较少采取禁止措施。

虽然商业银行的分业经营和混业经营是相对的，但从世界范围来看，20世纪80年代以来，允许商业银行从事证券、保险等拓展业务的国家日渐增多，逐渐形成了混业经营的浪潮。[②] 在这种趋势下，一些发达国家放松了原有商业银行混业经营的禁止性规范，如美国、英国；一些发展中国家也开始从对商业银行业务进行严格管制，到逐渐允许商业银行从事部分混业经营活动，如巴西、印度、俄罗斯。商业银行混业经营的蓬勃发展既有混业经营具有的规模效应、分散风险和提高银行竞争力[③]等内在原因，也有金融市场竞争日益激烈、"金融脱媒"现象严重等外在压力，更是受到了全球金融自由化和金融国际化的影响。伴随着我国经济的发展，我国商业银行也经历了从初级混业到严格分业，再到近年来混业经营试点的发展过程。随着企业和居民的金融需求向更高层次发展，在直接金融、互联网金融不断发展和国际金融机构的竞争压力下，我国商业银行积极进行传统业务的转型，发展

---

① 参见[美]本顿·E. 冈普、詹姆斯·W. 克拉里等：《商业银行业务：对风险的管理》(第3版)，康以同译，中国金融出版社2009年版，第5页。

② 参见丁俊：《混业经营浪潮下金融监管模式的比较——兼论我国金融监管组织结构的改革思路》，载《亚太经济》2001年第4期。

③ See Saunders A, Walter I, *Universal banking in the United States: What could we gain? What could we lose?*, Oxford University Press, 1994, pp. 11 – 16.

混业经营具有重要的现实意义和必然性。[①]

(二)商业银行混业经营市场失灵

古典自由主义经济学家认为,市场机制是一种合乎自然秩序(natural order)的制度。弗兰斯瓦·奎奈指出,"一切人都必须遵循'自然秩序',并按照其准则制定政治、法律等人为秩序,如果违背自然秩序整个社会都会处于疾病状态"。[②] 亚当·斯密更是将市场机制的神奇作用誉为"看不见的手"。[③] 然而完美的市场机制只能是一个"神话",凯恩斯指出:"由于市场是不完全竞争的市场,租金与利润、工资一样具有粘性,不会足够快地降低。如果我们把自由放任与自由竞争应用于这个社会,就将面对经济危机。"[④] 市场机制不能完全发挥作用的现象被称为市场失灵(market failure)。市场失灵通常表现为自然垄断、公共物品、外部效应、市场不完全、信息的不足等。[⑤]

由于竞争市场的前提是信息的完全性,而金融市场的本质作用就是获取和处理信息,因此金融市场相较于普通市场更易发生市场失灵现象。[⑥] 虽然商业银行混业经营可能产生积极作用,但商业银行的混业经营也不可避免地会发生市场失灵现象,而且在金融业态互相融合、金融创新加剧的背景下,商业银行混业经营的市场失灵又发生了新的变化。

商业银行从事混业经营加剧了外部性和信息不对称的市场失灵问题:

一方面,混业经营加剧了市场外部性问题。金融混业经营打破了传统银行、证券、保险等业务的界限,使同一金融机构能够提供多种金融服务。这种多元业务模式在促进金融竞争、提高效率的同时,也使金融机构不断扩

---

① 参见陈雨露、马勇:《中国金融体系大趋势》,中国金融出版社 2011 年版,第 129 ~ 131 页。

② 李晓蓉:《西方经济学说史》,北京大学出版社 2014 年版,第 67 页。

③ 参见[英]亚当·斯密:《国民财富的性质和原因的研究》(上卷),商务印书馆 1972 年版,第 27 页。

④ Keynes J M, "Collected Writings", *Money* 6, 1982, pp. 15 – 28.

⑤ See Bator F M, "The anatomy of market failure", *The Quarterly Journal of Economics* 3, 1958, pp. 351 – 379. 美国经济学家弗朗西斯·M. 巴托(Francis M. Bator)首次在此文中提出了市场失灵的概念。

⑥ 参见阎庆民:《国金融业:改革与发展及监管中的法律问题》,载《现代法学》2000 年第 4 期。

张业务、增加机构，最后成为机构众多、组织复杂、资产庞大的金融集团。这些金融集团对整个金融体系的影响越来越大，被称为系统重要性金融机构（Systemically Important Financial Institutions，SIFIs）。2011 年金融稳定理事会（FSB）还将在全球具有重要影响力的金融机构称为全球系统重要性金融机构，将对全球最有影响力的 29 家银行称为全球系统重要性银行（Global Systemically Important Banks，G-SIBs），并每年公布全球系统重要性银行的监管指标。① 花旗集团、摩根大通、巴克莱银行以及我国的工商银行、建设银行、中国银行等都出现在 2016 年 11 月金融稳定理事会公布的最新监管名单中。②

外部性，是指当一个行动的某些效益或成本不在决策者考虑范围内的时候所产生的一些低效率现象，也就是某些效益被给予，或某些成本被强加给没有参加这一决策的人。③ 而混业经营环境中产生的系统重要性金融机构引发的“大而不倒”问题，更加剧了金融市场的负外部性：④一方面，当金融集团出现流动性风险或清偿力问题时，由于其具有的复杂性和关联性，将冲击整个金融市场，甚至造成系统性金融危机，也就是金融集团自身引发的后果，可能造成系统内没有参与金融集团经营的无关者的损失；另一方面，由于金融集团的系统重要性，政府为避免金融系统的崩溃不得不采取直接或间接的大规模公共资金救助措施。救助措施即使金融集团免于承担自己不良行为的后果，同时又将这一不利后果最终推给没有作出决策的无辜公众承担。

此外，混业经营加剧了市场的信息不对称问题。信息不对称是指有关交易的信息在交易者之间的分布是不对称的，即一方比另一方占有较多的

---

① 参见金融稳定理事会：《Policy Measures to Address Systemically Important Financial Institutions》，载金融稳定理事会官方网站：http://www. fsb. org/2011/11/r_111104bb/，最后访问日期：2017 年 6 月 30 日。

② 参见金融稳定理事会：《2016 list of global systemically important banks》，载金融稳定理事会网站：http://www. fsb. org/wp-content/uploads/2016 – list-of-global-systemically-important-banks-G-SIBs. pdf，最后访问日期：2017 年 11 月 6 日。

③ 参见［美］阿兰·兰德尔：《资源经济学》，商务印书馆 1989 年版，第 155 页。

④ 参见袁达松：《系统重要性金融机构监管的国际法制构建与中国回应》，载《法学研究》2013 年第 2 期。

相关信息,处于信息优势地位,另一方则处于信息劣势地位。① 金融混业经营所产生的复杂性无疑增加了信息披露监管的难度,加剧了金融市场的信息不对称。

金融混业使银行、证券、保险之间的关联日益密切,金融组织机构的关联性、复杂性增加,金融产品也越来越抽象化、虚拟化,远离基础经济关系,使投资者难以获得真实的信息,金融交易越来越成为少数华尔街精英才能掌控的游戏。② 次贷危机正是金融体系复杂化引发信息失灵的代表,次级贷款经过特殊目的公司的隔离、打包、评级,上市变为投资者追捧的次级债券,而次级债券所依赖的基础关系——次级抵押贷款的相关信息早已湮没在复杂的发行程序中。正如杜克大学著名法学家史蒂文·L. 施瓦茨所言:"投资者,甚至将这些证券产品推向市场的大型复杂金融机构都没有完全明白这些复杂的金融产品。"③

(三)商业银行混业经营监管要素

混业经营引发的负外部性、公共物品供应不足、信息不对称等问题将引发投资、交易的决策偏差,导致市场机制无法有效地进行资源配置,甚至引发金融市场乃至整个经济领域的系统性风险。因此就需要以市场之外的"国家之手"④纠正这种"市场失灵"。金融监管,是指金融监管机构利用行政手段、法律手段和市场化手段对金融机构进行的金融监督与管理监管,是纠正金融市场失灵的主要手段。⑤ 随着金融在现代经济中地位的加强、金融行政监管任意性的凸显、金融产品创新的风险性增大,现代国家都加强了金融监管的法制化。⑥ 由于法制化的金融监管最具稳定性、统一性、权威

---

① 参见曲振涛、杨恺钧:《规制经济学》,复旦大学出版社 2006 年版,第 166 页。

② See Tett G, "Fool's Gold: How the Bold Dream of a Small tribe at JP Morgan Was Corrupted by Wall Street Greed and Unleashed a Catastrophe", *Simon and Schuster*, 2009, p. 117.

③ Steven L. Schwarcz, "Controlling Financial Chaos: The Power and Limits of Law", *Wisconsin Law Review* 3, 2012, p. 832.

④ 参见张世明:《经济法学理论演变研究》(第 2 版),中国民主法制出版社 2009 年版,第 251 页。

⑤ 参见冯科:《金融监管学概论》,北京大学出版社 2015 年版,第 3 页。

⑥ 参见陶涛:《大藏省改革和日本金融监管体系的完善》,载《北京大学学报》(哲学社会科学版)2000 年第 1 期。

性,也最有效,[①]因此金融监管法在金融市场监管中的地位日益突出。

金融监管法是调整国家在对金融市场进行监督和管理的过程中所形成的权力义务关系的法律规范的总称。[②] 金融监管法作为经济法最核心的组成部分,它是通过对金融机构的准入、经营行为、退出机制以及金融监管机构的职能、权限的规定对整个金融市场进行调节,从而规范、约束、引导与保障各种金融机构的经营行为。因此,金融监管法律制度应当包括监管体制法、金融机构准入法、运营监管法、退出监管法等基本内容。[③] 监管体制法主要解决监管主体的类型与权限的分配问题;金融机构准入法是监管机构准许进入市场,从事经营活动的条件和程序规则的各种制度和规范的总和;[④]运营监管法是解决金融机构持续审慎经营的问题;而退出监管法主要涉及金融机构退出市场的条件和程序问题。[⑤] 面对商业银行混业经营的市场失灵问题,应当对商业银行混业经营实施准入监管、运营监管和退出监管,本书讨论的问题主要集中在混业经营的准入监管领域。

二、商业银行混业经营准入监管的概念界定

(一)商业银行混业经营准入监管的概念

概念既为逻辑判断提供要素,又是逻辑推理的基础。黑格尔更将概念的研究提升至逻辑研究的主体地位,他认为概念是"独立存在的实体性力量",既具有形式意义,又具有具体内涵。概念的本质内涵需要通过定义的方式进行阐述,[⑥]而亚里士多德的经典定义的方式就是"属加种差"。[⑦] 对

---

① 参见王国平:《谈金融监管执法层面的三项基础建设》,载《法学》2000 年第 2 期。

② 参见李昌麒:《经济法学》(第 3 版),法律出版社 2016 年版,第 436 页。

③ 对于金融监管法的内容,有不同的分类方式。顾功耘依据金融监管的对象将金融监管法分为金融监管体制、对金融机构的监管、对投资人和融资人的监管、对金融市场活动和金融产品的监管,以及金融监管的国际合作。参见顾功耘主编:《经济法教程》,上海人民出版社 2002 年版。李昌麒依据金融业态的不同将金融监管法分为金融监管体制法、银行监管法、证券监管法、保险监管法。参见李昌麒:《经济法学》(第 3 版),法律出版社 2016 年版。但无论采用何种分类方式,金融监管体制、金融机构的准入、运营、退出监管都是金融监管法的主要内容。

④ 参见吴弘、胡伟:《市场监管法论》,北京大学出版社 2006 年版,第 97 页。

⑤ 参见温树英:《构建我国金融机构市场退出的监管法律体系》,载《政治与法律》2002 年第 1 期。

⑥ 参见汪堂家:《哲学的逻辑表达与逻辑的哲学分析——从概念、定义与命题理论看莱布尼兹的逻辑哲学观》,载《复旦学报》(社会科学版)2005 年第 3 期。

⑦ 参见王路:《亚里士多德论定义》,载《学术月刊》1982 年第 8 期。

商业银行混业经营准入监管的定义应当从“混业经营”的定义开始，并找出商业银行混业经营及其准入的特殊本质。

目前对于“混业经营”并没有完全统一的定义，其通常是作为美国《1933年银行法》中“隔离银行制”的反向对称。① 西方学者较少使用“混业经营”的表述，往往直接描述金融经营模式相对于“分业经营”的变化。美国金融法学家、维吉尼亚州最高法院委员 Melanie Fein 使用了“多元化经营”(diversified services)的表述。② 英国经济学家、“双峰理论”的提出者 Michael Taylor 认为，金融市场的界限逐渐模糊，出现了传统商业银行与投资银行的混合现象。③ 巴塞尔银行委员会 2012 年修订的《金融集团监管原则》中使用了跨行业经营(cross-sector)的表述。④ 在我国表述与金融“分业经营”相对的概念时，除“混业经营”概念的表述之外，也使用“综合经营”“跨业经营”“合业经营”等概念，大多数学者认为这些概念与“混业经营”没有本质差异。⑤ 分业经营，是指不同的金融服务由分工不同的金融机构分别提供。⑥ 混业经营，一般是指金融机构本身或通过其控股子公司提供包括银行业、证券业、保险业以及其他新型金融业务在内的至少两种金融业务的业务制度。⑦ 混业经营与分业经营的本质差别在于金融机构的业务分

---

① See Shen C H, “Cost Efficiency and Banking Performances in a Partial Universal Banking System: Application of the Panel Smooth Threshold Model”, *Applied Economics* 9, 2005, pp. 993 – 1002.

② See Fein M. L, “Commercial Bank Private Placement Activity: Cracking Glass-Steagall”, *Catholic University Law Review* 27, 1977, p. 743.

③ See Taylor M, “‘Twin Peaks’: A Regulatory Structure for the New Century “, *London: Centre for the Study of Financial Innovation*, 1995, pp. 5 – 12.

④ 参见巴塞尔委员会金融集团联合论坛:《金融集团监管原则》，载巴塞尔委员会官方网站:http://www. bis. org/publ/joint29. htm，最后访问日期:2017 年 6 月 20 日。

⑤ 有学者认为“综合经营”与“分业经营”含义不同，如赵锡军(2006)认为，金融业由低级向高级发展的创新与融合更应当用“综合经营”来描述。陈建超(2008)认为，综合经营是分业经营向混业经营的过渡状态。但大多数学者在使用“综合经营”“跨业经营”“合业经营”等概念时，都是作为与“分业经营”相对的概念而使用，并没有进行区别对待。参见王兆星:《金融综合经营与分业监管变革——银行监管改革探索之五》，载《中国金融》2014 年第 23 期;王鹤立:《我国金融混业经营前景研究》，载《金融研究》2008 年第 9 期;闻岳春、丁志雄:《中国金融业综合经营:现状与路径取向》，载《同济大学学报》(社会科学版)2008 年第 2 期等。

⑥ 参见郭敏:《多元化金融集团的组织经济学分析》，人民出版社 2005 年版，第 10 页。

⑦ 参见张忠军:《金融业务融合与监管制度创新》，北京大学出版社 2007 年版，第 7 页。

工问题，混业经营体现了金融业经营的多元化趋势。混业经营既可以指多样化经营的行为模式，也可以指多元化的经营业务。广义的混业经营还包括金融业与工商业的混业活动，即“产融结合”活动，但通常混业经营是指金融业内的混业经营，不包含金融业与实业的混合。①

商业银行的混业经营符合金融混业经营的一般特征，商业银行的混业经营也是自身或者通过其控股公司从事多元化金融业务的业务制度。商业银行的“混业经营”只是一个相对的概念，不同国家和地区在不同的历史时期对商业银行“混业”的范围和业务类型的规定迥然相异。② 如果以商业银行和其他金融机构的最本质区别——“存贷业务”作为商业银行“分业”与“混业”的区分标准，那么商业银行经营存贷业务之外的其他业务（包括支付结算业务）都可以认为是一种“混业经营”，如此来说商业银行从未真正“分业经营”过，始终是“混业经营”的。显然这种理解过于绝对，与金融监管和金融实践并不相符，即使是在美国 1933 年银行法创造的典型“分业经营”时期，商业银行仍然可以从事除了存贷款业务以外的大量票据承兑业务和“开展银行业务所必需”的投资、信托等附带业务。③ 因此对商业银行“混业经营”的理解应采取历史的、动态的视角。

历史上由监管形成的分业经营实际上只是限制商业银行从事某些特定的混业经营业务，并不限制商业银行从事特定业务之外的其他混业经营业务。④ 通常情况下商业银行通过监管当局的特许，取得法人经营许可时，就可以经营存贷业务和某些混业业务。而商业银行经营混业业务的具体范围和从事这些混业业务的特殊监管要求，则存在于商业银行取得特许经营之后的业务准入监管规范中。因此在商业银行混业经营的准入监管中，机构准入只提供了商业银行以法人方式进行混业经营的基本条件，这一机构准入条件与商业银行作为商主体的设立条件重叠，无法区分商业银行从事不

---

① 参见巫文勇：《中国金融业监管制度改革研究：基于金融混业经营视角的重新思索》，西南交通大学出版社 2010 年版，第 26 页。

② See James R. Barth, Gerard Caprio, Ross Levine, *Rethinking Bank Regulation: Till Angels Govern*, Cambridge University Press, 2008, pp. 105 – 109.

③ 参见陈小敏：《美国银行法》（第 2 版），法律出版社 2013 年版，第 62 ~ 64 页。

④ 参见陆晓明：《国际银行业混业经营——模式与趋势》，载《银行家》2015 年第 7 期。

同混业经营业务的风险程度。要解决次贷危机之后“商业银行究竟可以从事何种混业经营活动”的困惑,就主要依赖于商业银行混业经营的业务准入规范。分业经营与混业经营的本质差异就在于经营业务的差异,因此本书从经营业务的视角将“商业银行混业经营准入监管”界定为监管机构对商业银行从事混业经营业务的准入监管,即监管机构依据法律规范对商业银行混业经营过程中“可以从事哪些业务,不能从事哪些业务,从事业务需经过哪些监管”[①]等问题进行的业务准入监督和管理。规范商业银行混业经营准入监管活动的法律规范称为商业银行混业经营准入监管法律制度,由此形成的法律关系称为商业银行混业经营准入监管法律关系。

(二)商业银行混业经营准入监管相关范畴

1. 商业银行混业经营准入监管与商业银行混业监管

“混业监管”是在混业经营成为全球金融业发展趋势的背景下提出的,是与分业经营时代的“分业监管”相对的概念。在传统的金融业态加剧融合的同时,以金融业态和金融机构作为监管权限划分标准和监管依据的“分业监管”已显现出监管的“重叠”和“真空”。[②] 混业经营的金融实践倒逼金融监管从分业监管向混业监管转化。分业监管强调不同金融业态的分别监管,而混业监管则强调适应混业现实的功能监管、激励性监管和创新监管。[③]

鉴于商业银行在金融体系中的特殊地位,监管机构对商业银行的混业监管普遍给予了更多的关注。商业银行的混业监管既涉及宏观的监管体制问题又包括微观的制度设计问题。在监管体制方面,商业银行混业监管要解决监管机构的设置与权限划分问题,如监管商业银行混业经营的机构是统一的还是分立的,以及银行集团监管权的配置等;在监管制度方面,商业银行的混业监管包括了商业银行混业经营从准入监管、运营监管到退出监管的全部监管内容。[④]

---

① 李金泽:《商业银行法国际比较》,中国金融出版社2008年版,第109页。

② 参见王俊寿:《综合经营趋势下分业监管的有效边界》,载《中国金融》2008年第23期。

③ 参见巴曙松:《金融监管框架的演变趋势与商业银行的发展空间》,载《当代财经》2004年第1期。

④ 参见刘定华、郑远民:《金融监管的立法原则与模式》,载《法学研究》2002年第5期。

显然商业银行混业经营准入监管仅是商业银行混业监管的一个环节，其外延小于商业银行混业监管，但就金融监管变革的趋势而言，商业银行的混业经营准入监管必然要在监管机构的选择和混业业务监管中体现出“从微观审慎到宏观审慎”“从机构监管到功能监管”“从规则监管到原则监管”的“混业监管”理念。①

2. 商业银行混业经营准入监管与商业银行的设立条件

商业银行既是具有特殊金融功能的金融机构，同时又是以营利为目的、经核准登记从事经营活动的商事主体。② 因此，商业银行也具有一般企业设立、变更、终止等组织结构的变化。商业银行的设立，是指商业银行创办人依照法律规定的条件和程序，取得商业银行合法资格的行为。③ 为了保护存款人利益和维持金融竞争的合理限度，各国法律规范都规定了较严格的商业银行设立条件。商业银行的设立条件包括客观条件与裁量性条件。④ 客观条件通常包括符合法律的章程、组织结构、资本金、股东与高管的任职资格等；⑤裁量性条件，是指符合客观设立条件的商业银行还需要经过监管部门对商业银行能否稳健经营进行综合的审慎性考察。商业银行只有满足了这些主客观条件之后，才能取得商业银行的特许经营许可而设立。

商业银行的设立条件与商业银行混业经营准入监管在内容和法律效力方面存在差异。在内容方面，与商业银行设立条件所要求的章程、注册资本等条件不同，商业银行混业经营准入监管主要涉及混业经营业务的具体类型和经营条件；在法律效力方面，商业银行的设立条件实际上是商业银行取得法人资格从事商事活动的前提条件，但是该设立条件与商业银行混业经营准入条件并不相同。满足该设立条件的商业银行只具备了从事混业经营的基本主体资格，商业银行能否从事混业经营、可以从事何种混业经营业务、从事某种混业经营业务需要满足的特殊条件和程序都需要依赖混业经

---

① 参见吴卫星：《关于金融混业监管的研究与思考》，载《经济研究参考》2016 年第 13 期。

② 参见周林彬：《商法与企业经营》，北京大学出版社 2010 年版，第 37 页。

③ 参见李昌麒：《经济法学》（第 3 版），法律出版社 2016 年版，第 365 页。

④ 参见周仲飞：《银行法研究》，上海财经大学出版社 2010 年版，第 110 页。

⑤ See Barth J R, Caprio G, Levine R, *Rethinking Bank Regulation: Till Angels Govern*, Cambridge University Press, 2008, pp. 110 – 111.

营准入监管规范提供具体的指引。

3. 商业银行混业经营准入监管与商业银行的业务范围

商业银行的业务范围，也称商业银行的业务活动范围，[①]是商业银行作为公司法人经营范围的特殊表现形式。商业银行的业务范围与一般公司法人的经营范围目的相同，都是为了实现法人经营目的而可以享有的权利或可以实施的行为。[②] 但随着市场经济的发展，出于对交易安全和秩序的维护，人们对公司法人经营范围的理解越来越宽容，违背章程导致行为无效的"越权原则"从绝对无效走向相对无效。[③] 而出于防范金融风险和保护存款人利益的目的，与一般的法人经营范围相比，商业银行的业务范围是缺乏弹性的，其具体业务类型往往由法律明文规定。商业银行只能在法律允许的范围内开展业务，而不能越权经营，否则将面临惩罚。

商业银行的业务范围与商业银行混业经营准入监管在功能上具有相似之处，两者都是为了金融安全所确定的商业银行能否从事特定业务的规范。然而两者的外延并不相同。商业银行的业务范围不仅包括存贷款业务，也包括一般而言不属于混业经营的相对风险较低的结算业务、代理业务等；而混业经营准入监管主要涉及与证券业、保险业相关联的商业银行非传统业务的准入范围问题。从规范的表现形式来看，商业银行的业务范围一般由法律明文列举，具有较强的稳定性；而混业经营准入监管既表现为基本法律的规定，也体现为不同时期的行政规章、金融政策和监管机构的指导意见等规范性文件。

（三）商业银行业务准入监管路径的选择

商业银行混业经营准入监管是监管机构依据法律规范对商业银行从事混业经营业务的准入监督和管理，是商业银行混业经营中准入监管、运营监管、退出监管三个环节的起点。多国的监管实践表明，市场的准入率是影响该市场发展的重要因素，这凸显了准入制度对现代市场经济持续发展的重要作用。[④] 与运营监管和退出监管相较，商业银行混业经营的准入监管在

---

① 参见闵俊：《银行的业务活动范围》，载《金融法苑》2000 年第 1 期。
② 参见朱慈蕴：《公司法原论》，清华大学出版社 2011 年版，第 143 页。
③ 参见李建华：《法人越权行为原则的再认识》，载《法制与社会发展》2001 年第 2 期。
④ 参见王兰：《商事登记与市场准入关系的法经济学思辨》，载《现代法学》2010 年第 3 期。

监管时间、具体的监管目标和监管内容方面存在差异:在时间上,商业银行混业经营的运营监管和退出监管都以混业经营的市场准入为前提。在监管目标和内容方面,商业银行混业经营准入监管以预防性目标为主,通过对商业银行从事混业经营业务条件和程序进行规定,为商业银行在运营中可能从事的混业经营业务提供稳健经营的基础,同时准入监管可以通过调节混业经营市场竞争度的方式使银行业的规模和金融业的竞争格局更趋合理;而运营监管则是以资本充足率、流动性、资产质量等具体监管指标为依据对商业银行从事具体混业经营业务过程中的信用风险、操作风险、市场风险等问题进行监督和管理;退出监管更是在已经或可能发生信用危机的情况下为了保护存款人利益、恢复金融市场秩序所进行的监督管理。

准入监管一般包括机构准入和业务准入等内容,①即对商业银行而言,准入监管主要是颁发金融行业执业许可证并对金融机构的业务范围作出明确规定。② 机构准入是依据法定标准批准金融机构法人或其分支机构的设立。业务准入是依据审慎性标准批准金融机构的业务范围和开办新的业务品种。③

长期以来我国的金融准入监管采用的是机构准入的审批模式,即通过颁发经营许可证的方式实施准入监管。④ 监管机构、立法者和研究者较多地关注金融机构法人及其分支机构的设立条件和程序,而对业务准入监管较少关注。然而,次贷危机给这种监管模式敲响了警钟,2014 年诺贝尔经济学奖获得者让·梯若尔(Jean Tiroler)在谈到次贷危机后的金融监管时指出:“目前的监管情况已经得到很大改善,但现在的主要问题在于‘制止银行采取过于冒险的投资活动’。”⑤

“规制”作为公共机构对社会共同体认为重要的活动所施加的持续集

---

① 参见周仲飞、孙飞廉:《论金融控股公司市场准入的监管》,载《上海财经大学学报》2005 年第 4 期;巴曙松、陈华良:《企业年金市场的准入与退出制度研究》,载《湖北经济学院学报》2005 年第 1 期;王正茂:《金融监管的国际比较》,国家行政学院出版社 2011 年版,第 135 页。

② 参见冯科:《金融监管学概论》,北京大学出版社 2015 年版,第 92 页。

③ 参见王正茂:《金融监管的国际比较》,国家行政学院出版社 2011 年版,第 137 页。

④ 参见提云涛、杨兰:《信息不对称约束下商业银行机构准入监管方式探析》,载《复旦学报》(社会科学版)2003 年第 2 期。

⑤ 王力为:《专访诺奖得主梯若尔》,载《新世纪周刊》2014 年第 48 期。

中控制，[①]既应当考虑是否规制，更应当考虑使用何种规制工具进行规制。而在金融混业趋势加剧的环境下，加强业务准入的规制具有重要意义。

第一，业务准入规制路径更符合金融混业的监管要求。

就风险防范而言，机构监管不能有效防范混业经营的特殊风险。混业经营使传统的金融业态间的界限越来越模糊，[②]商业银行、证券公司、保险公司等金融机构开始经营其他金融机构的传统业务，如商业银行跨业经营证券承销、经营基金公司等活动。依据机构准入的规制方式，即金融“特许权”拥有较大价值的情况下，只要金融机构符合法定的机构准入条件即可进入金融市场开展活动，不考虑进入之后的业务发展情况。显然，新兴业务与传统业务的资本要求、风险程度并不相同，简单依据机构准入的方式进行监管不符合混业状态下业务扩张和业务不断创新的现实。

就监管理念而言，业务准入更符合金融混业的监管要求。金融自由化以来的混业经营趋势使金融业务和金融机构的组织形式都发生了巨大变化，衍生产品和大型复杂金融集团不断涌现。但无论金融产品和金融机构的形式如何变幻，金融市场提供给消费者和投资者的基本业务或称金融市场的基本功能是不变的，如支付工具、资金筹集、风险对冲等。[③] 在这种“机构”不断变化，而基本“业务”本质不变的情况下，从“机构”监管转向“业务”监管更符合混业经营的监管要求。

第二，业务准入规制路径为金融市场公平竞争提供了制度依据。

混业经营打破了金融领域的业态壁垒，使银行、证券、保险、信托等金融机构可以经营同种或相似的业务，被称为是“金融超市”“一站式金融提供商”。[④] 然而如果仅仅是所有金融机构都可以经营同种或相似的业务这并非真正的“公平竞争”。真正的公平不仅是法律地位平等、竞争机会公平，

---

① 参见[英]安东尼·奥格斯：《规制：法律形式与经济学理论》，骆梅英译，中国人民大学出版社2008年版，第5页。

② See Jackson H E, “Regulation in a Multi-sectored Financial Services Industry: An Exploratory Essay”, *Harvard Law School Discussion Paper* 258, 1999.

③ See Robert C. Merton, “A Functional Perspective of Financial Intermediation”, *Financial Management* 2, 1995, p. 24.

④ 参见徐文彬：《全能银行发展路径研究》，经济科学出版社2009年版，第26页。

更应当是“正视主体先天差异”的“正当的差别待遇”。[①]

即使在混业经营的环境下不同金融机构也存在不可忽视的差异性，商业银行由于吸收存款的功能具有先天的“特殊性”，受到特殊监管的同时享有特殊的保障措施。如果允许商业银行在“机构准入”的前提下进入金融市场，无限制地从事多种高风险混业经营活动，那么最终将由公众资金承担经营失败的责任，对商业银行而言这样的责任失灵无异于降低了商业银行的竞争成本，正如美国经济学家约瑟夫·斯蒂格利兹(Joseph Stiglitz)所言，“商业银行是利用了低成本的公众资金进行了并不公平的市场竞争”。[②] 因此只有增加业务准入的规制路径弥补机构准入路径的不足，才能实现混业经营市场真正的公平竞争。

第三，业务准入规制路径为金融创新与系统性风险防范的平衡提供具体指引。

20 世纪后期开始，金融自由化催生了层出不穷的金融创新。金融创新通过对制度、产品、交易方式等内容的创新和变革，促进了金融领域各要素的优化组合，成为促进金融业发展的重要力量。[③] 然而曾经用来对冲风险的金融创新忽视了风险、收益与责任的平衡，[④]不断地累积风险并最终引发了金融危机。

虽然机构准入可以从金融机构的资本金、章程、设备、人员等方面为整个金融市场的系统性安全提供最基本的保障，但机构准入条件往往是相对固定的，这样的制度设计可以保障金融牌照发放的相对稳定性，从整体上保障金融市场的稳定。机构准入制度的相对稳定性与金融业务创新的现实存在矛盾，而相对灵活的业务准入可以在金融创新与系统性风险的平衡中提供具体、灵活的制度安排。

---

① 李昌麒：《经济法学》(第 3 版)，法律出版社 2016 年版，第 58 页。

② Hellmann T. F., Murdock K C, Stiglitz J. E., “Liberalization, Moral Hazard in Banking, and Prudential Regulation: Are Capital Requirements Enough?”, *American Economic Review* 1, 2000, p. 152.

③ 参见何德旭、郑联盛：《从美国次贷危机看金融创新与金融安全》，载《国外社会科学》2008 年第 6 期。

④ 参见岳彩申、楚建会：《论金融创新领域法律责任制度的改革与完善——美国次级贷款危机的教训与启示》，载《法学论坛》2009 年第 5 期。

三、商业银行混业经营准入监管法律制度的特征

(一)准入监管规范的双重性质

商业银行混业经营准入监管法律制度是规范监管机构对商业银行混业经营进行业务准入监管活动的法律规则。由于商业银行混业经营准入监管活动本身既是行政行为,也是经济干预行为,因此商业银行混业经营准入监管法律规范也呈现双重属性。

第一,商业银行混业经营准入监管是一种行政行为,因此商业银行混业经营准入监管法律包含行政法律规范。行政行为,通常是指具有行政权能的组织通过一定的意思表示,行使行政职权或履行行政职责所实施的,能够产生法律效果的行为。[①] 行政行为的构成要素包括主体要素、职权要素和结果要素。[②] 金融市场的失败会给经济带来巨大的损失,"一旦银行冒很大的风险,存款保险的存在会将纳税人置于危险之中,所以政府需要确保银行谨慎行事"。[③] 商业银行混业经营的准入监管受到各国的普遍重视,通常以商业银行法等法律规范的方式进行规定,并由特定的行政机构实施。因此,商业银行混业经营的准入监管行为具备行政主体要素和法律规范授权的职权要素。从结果要素来看,是监管机构对特定混业业务的准入监管。从行政行为的类型来看,商业银行混业经营准入监管既可以表现为行政机关制定相关准入规范的抽象行政行为,又包括大量的混业经营业务审批、违法处罚等具体行政行为。因此,商业银行准入监管法律制度包含了大量监管机构实施行政许可等行政行为的行政法律规范,如《中资商业银行行政许可事项实施办法》《中国银监会行政处罚办法》等。

第二,商业银行混业经营准入监管是一种经济法中的干预行为,因此商业银行混业经营准入监管法律包含经济法规范。无限制的商业银行混业经营可能导致系统性风险、道德风险、利益冲突等多种问题,而自由化浪潮下的金融市场"贪婪压倒了谨慎",仅靠"没有大脑和心脏"的市场自身无法纠

---

① 参见方世荣、石佑启:《行政法与行政诉讼法》(第2版),北京大学出版社2011年版,第118页。

② 参见柳砚涛等:《行政行为新理念》,山东人民出版社2008年版,第1页。

③ [美]约瑟夫·E.斯蒂格利茨:《自由市场的坠落》,李俊清、杨玲玲等译,机械工业出版社2011年版,第133页。

正这些市场的失灵。因此只能依靠市场之外的国家力量对商业银行混业经营准入这种“具有全局性和社会公共性”①的经济关系进行干预。因此商业银行混业经营准入监管既是一种行政行为,同时也是国家克服商业银行混业经营市场失灵的经济干预行为。这样的双重属性并不冲突,因为监管机构在进行商业银行混业经营准入监管时具有双重身份,即,当监管机关依照行政法行使一般行政管理职能时,是行政主体;当监管机关在贯彻某些经济政策,执行国家调节使命时,又具有经济法主体身份。②

国家对商业银行混业经营准入的干预是一种市场规制行为,同时也对宏观经济产生较大影响。宏观调控与市场规制反映了国家在宏观经济领域和微观经济领域不同的干预理念和思路,市场规制是运用具体、直接的手段对市场上单个主体及其经济行为进行的干预,③而宏观调控则是不直接作用于微观主体但足以引导、影响微观主体行为的各种政策、制度、措施等。④宏观调控与市场规制的本质区别在于调控的手段,⑤宏观调控对市场主体不直接进行干预,是通过间接手段影响市场主体的经济行为。显然国家对商业银行混业经营准入的干预是一种直接干预,这种干预体现在监管机构对商业银行混业经营业务的审批、日常监管、违规处罚中,因此商业银行混业经营准入监管是一种市场规制而非宏观调控。但由于商业银行具有货币政策传导的功能,⑥宏观调控中的金融调节措施总是借由商业银行的业务活动来实现。因此对商业银行从事混业经营进行准入监管会对商业银行的业务模式产生影响,进而通过货币政策的传导对整个宏观经济发生作用。无论是《银行业监督管理法》,还是混业经营试点阶段各监管机构颁布的《商业银行并表管理与监管指引》《关于开展银行业“监管套利、空转套利、关联套利”专项治理工作的通知》等监管规范都体现了国家对混业经营活

---

① 参见李昌麒:《经济法学》(第3版),法律出版社2016年版,第38页。

② 参见漆多俊:《经济法学》(第2版),高等教育出版社2010年版,第48页。

③ 参见陈婉玲:《从单一干预到微观规制与宏观调控的辩证统一——政府干预经济的立法理念变迁》,载《现代法学》2007年第6期。

④ 参见史际春、肖竹:《论分权、法治的宏观调控》,载《中国法学》2006年第4期。

⑤ 参见徐澜波:《规范意义的宏观调控概念与内涵辨析》,载《政治与法律》2014年第2期。

⑥ 参见吴琼、刘凯頔:《货币政策、资本约束与城市商业银行的风险承担》,载《宏观经济研究》2016年第11期。

动的干预,都是经济法律规范。

（二）准入监管规范的本质属性

“本质”是事物本身所固有的根本性质,是组成事物各基本要素的内在联系。法律制度作为社会制度的一部分,其本质是人们的行为规范。正如罗尔斯所言,“制度是一个公开的规范体系,这一体系确定职务和地位及它们的权利、义务、权力、豁免等”。①

商业银行混业经营准入监管法律制度的本质也是一种行为规范,是对商业银行从事混业经营活动的规范。除了准入监管法律制度之外,商业银行混业经营活动的行为规范还包括过程监管法律和退出监管法律。而商业银行混业经营准入监管法律制度是从商业银行混业经营起点——“商业银行是否可以从事混业经营活动”出发,规范商业银行的混业经营活动,而不同于已获得许可后商业银行从事混业经营活动中的日常监管规则。因此商业银行混业经营准入监管法律制度的本质是从商业银行从事混业经营业务的源头出发,确定商业银行从事混业经营业务的合理限度。

“限度”,从语义而言可以包括程度、边界、分界、范围等含义,通常表示“度、量范围的高低极限,最大限度”,②超出限度往往导致事物性质的变化。在哲学领域中,“限度”作为“质”和“量”统一的“存在”,是指“一切特定事物都具有的、既把它和它的他物结合起来,又把它们彼此分开的规定性”。③“限度”既反映了事物之间的联系,也体现了事物之间的差异。商业银行混业经营准入的合理限度,是指商业银行在不危害金融系统安全、不损害其他金融机构以及消费者利益、不影响公共利益的情况下,合理地从事混业经营的行为边界。

采用准入监管法律的方式确定商业银行从事混业经营的合理限度基于以下三个层面的推论。

首先,确定商业银行从事混业经营的合理限度符合金融发展的要求。一方面,商业银行在金融脱媒和金融全球化竞争的压力下,选择更具规模效

---

① ［美］约翰·罗尔斯:《正义论》,何怀宏等译,中国社会科学出版社 1988 年版,第 50 页。
② 夏征农:《辞海》,上海辞书出版社 1978 年版,第 83 页。
③ 张世英:《黑格尔辞典》,吉林人民出版社 1991 年版,第 517 页。

益的混业经营模式是各国商业银行的共性选择,是商业银行持续发展的动力;另一方面,商业银行过度从事混业经营业务将导致金融安全网的扩散、金融消费者的损失。因此,既要允许商业银行从事混业经营,又要将商业银行的混业经营限制在合理的范围内。

其次,以法律方式确认商业银行从事混业经营的合理限度有利于减少商业银行混业经营的政策风险。目前商业银行的组织规模日益庞大,其混业经营业务往往金额巨大、涉及复杂的金融工具,因此从法律层面明确商业银行从事混业经营的合理限度可以增加监管的透明度、明确性,减少商业银行混业经营过程中的合规成本。

最后,以准入监管法律确认商业银行从事混业经营的合理限度可以从源头防范商业银行混业经营可能导致的系统性风险等不良影响。对商业银行混业经营进行过程监管和退出监管也能在法律层面推导出商业银行混业经营是否合法的内容,但在商业银行的系统重要性日益明显的背景下,从准入环节确定商业银行混业经营的合理限度,禁止商业银行从事高风险混业经营业务更有利于维护金融体系安全和相关主体的利益。

确定商业银行混业经营的合理限度就涉及以准入监管法律的方式限制商业银行从事混业经营的业务类型。这种强行法对商业银行业务范围的限制,实际上是对法人活动能力的限制,而这种限制究竟属于何种性质,学者有不同的观点:有学者基于“法人拟制说”认为,这是对法人权利能力的限制,因为法人的行为能力与权利能力范围相同,都与经过登记的营业范围相同;[①]有学者基于“法人实在说”认为,法人的行为能力与权利能力并不相同,法人的权利能力是一种抽象资格,是从设立时即拥有的,被限制的应是行为能力;[②]有学者认为这既不是对权利能力的限制也不是对行为能力的限制,而是出于公益目标直接对法人从事某种活动的权利进行的限制。[③]显然商业银行是公司法人,具有法人的权利能力与行为能力,而且商业银行的权利能力应从登记注册之日起拥有的抽象资格,商业银行的行为能力是

① 参见王利明:《民法总则研究》(第2版),中国人民大学出版社2012年版,第84页。

② 参见张瑞萍:《公司权力论——公司的本质与行为边界》,社会科学文献出版社2006年版,第240~241页。

③ 参见尹田:《论法人的权利能力》,载《法制与社会发展》2003年第1期。

由其意思机关表达其具体意思后,实际拥有权利义务的能力。因而对商业银行行为能力的限制只能是通过其意思机关做出,而准入监管法律制度对商业银行混业经营业务的准入限制只是对其从事混业经营具体权利的限制,是基于公共利益和保护他人利益不受侵害的目的而对商业银行营业权进行的限制。

商业银行混业经营的合理限度应当包括积极方面与消极方面,即授权的混业经营业务与禁止的混业经营业务两类。虽然制度通常表现为"必须"和"禁止"性的规定,但"通过创造制度实在,人类的能力也得到了极大的增强"。[①] 对于受到严格监管的商业银行而言,从积极方面确定其可以从事的混业经营业务才能更好地发挥混业经营的效率价值,这是从消极方面限制商业银行的混业经营的基础。尤其是在我国长期"分业经营、分业监管"的金融体系中,从积极方面认可实践中已经存在的混业经营业务,并确定合理的限度才能为混业经营的深化发展提供制度保障。同时确定商业银行混业经营的合理限度还涉及可以确定这一限度的主体——监管机构——及其权限安排。

四、商业银行混业经营准入监管法律制度的理论基础

(一)进入规制理论

法与经济有着密切的联系,个人和企业的经济活动受到法律规则的规范和影响,而"无论是政治的立法或是市民的立法,都只是表明和记载经济关系的要求而已"。[②] 规制经济学是以政府规制为研究对象的应用经济学,其中的"进入规制"则是为了特定的目的限制企业进入某一市场的政府规制。商业银行混业经营准入监管法律制度正是国家对金融混业领域进入规制的法律表现。

1. 进入规制的原因与理论变迁

规制(regulation)又称政府规制,是指政府根据相应的规则对微观经济主体行为实行的一种干预。[③] 规制经济学关注的核心问题是政府与市场的

---

① Searle J R, "What is an Institution?", *Journal of institutional economics* 1, 2005, p. 14.

② 中央编译局:《马克思恩格斯全集》(第4卷),人民出版社1958年版,第121页。

③ 参见马云泽:《规制经济学》,经济管理出版社2008年版,第1页。

关系。在政府对经济不断的规制—放松规制—再规制的过程中,以政府规制为对象的规制经济学发展起来。规制经济学可以分为经济性规制和社会性规制,经济性规制主要是针对企业的商业行为进行的规制。社会规制的对象不限于某一行业,而且及于所有企业损害社会福利的行为,如环境规制、产品质量规制等。进入规制是经济性规制的重要内容。

(1)进入规制的公共利益目标

进入规制是在自然垄断性行业或存在不对称性的行业(如银行、证券等金融业)中,政府只允许特定少数企业进入或者对企业的进入进行严格的限制。[①] 政府放弃"守夜人"的身份对自由市场中的企业行为进行规制的主要原因就是实现公共利益(public interest)。政府通过对企业的进入规制实现公共利益的基本逻辑是:市场自身易发生市场失灵,而政府是实现社会福利的代表,政府通过对企业的进入规制实现对无效率或不公平市场的纠正。进入规制表现为对企业从事商业活动的特别许可、特别注册和申报制度。[②]

进入规制最初是在自然垄断性行业中产生的,自然垄断性行业除了具有很强的规模经济性和范围经济性之外,还具有成本的弱增性(subadditivity)特征,[③]而后者是自然垄断最本质的属性。[④] 成本的弱增性,是指单一企业供应整个市场的成本小于多个企业分别生产的成本之和,即由单个企业垄断市场的社会成本最小。[⑤] 由于存在这些特征,在煤气、供水、供电、铁路等自然垄断性行业往往自然地形成了单一或少数寡头经营的局面。在自然垄断行业中,单个或少数几个经营者从事运营比多个企业自由竞争的效率更高。如果允许多个企业的自由竞争将导致效率的降低和小

---

① 参见曲振涛、杨恺钧:《规制经济学》,复旦大学出版社2006年版,第91页。

② 参见邓海燕:《规制理论视角下金融服务外包监管问题思考》,载《西部金融》2013年第11期。

③ See Sharkey W, *The Theory of Natural Monopoly*, Cambridge: Cambridge University Press, 1982, pp. 4-5.

④ 参见黄居林、董志清:《对自然垄断理论的缺陷分析及其启示》,载《重庆大学学报》(自然科学版)2005年第6期。

⑤ 参见林木西、曹艳秋:《自然垄断行业管制的国际比较》,载《经济学动态》2002年第4期。

型企业“沉没成本”的产生。因此政府通过对进入自然垄断性行业的企业数量进行规制，以维护生产效率，减少不必要的重复建设，最终维护公共利益。

金融业虽然不属于自然垄断性行业，然而在银行、证券、保险这些产业中存在严重的信息不对称问题，即经营者拥有较多的信息，而消费者只能被动接受信息，缺乏辨认和判别的能力。金融机构很可能为了实现自身利益的最大化，隐藏或编造虚假信息误导消费者。因此在这些领域里无法通过消费过程的优胜劣汰实现生产效率的提高，因此需要政府通过进入规制对这些金融机构提出最起码的信息披露要求，从而对信息不对称进行校正，以保护公共利益。

(2)进入规制的理论变迁

进入规制的逻辑起点是：政府是社会福利的代表，而且进入规制符合经济效率的要求。然而这两个基本前提不断受到后来的经济理论的挑战。

1971年，由诺贝尔奖获得者乔治·斯蒂格勒创立的“规制经济理论”(the theory of economic regulation)①对政府规制的社会福利作用进行了批判。规制经济理论认为，政府作为规制者也追求自我利益的最大化，利益集团通过向规制者提供金融或其他支持来影响规制过程，②因此政府不是公共利益的代表，进入规制的前提并不真实。

另外，“进入壁垒”(barriers to entry)理论和“可竞争市场”(contestable markets)理论也对进入规制所代表的高效率提出了挑战。“进入壁垒”理论注意到，某些产业的利润水平明显高于其他产业，却没有引起其他企业进入该产业，同时该产业总是兼具高利润和高集中度。阻止其他企业进入高利润行业的因素就是“进入壁垒”，而政府的进入规制就是一种纯粹依靠强制力造成的进入壁垒。显然这种“进入壁垒”使行业内的“在位企业”获得了超额利润，③而行业之外的潜在竞争者由于存在“进入壁垒”无法参与到该

---

① Stigler G. J.,“The Theory of Economic Regulation”, *the Bell Journal of Economics and Management Science* 1,1971,pp. 3 - 10.

② 参见张红凤：《西方规制经济学的变迁》，经济科学出版社2005年版，第136页。

③ 参见陈艳莹、吴龙：《新企业进入对制造业在位企业利润率的影响——基于逃离竞争效应及其异质性的视角》，载《中国工业经济》2015年第8期。

行业的竞争中,因此"在位企业"在没有竞争的情况下难以获得真正的高效率。"可竞争市场"理论也认为,即使是在独占或寡头经营的市场中,只要没有沉没成本,那么只需要保持市场进入的完全自由,潜在竞争者的威胁就会对"在位企业"产生足够的威胁,促使"在位企业"提高效率,所以在自然垄断性行业也能实现更高的效率。① 因此,可竞争理论认为,自然垄断行业内进行的进入规制从提高效率的角度而言并无意义。

进入规制理论在20世纪后期遭遇了多重挑战,进入规制可能带来的缺乏创新、寻租行为、政府膨胀和管制的不公平引起了人们的重视,各国开始信奉放松规制的主张。金融领域的进入规制也伴随着经济自由化、金融自由化的浪潮逐渐减弱。②

2. 商业银行混业经营中的放松管制与进入规制

虽然政府对商业银行混业经营的进入规制在金融自由化浪潮中有所放松,但次贷危机再一次证明了对高风险混业经营业务实施进入规制的意义。

第一,商业银行混业经营进入规制符合公共利益目标。

商业银行混业经营进入规制的核心目标是"保护全体大众和某些人数众多的社会集团的利益"。③ 从行业特征而言,对金融业实施进入规制一直是各国经济规制的重要内容。金融业虽然不属于传统的自然垄断行业,但金融业具有较强的信息不对称性。由于金融消费者在信息的获取、辨别方面存在先天的不足,因此在金融领域实施进入规制可以使消费者享有最基本的信息保障。

从商业银行的外部性而言,商业银行的信用中介职能和货币政策传导职能使商业银行对整个金融体系甚至经济体系产生重大影响。商业银行的安全与稳健关系到储户、相关金融机构和金融体系的全局,对商业银行高风险活动实施进入规制正是为了防范风险,减少商业银行经营失败造成的巨

---

① See Baumol W. J., Panzar J. C., Willig R. D., "Contestable Markets: An Uprising in the Theory of Industry Structure: Reply", *The American Economic Review* 3, 1983, pp. 491 – 496.

② 参见沈伯平、范从来:《政府还是市场:后危机时代金融规制与监管体系的重构》,载《江苏社会科学》2012年第5期。

③ Posner R. A., "Theories of Economic Regulation", *The Bell Journal of Economics and Management Science* 2, 1974, pp. 335 – 358.

大外部性。因此对商业银行混业经营实施进入规制是保障一国金融系统乃至整个经济体系安全的需要。

从竞争的效率而言,对商业银行混业经营实施进入规制看似减少了金融业的竞争度,降低了经济效率,实则不然,因为通过竞争提高市场效率的前提应该是市场的“有序竞争”。[①] 在激烈竞争的市场竞争中,市场主体往往利用一切手段参与竞争,这就极易导致垄断和不正当竞争的无序竞争状态。在无序竞争的市场中任何价格机制反映出的市场信号都是不准确的,无法真正实现效率的提高。显然商业银行在金融业中的特殊地位使商业银行相较其他金融机构具有一定的优势,如果允许商业银行无限制地从事混业经营业务,就会破坏金融市场的公平竞争秩序,最终导致混业经营市场的无效率。

第二,商业银行混业经营进入规制的放松与加强。

20 世纪 70 年代以来,在规制经济学理论中兴起了放松管制的思潮。放松管制的产生具有以下几方面原因:发达国家的经济处于滞涨期,需要寻求经济增长的动力;福利政策膨胀导致各国政府普遍陷入财政危机、管理危机等公共治理难题;技术的变革使市场环境发生了较大的变化。[②] 放松管制主要表现为取消或减少对被规制行业的进入、价格、投资等方面的限制。在这一时期西方国家纷纷转向放松管制的经济政策,出现了经济自由化的浪潮。

放松管制在金融领域中表现为金融的自由化,即政府对金融机构的进入、利率、资本账户等采取了更为宽松的监管态度。这一时期商业银行混业经营的进入规制也逐渐放松,1989 年 12 月,欧共体发布了《协调银行业务相关法律、规制和行政条款的第二号指令》,规定欧共体内部开始采用一体化的全能银行模式,即欧共体成员的商业银行没有混业经营业务的限制,可以从事信托证券等金融业务,提供广泛的金融服务。[③] 同一时期,美国也开

---

① 参见吴宏伟、魏炜:《论反垄断法的价值目标》,载《法学家》2005 年第 3 期。

② 参见吴胜光:《西方政府规制经济学研究范式述评》,载《上海行政学院学报》2009 年第 2 期。

③ 89/646/EEC,全称“on the coordination of laws, regulations and administrative provisions relating to the taking up and pursuit of the business of credit institutions and amending Directive 77/780/EEC”,载 https:// publica-tions. europa. eu/en/publication-detail/ –/publication/148fe9b3 – f7d8 – 426d – 9551 – 8c368f76f927/ language-en,最后访问日期:2017 年 5 月 19 日。

始逐步放开对商业银行混业经营的进入规制,美联储逐步扩大解释了商业银行可以通过银行控股公司经营商业票据、公司债券等多种业务,直到1999年《金融服务现代化法案》彻底打破了商业银行经营混业业务的进入限制。①

金融自由化浪潮中进入规制的放松使金融机构被允许从事更多的混业业务,商业银行等储蓄机构纷纷朝着全能银行的方向发展。虽然商业银行获得了创造更多利润的机会,但随着证券、保险、信托等金融机构的参与,金融混业经营竞争加剧,商业银行在新进入领域的利差低于预期。② 2007年,次贷危机使过度金融自由化的弊端显露无遗,次贷危机后在金融领域重新加强规制(re-regulation)的主张被广泛认可。③ 金融自由化过程中的放松管制被认为是经济危机发生的重要原因,而要克服金融危机就应当重新加强金融监管。④ 在加强规制的呼声中,商业银行混业经营的进入规制也受到了重视,各国纷纷颁布了新的商业银行混业经营准入监管法律规范。可见,商业银行混业经营准入监管法律规范随着放松管制理论与重新加强管制理论的变化而变化,始终体现了进入规制的基本原理。

(二)价值衡量理论

利益衡量理论在法学理论和实践中广泛存在,其核心思想是:实在法存在不足的情况下,允许法官等主体在多种利益之间进行平衡。⑤ 根据衡量的对象,利益衡量理论可以分为立法型衡量与司法型衡量,其中价值衡量理论就是立法型的衡量理论。

价值衡量理论是法律人以利益视角看待和分析权利、取向于特定的法律价值标准进行价值评价和价值选择的一种以价值导向为基础的法律思维

---

① See Dixon R. W. ,"Gramm-Leach-Bliley Financial Modernization Act: Why Reform in the Financial Services Industry was Necessary and the Act's Projected Effects on Community Banking", *The Drake Law Review* 49,2000,p. 671.

② 参见[美]格·卡普里奥詹、汉森帕·郝诺汉:《金融自由化的利弊》,丁慧译,载《经济社会体制比较》2002年第3期。

③ See Canova T. A. ,"Financial Market Failure as a Crisis in the Rule of Law: From Market Fundamentalism to a New Keynesian Regulatory Model", *Harvard Law & Policy Review* 3,2009,pp. 9-35.

④ 参见李喜莲、邢会强:《金融危机与金融监管》,载《法学杂志》2009年第5期。

⑤ 参见徐继强:《衡量的法理——各种利益衡量论述评》,载《法律方法》2009年第2期。

模式,是对形式主义和实质主义进行的价值定位。① 价值衡量理论运用在对法的价值研究中就体现为多种价值目标之间的冲突与协调。

法的价值也称法律价值,是以法与人的关系作为基础,强调法对于人所具有的意义和对于人的绝对超越指向。② 由于法的价值是人类对法在发挥作用过程中全部美好愿望和期待的体现,因此法所具有的价值往往是多样的。法律价值是体系化的存在,是由多种价值整合成的有机整体。在法的价值体系中,正义、生命、自由、安全、效率等范畴经常被提及,由于价值是无法准确度量的,因此法的价值体系中的价值难以进行量化的比较。通常认为正义是法的最高价值,③法的基本价值包括安全、秩序、自由、平等、效率等。

法的价值是一个多元的体系,人类自身多种价值取向的冲突、个人与团体或国家价值目标的差异、不同部门法或不同历史时代法的价值追求的矛盾都会表现为法律价值的冲突。法律价值的冲突体现了人类的理性,以及人类理性的不完全,也由于法律价值没有衡量的标准,因而法律价值的冲突无法彻底消除。

1. 安全价值与自由价值的冲突与协调

法的安全价值,是指通过法律力求实现的、社会系统基于其要素的合理结构而形成的安定状态,以及主体对这种状态的主观体验、认知和评价。④法的自由价值,是指主体可以自主地选择和实施一定的行为,同时这种行为又必须与法律规范规定的行为模式一致。⑤ 安全价值与自由价值都是法的基本价值,两者既有差异和冲突,又有联系和共性。安全价值既体现为人身安全、财产安全,又体现为团体安全和社会安全。自由价值往往强调主体的自主性,要求保障主体自由意志的行为产生效果,保护主体的自由不受来自他人以及社会强制力的干预;在个体层面上,法的安全价值与自由价值往往是一致的,对个人安全的保障恰恰是个体发挥自由创造力的前提和基础。

---

① 参见沈仲衡:《价值衡量法律思维方法论》,吉林大学2005年博士学位论文。
② 参见卓泽渊:《法律价值论》,法律出版社1999年版,第49页。
③ 参见卓泽渊:《法律价值论》,法律出版社1999年版,第132页。
④ 参见安东:《论法的安全价值》,载《法学评论》2012年第3期。
⑤ 张文显:《法理学》(第3版),法律出版社2007年版,第347页。

但在社会层面上,对个体自由的保护又难免与他人自由、团体安全、国家安全形成矛盾。安全与自由价值冲突的解决涉及法律价值的“位阶”问题。

法律的“位阶”理论是由梅尔克(A. Merkl)首创,旨在解决庞大的法律规范体系中不同法律规范的层级问题,即当若干法律规范出现冲突和矛盾时,“下位法”不得违背“上位法”。① 法律“位阶”理论产生后获得广泛认可,也被用来研究权力、价值等法学问题。如果可以用“位阶”理论清晰地排列出法律价值的等级体系,那么法律价值的冲突或可迎刃而解。有些学者对法律价值体系中某些价值的基础性地位进行了探讨,如“正义是法的首要价值”②“秩序是法的最基本价值”。③ 然而法的价值是人的主观判断,因此难以确定精确化、位阶化的价值序列。因此解决法律价值冲突的方法应当是将法的价值放置于具体的法律规范之中,在具体的社会环境中进行考量和取舍。

2. 商业银行混业经营准入监管法律制度中的安全与自由

作为法律规范体系中的一部分,商业银行混业经营准入监管法律制度以法的价值作为制度目标和评判标准,追求法的安全价值与自由价值。

第一,商业银行混业经营准入监管法律的安全价值与自由价值。

随着金融自由化和全球化的推进,金融业的脆弱性进一步加剧,次贷危机就是金融脆弱性的集中体现。④ 次贷危机后加强商业银行混业经营准入监管的法律规范必然要体现金融的安全价值。

商业银行混业经营准入监管法律制度从静态安全与动态安全,个体安全与行业安全、经济安全方面体现了法的安全价值。首先,对商业银行从事混业经营业务进行准入监管可以减少商业银行的自营业务和高风险投资业

---

① 参见吴恩玉:《上下位法间的效力优先与适用优先——兼论自治法规、经济特区法规和较大市法规的位阶与适用》,载《法律科学》2010 年第 6 期。

② 参见周灵方:《法的价值冲突与选择——兼论法的正义价值之优先性》,载《伦理学研究》2011 年第 6 期。

③ 参见卓泽渊:《法律价值论》,法律出版社 1999 年版,第 390 页。

④ See Bhaduri A, “A Contribution to the Theory of Financial Fragility and Crisis”, *Cambridge Journal of Economics* 11, 2011, p. 997.

务,降低商业银行经营失败的风险,①这既保障了商业银行个体的安全,也有利于储户存款的静态安全。规定商业银行从事特定混业经营业务准入条件,可以促进商业银行持续的审慎经营,既保持了商业银行资产的动态安全,也有利于金融消费者购买金融产品的交易安全。将商业银行高风险混业经营业务与传统存贷业务进行隔离,可以控制大型商业银行不断膨胀的规模。"大银行意味着更高的风险,更易引发系统性风险",②因此通过对商业银行业务规模的限制可以预防"大而不倒"的难题,促进金融业整体安全,乃至整个经济的安全。

商业银行混业经营准入监管法律制度从经营自由、竞争自由、消费自由方面体现了法的自由价值。自由包含着"不受拘束"和自我实现的含义,而商业银行混业经营准入监管明显是对商业银行从事的混业经营业务的种类和条件进行的限制,就其直接规范而言与自由价值并不相符。然而从自由是排除了非法妨碍的视角来看,商业银行混业经营准入监管法律制度也是对商业银行经营自由的保护。霍姆斯认为,自由是"外部障碍不存在的状态",即存在外部障碍导致无法进行活动时是没有自由的。③ 因而排除来自外部权威的不法侵害是获得自由的有效方法。在商业银行的混业经营活动中经常面临多种监管机构的权威监管,而且监管活动多是裁量性的具体行政行为,这导致商业银行从事混业经营业务往往是"试探性"的、"摸索式"的,混业经营业务常常因为监管机构临时的行政命令而开展或终结。④ 对监管后果不确定的顾虑严重伤害了商业银行的营业自由。因此以法律规范的方式明确商业银行可以从事混业经营业务的种类与条件正是保障了商业银行在法律范围内的经营自由权,减少和排除不确定的行政干预。可以说商业银行混业经营准入监管法律是从反制无序的政府监管行为角度保障了

---

① Viñals J., Pazarbasioglu C., Surti J., et al., "Creating a Safer Financial System: Will the Volcker, Vickers, and Liikanen Structural measures help?", *International Monetary Fund*, 2013, p. 17.

② Laeven M. L., Ratnovski L., Tong H., "Bank Size and Systemic Risk", *International Monetary Fund*, 2014, p. 3.

③ 参见曹钦:《佩蒂特与霍布斯的自由观及其异同分析》,载《国外理论动态》2015 年第 3 期。

④ 参见杨海瑶:《中国金融混业经营的安全底线——商业银行介入投资银行业务的必要法律界限研究》,载《北京社会科学》2016 年第 1 期。

商业银行的经营自由。同时,从自由竞争的角度而言,对商业银行混业经营的准入监管也有利于促进证券、保险、信托等金融机构从事混业经营的公平竞争和自由竞争。最后,从消费者保护的角度而言,对商业银行混业经营业务的准入监管也可以通过对混业产品的监管来保障金融消费者的消费自由。

第二,商业银行混业经营准入监管法律中安全与自由的冲突与协调。

在金融领域中自由与安全一直处于不断的冲突与协调中,体现在监管领域就是放松监管(自由)—危机—加强监管(安全),表现在法律规范中就是减少法律规制(自由)—行为失范—加强法律规制(安全)。在商业银行混业经营准入监管法律中,安全与自由也处于不断的冲突与协调中。

为了减少商业银行的经营失败,保护商业银行自身、储蓄资金,以及整个金融业的安全,必须对商业银行从事高风险混业经营业务进行准入限制。金融的本意就是资金的融通,金融的流动性要求作为市场要素的资金进行自由流动,自由是金融的本性。但为了实现安全价值,商业银行混业经营过程中的业务选择自由、投资额度自由都会受到限制。因此,在商业银行混业经营准入监管法律中必然存在储蓄安全与业务自由、金融安全与进入自由、银行安全与投资自由的矛盾。

协调自由与安全的冲突应从金融领域中自由价值的含义开始。金融领域的自由主要是指金融行为的自由,即金融主体可以依自己的意志在法律规范许可的范围内设立、变更和终止金融权利义务的自由。① 金融主体的行动自由必须在法律规范许可的范围内,"是法许可的范围内的自由,不是任何人的任性"。② 尤其是在金融业这个具有特殊外部性的行业中,片面强调自由而不顾安全,必然导致金融体系的混乱和无序,效率目标也无从谈起。③

协调自由与安全的冲突应以商业银行混业经营准入监管法律的性质为基础。罗马法学家乌尔比安根据法律规范规定的利益不同将法律规范划分

① 参见张宇润:《金融自由和安全的法律平衡》,载《法学家》2005 年第 5 期。

② 卓泽渊:《法律价值论》,法律出版社 1999 年版,第 273 页。

③ 参见张忠军:《论金融法的安全观》,载《中国法学》2003 年第 4 期。

为公法和私法，这一理论随着罗马法的复兴、资产阶级私权主张的推广被普遍接受，并广泛应用于后世的法律编纂和法律实践中。[①] 公法主要体现公法人代表的公共利益，以命令服从为主要的调整方法；私法体现私人代表的私利益，以平等协商为主要的调整方法。随着社会主体的多元化，利益格局的复杂性增加，"公""私"利益的二元划分已显不足，因此法律规范的划分方式演变为公法、私法和社会法的三元模式。[②] 社会法是调整自然人基本生活权利保障而衍生的社会关系的法律规范的法律群。[③] 商业银行混业经营准入监管法律的调整对象是监管机构在准入监管过程中发生的关系，显然这种法律规范调整了行政主体的监管行为，因此具有行政法的属性，而行政法是典型的公法。公法与私法在内容与主体中的差异也体现在价值选择中，公法偏重对安全价值的维护，而私法更强调对自由价值的倡行。[④] 同时，对商业银行混业经营的准入监管也体现了国家对混业经营市场失灵的协调，相关的法律规范亦体现了经济法的本质内涵，而经济法属于社会法的范畴。社会法更强调社会共同体的正当利益，是集体主义的法，是反对自由主义的法。[⑤] 因此从商业银行混业经营准入监管法律制度的行政法与经济法的定位而言，在商业银行、储户和整个金融体系的安全价值与经营自由价值的选择中，应以安全价值为优位选择。

第三，协调自由与安全的冲突应以我国商业银行混业经营的现状为导向。

法律制度存在于一定的社会环境、历史时期中，某一法律制度的价值离不开该制度存在的社会与时代背景。我国从 20 世纪末开始进行混业经营的尝试，近年来随着金融基本法律对混业经营限制的松动、金融业竞争的加剧，我国金融混业经营的规模逐渐扩大，程度逐渐加深。从严格的分业经营

---

① 参见孙国华：《公私法的划分与法的内在结构》，载《法制与社会发展》2004 年第 4 期。

② 参见董保华：《社会法研究中"法律部门"与"法律理念"的关系》，载《法学》2014 年第 2 期。

③ 参见赵红梅：《个体之人与集体之人——私法与社会法的人像区别之解析》，载《法商研究》2009 年第 2 期。

④ 参见马黎：《民法目的性价值研究》，西南政法大学 2012 年博士学位论文。

⑤ 参见赵红梅：《个体之人与集体之人——私法与社会法的人像区别之解析》，载《法商研究》2009 年第 2 期。

立法到允许商业银行从事"法律规范另有规定"的混业经营活动，商业银行的混业经营准入监管法律尊重了商业银行依据行业发展的要求选择混业经营模式的自由。

在宏观层面，我国金融监管体制仍然是分业的，以机构监管和行业监管为导向的分业监管模式缺乏对商业银行混业经营中的创新产品和大型复杂银行集团的风险识别、监管协调与宏观风险的有效控制。[①] 因此出现了商业银行利用表外业务逃避监管，[②]银行理财产品侵害消费者利益，[③]不当投资银行业务累积风险[④]等乱象。次贷危机已经对商业银行混业经营缺乏监管的问题敲响了警钟，在我国混业经营持续扩张的背景下，为保障金融安全，应在认可商业银行混业经营基本自由的基础上明确商业银行混业经营的安全底线。商业银行混业经营准入监管法律正是对商业银行混业经营安全底线的规范，即明确商业银行不能从事的高风险业务类型。从保障我国商业银行混业经营安全发展的现实考虑，商业银行混业经营准入监管法律应将安全价值作为优位选择。

（三）国家适度干预理论

为了克服商业银行混业经营的市场失灵问题，监管部门被赋予了准入监管权。但商业银行的混业经营又是典型金融机构自主经营活动，过度地干预商业银行混业经营活动必然损害商业银行的经营自主权，最终损害市场机制的效率价值。因此，商业银行混业经营准入监管法律制度符合经济法适度干预理论的精神。

1. 干预权的合理边界

现代市场经济国家已经将国家干预和市场机制作为两种资源配置方式结合使用，早已不存在国家是否干预的问题，而是干预的程度问题。干预不足难以克服市场失灵，干预过度则会矫枉过正，导致政府失灵。[⑤] 因此，政

---

① 参见王志刚：《综合化经营下的金融监管新方向》，载《银行家》2015 年第 6 期。

② 参见侯太领：《表外业务发展与监管规避》，载《中国金融》2011 年第 24 期。

③ 参见颜苏：《银行理财产品信息披露标准化原则的立法研究》，载《法学杂志》2015 年第 3 期。

④ 参见刘青云、杨有振：《资本监管下中国 97 家商业银行风险承担行为的实证检验——基于一个新的研究框架》，载《财经论丛》2016 年第 7 期。

⑤ 参见王宏军：《经济法国家适度干预原则的经济学分析》，载《法学杂志》2005 年第 3 期。

府干预权应当具有合理的边界。

从积极方面而言，政府干预权应当在市场机制存在缺陷、不能有效发挥作用的领域发挥作用。[①] 正是由于单纯的市场机制存在市场失灵才有了政府干预的可能性，因此市场失灵的领域正是政府干预权积极发挥作用的空间。由于市场障碍的存在，总有一些领域市场机制不能进入其中发挥作用，从而形成了限制竞争和不正当竞争现象。[②] 而限制竞争与不正当竞争终将损害整个市场的效率，因此法律赋予政府以市场秩序干预权，显然市场存在障碍的领域就是政府干预权行使的合理范围。

市场机制存在唯利性、滞后性和微观性，市场经济中还存在公共产品供给不足、负外部性等问题，极易导致某一行业或国家宏观供给与需求的不平衡，因此法律赋予政府经济调控权以调节宏观经济运行。国家干预经济的根本目的就是要寻找一种合理的资源配置方式，包括宏观和微观两个层次，[③]因此市场机制在宏观和微观领域中失灵的部分正是国家干预权发挥作用的领域。

从消极方面而言，"凡是市场能有效运行之处，就没有经济法存在之空间；凡是经济法不能克服市场缺陷之情形，就没有经济法运作之余地；凡是存在经济法克服市场缺陷不经济之情形，也没有经济法存在之必要"。[④]

政府干预权不应发挥作用的领域首先应当是市场机制有效运作，不存在微观和宏观的市场失灵的领域，这似乎与政府干预权发挥积极作用的领域完全契合。但从逻辑而言，政府干预权的行使只是市场失灵的充分条件，而非必要条件。也就是说，在出现市场失灵的情况时，不一定导致政府干预权的出现，这也是在研究政府干预的积极作用范围之外还需要从反面研究政府干预的消极作用范围的意义。显然市场失灵是政府干预权发挥作用的主要领域，但也存在着政府失灵、第三部门作用、干预成本等因素作为市场

---

① 参见单飞跃、卢代富等：《需要国家干预——经济法视域的解读》，法律出版社 2005 年版，第 124 页。

② 参见漆多俊：《经济法学》（第 2 版），高等教育出版社 2010 年版，第 2 页。

③ 参见李昌麒、张波：《论经济法的国家干预观与市场调节观——对国家与市场分析范式的一种解读》，载《甘肃社会科学》2006 年第 4 期。

④ 应飞虎：《需要干预经济关系论：一种经济法的认知模式》，载《中国法学》2001 年第 2 期。

失灵不引发政府干预权行使的例外情况。

虽然政府由公众的税收维持活动,被赋予了实现公共利益的责任,但也存在公共政策失效、公共产品供给低效率、政府部门扩张、寻租行为等政府失灵现象。[①] 在政府失灵的情况下,政府的干预不仅不能消除市场失灵,反而造成经济干预的错位、缺位、越位,导致政府干预权的功能失调和效用消减,[②]最终使市场机制进一步扭曲。显然在政府失灵的情况下不宜由政府干预弥补市场失灵。

政治国家和市民社会的分野为认识社会结构提供了基础的视角,然而随着现代中主体利益的多元化,社会结构的"二元"分析模式已显不足。继市场失灵后出现的政府失灵,使个体希望将原来让渡给政府的部分权利重新夺回,而代表不同个体行使这些权利的组织就是第三部门。[③] 第三部门,是指从事非营利性活动的政府以外的所有组织,包括慈善机构、援助组织、青年团体、宗教组织、工会、合作协会、经营者协会等。[④] 第三部门的出现为解决市场失灵与政府失灵提供了第三条道路,其独特的优势既可以将某一群体的私益诉求反映给政府部门,又能将政府的干预更好地传递给个体。因此在存在市场失灵而第三部门更适于发挥作用的领域,不需要政府干预权的介入。

在经济领域中成本和收益的考量贯穿于市场主体的经济选择始终,而国家干预作为一种政治过程,干预成本问题很少被考虑。干预成本包括立法成本、执法成本和市场主体遵守法律的成本。[⑤] 狭义的干预成本包括干预主体在人力、物力、财力等方面的投入的成本,广义的干预成本还包括被

---

① 参见潘明星、韩丽华:《政府经济学》(第3版),中国人民大学出版社2011年版,第13页。

② 参见胡光志、靳文辉:《国家干预经济中"政府失灵"的人性解读及控制》,载《法学评论》2009年第3期。

③ 参见刘大洪、李华振:《政府失灵语境下的第三部门研究》,载《法学评论》2005年第6期。

④ 参见敖双红、王龙飞:《"第三部门"失灵——以工会为例》,载《政治与法律》2009年第8期。

⑤ 参见单飞跃、卢代富等:《需要国家干预——经济法视域的解读》,法律出版社2005年版,第124页。

干预对象因为干预活动而付出的合规性成本。① 如果不考虑干预成本，只考虑干预市场的调节作用，可能产生干预成本大于干预效果的情况。显然这种政府干预权的行使是不经济的，既不符合经济效率的要求，也不符合社会整体利益的要求。

2. 商业银行混业经营准入监管中干预权的合理边界

对商业银行混业经营进行的准入监管体现了国家对商业银行混业经营市场失灵的干预，因此监管机构也被赋予了干预权。在商业银行混业经营准入监管中干预权表现为准入监管权，即法律赋予监管机构对商业银行从事混业经营业务进行准入监管的职权（以下简称准入监管权）。准入监管权包括许可或禁止商业银行从事特定混业经营业务，以及确定商业银行从事特定混业经营业务的条件等内容。准入监管权相较于宏观经济调控而言具有微观性、强制性、惩罚性等特点，因此准入监管权的行使对商业银行混业经营的影响更为直接、强烈。准入监管权的权限范围过窄则不能保障商业银行及整个金融体系的稳健，权限范围过宽会干预商业银行的自主经营活动，因此，商业银行混业经营准入监管也应遵守适度干预原则。

从积极方面而言，准入监管权的行使领域应当是商业银行混业经营市场失灵的领域。商业银行的混业经营虽然可以降低交易成本、②提高经济效率、③分散银行的金融风险，④但也会加剧金融系统的脆弱性，引发道德风险、利益冲突等市场失灵现象。通过对商业银行混业经营实施准入监管可以纠正金融市场的过度唯利性和短视性，因此，混业经营可能发生宏观或微观市场失灵的领域就是准入监管权发挥作用的领域。

从消极方面而言，应当坚持准入监管权的最小化原则，在市场机制有效运行的领域中应当由商业银行自行决定开展业务的种类与经营策略。准入

---

① 参见应飞虎：《论均衡干预》，载《中国法学》2001 年第 2 期。

② See Niehans J. , "Transaction Costs", *Money. Palgrave Macmillan UK*, 1989, pp. 320 – 327.

③ See Saunders A. , Walter I. , *Universal banking in the United States: What could we gain? What could we lose?*, Oxford University Press, 1994, pp. 240 – 278.

④ 参见张忠军：《金融业务融合与监管制度创新》，北京大学出版社 2007 年版，第 92 ~ 95 页。

监管权的最小化原则,是指对商业银行从事的混业经营业务只进行以保障金融安全为目标的最低限度的准入限制,除此之外商业银行可以根据市场需要从事相关混业经营业务。准入监管权的“最小化”原则符合金融业的属性,有利于克服金融监管失灵,并且综合考虑了准入监管的成本问题。

第一,金融业的流动性特征要求坚持准入监管权的最小化原则。金融资本是资本主义社会最活跃的因素,能够超越时间、空间和物质形态的局限实现利润最大化。① 资本的自由流动在证券、保险、银行、信托等市场中建立起了天然的联系,资本依据市场机制选择流动方向既可以实现投资主体的利益,也能够提高金融市场的效率。因此对商业银行进行准入限制实际上是人为地割裂金融市场的天然联系,可能影响金融市场的效率。因此,商业银行混业经营准入监管应当坚持准入监管权最小化的原则。

第二,监管失灵要求坚持准入监管权的最小化原则。商业银行混业经营中的金融产品往往具有跨行业的特点,因此准入监管主体也呈现多元化的状态,可能的监管主体包括中央银行、银行监管部门、证券监管部门等机构。一方面,多个监管机构的存在避免了统一监管机构存在监管目标不明确和权力过度集中的问题;②但另一方面也会产监管冲突现象。监管冲突,是指由于监管权限本身的划分不清,或者由于金融创新的发展超出既有规则框架,而导致不同监管机构之间职权的冲突。③ 商业银行混业经营准入监管也面临着多个监管机构的监管重叠与冲突,尤其是大型金融集团经常发现自己必须接受来自不同监管者的重复监管,而这些监管规定互相矛盾的情况经常发生。④ 因此在金融监管失灵的情形下更应坚持准入监管权的最小化原则。

第三,监管成本因素要求坚持准入监管权的最小化原则。金融监管成本可以分为直接成本和间接成本。直接成本是金融监管工作投入的硬件设

---

① 参见陈享光、袁辉:《金融资本的积累与当前国际金融危机》,载《中国人民大学学报》2009 年第 4 期。

② 参见周仲飞:《银行法研究》,上海财经大学出版社 2010 年版,第 33 页。

③ 参见廖凡:《竞争、冲突与协调——金融混业监管模式的选择》,载《北京大学学报》(哲学社会科学版)2008 年第 3 期。

④ 参见罗培新:《美国金融监管的法律与政策困局之反思——兼及对我国金融监管之启示》,载《中国法学》2009 年第 3 期。

施、组织运作和监管人才的培训等资源消耗,也称为行政成本;[①]间接成本包括商业银行的合规成本(compliance costs)和金融市场由于存在监管可能导致的市场信号扭曲成本。直接成本和扭曲成本对相对较小,而银行的合规成本一般都数倍于直接成本,对银行业的经营活动影响巨大。[②] 从成本考量角度而言,商业银行因准入监管权的行使而付出的合规成本无疑是最应予以考虑的。经过20世纪70年代以来的金融自由化,商业银行与证券、保险、信托等金融业已实现深度融合,商业银行直接或通过控股公司开展混业经营的资产规模庞大,金融危机后对商业银行混业经营业务的准入监管就产生了巨大的合规成本问题。2014年3月美国货币监理署(OCC)对46家银行拥有的约100亿元金融资产进行了合规成本的估计,数据表明,为了符合沃尔克规则中禁止自营交易的规则,这46家银行将付出约43亿美元的合规成本。[③] 同时,复杂的法律规定也增加了商业银行的人员成本,据美国《经济学人》杂志的统计,每家银行的工作人员为遵守《多德—弗兰克法》的新规需要投入226万个小时的工作。[④] 因此,商业银行混业经营准入监管必须考虑监管的成本与收益问题,坚持准入监管权的最小化原则。当然,在商业银行混业经营准入监管中应当综合考量准入监管权的干预主体、干预手段、干预方法、干预责任等方面因素,以实现适度干预。[⑤]

五、商业银行混业经营准入监管法律制度的内容与基本目标

(一)商业银行混业经营准入监管法律制度的内容

商业银行法律规范往往以商业银行的设立、变更、终止为逻辑链条展开,[⑥]因此商业银行准入监管规范主要体现为商业银行法人准入规则(商业银行的设立)。商业银行业务准入规则往往被淹没在商业银行业务运营监

---

① 参见阎庆民:《中国银行业监管效率分析》,载《金融研究》2002年第8期。

② 参见王飞:《银行监管合规成本的测度方法研究》,载《上海金融》2008年第10期。

③ 参见《美国货币监理署对沃尔克规则的分析:Analysis of 12 CFR Part 44》,载美国货币监理署官方网站:https://www.occ.gov/topics/laws-regulations/legislation-of-interest/volcker-analysis.pdf,最后访问日期:2017年4月27日。

④ 参见[美]《经济学人》编辑部:《太过复杂的监管规则会抑制经济活力》,王宇译,载《金融发展研究》2015年第10期。

⑤ 参见甘强:《经济法中的国家干预——基于法律文本的实证考察》,载《现代法学》2013年第5期。

⑥ 参见强力:《当前发达国家的金融立法趋势》,载《法学杂志》1995年第6期。

管规则、商业银行的业务范围规则中,缺乏系统的梳理和研究。显然对商业银行业务准入规则的忽视与商业银行混业经营深化的现实形成了矛盾,这种矛盾集中体现为次贷危机中对商业银行经营高风险混业经营业务准入监管的不足。如前文所述,相较于机构准入监管而言,商业银行混业经营的业务准入监管更适应金融混业的现实,也能为金融混业中的公平竞争、商业银行金融创新与系统性风险的防范提供具体指引。因此在次贷危机的反思和我国从分业走向混业的金融业务与监管体制变革的语境下,对商业银行混业经营准入监管法律制度的梳理与完善确有必要。

以确定商业银行混业经营的合理界限为中心,商业银行混业经营准入监管法律制度应当包括以下内容:

第一,商业银行混业经营准入监管机构的选择与准入监管权限的配置。商业银行混业经营准入监管可能涉及多个监管主体,其中既包括商业银行的日常监管机构、金融集团的监管机构、存款保险基金管理机构,[①]在特定业务的准入中还可能涉及其他金融业的监管机构。这些监管机构拥有的规则制定权、监督检查权等准入监管权力直接决定着商业银行混业经营的具体边界。因此,商业银行混业经营准入监管法律制度应当明确可以实施混业经营准入监管的监管机构及其权限配置。对商业银行混业经营准入监管权限的配置,一方面,应当明确商业银行自主经营权与国家监管权的界限。“市场的扭曲会推动政府的扩张”,同时“政府对市场的不当干预也会造成市场的扭曲”。[②] 无论是监管机构对商业银行混业业务的允许还是禁止,抑或是附条件的允许某些特定业务的开展,这都是对商业银行的混业经营的直接干预。因此,必须首先将监管机构对混业经营业务准入监管权确定在必要的限度内,以防止监管当局对银行业务的过多干预。[③] 另一方面,商业银行混业经营业务可以通过自身或控股公司进行,同时商业银行的注册地点也不尽相同,因此商业银行混业经营准入监管权也必须在地方和中央监

---

① 参见朱大旗、李慈强:《论存款保险立法中银行监管权的分配与协调》,载《北京行政学院学报》2013 年第 3 期。

② 吕冰洋:《从市场扭曲看政府扩张:基于财政的视角》,载《中国社会科学》2014 年第 12 期。

③ 参见李金泽:《银行业法国际比较》,中国金融出版社 2008 年版,第 111 页。

管机关之间，银行的日常监管机构与金融集团的监管机构之间进行合理的划分。

第二，商业银行混业经营准入的授权性规范。商业银行混业经营准入监管法律的本质就是确定商业银行混业经营的合理限度，即商业银行“可以从事哪些混业经营业务”“哪些混业经营业务是被禁止的”。因此从性质上可以将具体的准入监管法律分为授权性规范和禁止性规范。授权性规范，即允许商业银行从事某类混业经营业务的法律规范。不同于一般公司法人的经营范围由《公司法》概括性授权而来，商业银行的业务范围往往是由法律明确规定的。也就是说，商业银行的具体业务是需要经过法律规定、监管机关批准才能从事的。因此商业银行从事混业经营首先需要经过准入监管法律的明确授权，体现为混业经营的授权性规范。

第三，商业银行混业经营准入的禁止性规范。虽然商业银行从事混业经营是金融市场发展的趋势，但商业银行从事混业经营可能对金融体系、金融消费者产生负面影响。因此确定商业银行混业经营的合理界限必须确定商业银行不得从事的混业经营业务，即合理界限的消极方面。商业银行混业经营准入监管法律中的禁止性规范，是禁止商业银行自身或通过金融集团从事经营某类混业经营业务的法律规范，禁止性规范中还包括禁止性规范的例外条款，即规定商业银行在满足特定条件的情况下可以从事禁止性业务的法律规范。

（二）商业银行混业经营准入监管法律制度的基本目标

商业银行法律规范的目标包括一般目标和具体目标，①一般目标是各国制定相关法律规范所共同追求的目标，例如维护金融体系的稳定，保护金融主体利益等，而具体目标则会根据不同发展的金融体系发展而变化。商业银行混业经营准入监管法律制度的基本目标，既包括保障金融机构安全与金融消费者利益等一般基本目标，也包括促进金融业公平竞争、防范系统性风险的特殊目标。

1. 保障商业银行自身的安全与稳健

虽然直接金融的发展使商业银行这种典型的间接金融中介在融资方面

---

① 参见王卫国：《银行法》，法律出版社2011年版，第358页。

的作用发生了变化,[①]但商业银行在货币政策传导、提供基本账户、为其他行业提供流动性等方面的特殊作用始终存在。[②] 商业银行的独特功能使商业银行的监管和法律规范具有特殊性。商业银行作为金融市场中自主经营的公司法人,其公司治理机制不仅需要符合一般公司的要求,还要兼顾商业银行作为金融中介的特殊性质。[③] 各国都对商业银行的设立、股权结构、并购、破产等事项做出不同于一般公司的特殊规定,尤其是对商业银行的市场退出制度更是持谨慎态度。[④] 保障商业银行的安全与稳健运营是商业银行法的重要目标。

商业银行的混业经营使商业银行日益远离传统存贷业务,不断扩大混业经营范围,开发更多的复杂金融衍生产品。不受约束的商业银行混业经营业务可能给业务合作者、金融产品投资者带来损害,同时高风险的混业经营业务更有可能造成商业银行自身的损失甚至破产风险,而商业银行的经营失败将发生更严重的外部影响。因此对商业银行混业经营业务进行准入监管的目标首先是保障商业银行自身的安全与稳健。次贷危机后美国限制商业银行高风险业务的沃尔克规则就明确将商业银行的安全稳健(safety and soundness)作为立法目标。[⑤]

2. 保护金融消费者的合法权益

金融消费者属于消费者的范畴,是指购买金融商品、接受金融服务的个人(包括自然人和法人及非法人组织等)。[⑥] 金融消费者既包括传统金融产品的购买者,如储户,也包括购买金融产品的消费者。[⑦]

---

① See Gande A., Saunders A, "Are Banks Still Special When There is a Secondary Market for Loans?", *The Journal of Finance* 5, 2012, pp. 1654 – 1660.

② 参见[美]G. J. 本斯通:《商业银行的特殊性及其监管启示》,王年咏、孙明辉译,载《国外社会科学》2006 年第 2 期。

③ 参见李维安、曹廷求:《商业银行公司治理——基于商业银行特殊性的研究》,载《南开学报》(哲学社会科学版)2005 年第 1 期。

④ 参见吴林涛、林秀芹:《论我国商业银行破产重整制度的构建》,载《厦门大学学报》(哲学社会科学版)2013 年第 1 期。

⑤ §1851. Prohibitions on proprietary trading and certain relationships with hedge funds and private equity funds(b)(1)(A).

⑥ 参见徐孟洲:《金融法》(第 3 版),高等教育出版社 2015 年版,第 21 页。

⑦ 参见王利明:《保护金融消费者合法权益,维护良好金融市场秩序》,载《证券法苑》2014 年第 1 期。

商业银行从事高风险混业经营业务直接面对的是购买复杂金融产品的消费者，商业银行往往利用自己的信息优势开发出为自己分散风险、由自己获得利润而使消费者承受风险的产品。次贷危机中“掠夺性贷款”（predatory loan）的产品设计有利于抵押贷款经纪人、贷款人和证券化机构，却损害了借款人和投资者的利益，①这正是商业银行高风险活动损害消费者利益的证明。对于储户而言，由于存在存款保险制度，商业银行从事高风险业务似乎没有造成储户直接的损害。然而，由于存款保险具有额度限制，同时申请存款保险的程序复杂，因此储户在商业银行高风险的混业经营活动失败的情况下，极易承受损失。因此，保护金融消费者也应当作为商业银行混业经营准入监管法律制度的目标。

3. 促进混业经营环境下金融业的公平竞争

公平竞争能够促进市场优胜劣汰，可以将资源分配给最有效率的企业，进而促进经济增长。而破坏公平竞争的垄断、政府不当影响则会抑制整个经济的总产出。② 因此，从1890年《谢尔曼法》开始，体现国家干预思想的经济法律规范一直以促进公平竞争为目标。公平竞争不但指竞争主体的起点公平、不受歧视等形式平等，公平竞争更是在承认竞争主体资源和条件差异的前提下追求竞争实质上的公平。③

在金融领域中，混业经营使传统业态的划分逐渐模糊，各类金融机构可以经营同种或类似业务，形成了多种金融服务之间的全面竞争。④ 然而商业银行在竞争中具有特殊的地位和优势。相较于证券、保险等金融机构，商业银行拥有大量低成本的储蓄存款以及来自央行的低廉贷款，⑤同时为了防范可能发生的风险传染各国政府还为商业银行的经营失败承担危机救助的责任。因此，无限制的商业银行混业经营业务很可能引发这样的现象：商业银行利用低成本资金从事冒险行为，依靠国家隐性担保而不必承担后果。

① 参见宋晓燕：《美国抵押贷款证券化中的消费者保护问题》，载《法学》2011年第3期。

② 参见龙小宁、黄小勇：《公平竞争与投资增长》，载《经济研究》2016年第7期。

③ 参见李昌麒：《经济法学》（第3版），法律出版社2016年版，第58页。

④ 参见李建伟、许炳：《金融业发展路径中的竞争导向及其相关影响——兼谈对我国金融业发展的启示》，载《中央财经大学学报》2001年第10期。

⑤ 参见［美］约瑟夫·E. 斯蒂格利茨：《自由市场坠落》，李俊清、杨玲玲等译，机械工业出版社2011年版，第29页。

相对其他金融机构而言，这是一种隐性的竞争优势，尤其是在银行业占金融资产绝对优势的发展中国家，这种现象更为明显。[①] 因此商业银行混业经营准入监管法律规范就是通过对商业银行高风险混业经营业务的规范实现金融领域竞争的实质公平。

4. 防范金融系统性风险

在金融领域经常发生传染性风险，尤其是在次贷危机之后，系统性风险成为金融领域重点关注的对象。国际清算银行(BIS)将系统性风险定义为："系统的一个参与者不能履约，引起其他参与者违约，由此引发的链式反应导致广泛的金融困难的可能性。"[②]商业银行从事混业经营既从组织上造就了众多大而复杂的金融集团，又从金融创新中发展出大量金融衍生产品，这显然增加了整个金融业的系统性风险。[③] 因此，商业银行准入监管法律规范的目标就是通过限制商业银行的高风险业务防范金融系统性风险。

5. 减少公共利益损失

虽然公共利益在法学、政治学、行政学、经济学中都有不同的界定，但正如英国功利主义法学家边沁所言，"法律的一般和最终目的不过是社会的最大利益"。[④] 在金融领域中，商业银行由于设立的特许过程和提供产品的特殊性被认为具有一定的公共性。[⑤] 而无限制的混业经营给商业银行带来了严重的道德风险和逆向选择。商业银行在与客户从事交易时可以通过信用评级来减小自己的损失，同时却利用信息优势从事高风险业务，储户却一无所知，[⑥]经营的失败将得到社会公共资金的救助，最终损害公众利益。显

---

① 参见庄起善：《中东欧转型国家金融银行业开放、稳定与发展研究》，复旦大学出版社2008年版，第97页。

② 《巴塞尔委员会1994年报告：64th annual report of the Bank for International Settlements》，载https://www.bis.org/publ/arpdf/archive/ar1994_en.pdf，最后访问日期：2017年6月21日。

③ 参见范小云：《繁荣的背后：金融系统性风险的本质、测度与管理》，中国金融出版社2006年版，第30~35页。

④ [英]罗素著：《西方哲学史》(下卷)，马元德译，商务印书馆1991年版，第29页。

⑤ 参见邢会强：《商业银行的公共性理论——兼论商业银行收费法律问题》，载《现代法学》2012年第1期。

⑥ 参见冯新力：《美国银行系统中的道德风险与逆向选择——基于Stiglitz和Weiss(1981)模型的分析》，载《西南金融》2012年第9期。

然增加资本要求对商业银行的高风险行为可以起到一定的约束作用,①然而次贷危机的实践证明,符合资本要求的银行同样不能幸免,因此约束商业银行的高风险混业经营行为就成为维护社会公共利益的另一种有效手段。

小结

商业银行从事混业经营具有规模经济、分散风险等优势,但也加剧了金融市场的外部性和信息不对称,因此应当在效益与秩序、商业银行营业权与金融系统性安全之间进行平衡,确定商业银行混业经营的合理界限。商业银行混业经营准入监管法律制度的本质就是以法律的方式确定商业银行混业经营的合理界限。确定商业银行混业经营的合理界限要求在准入监管过程中进行法律价值的衡量,并确定国家干预的适度领域。

---

① See Hellmann T. F., Murdock K. C., Stiglitz J. E., "Liberalization, Moral Hazard in Banking, and Prudential Regulation: Are Capital Requirements Enough?", *American Economic Review* 1,2000,p. 151.

第三章　我国商业银行混业经营准入监管法律制度存在的问题

我国的金融业是依据“分业经营、分业监管”的方式运行的，我国的金融监管法律也是依此原则制定和实施的。在我国金融业从分业经营向混业经营发展的背景下，我国金融监管体制和金融监管法律制度都面临着新的挑战。近年来随着商业银行的转型发展，我国商业银行从事的混业经营活动越来越多，并随之产生了“利益输送”“监管套利”等异化现象。面对商业银行混业经营的野蛮生长，确定我国商业银行从事混业经营的合理界限十分必要，但我国相关的商业银行混业经营准入监管法律规范中存在的分业准入立法与混业经营现实错配、混业经营法律地位不明确等问题亟待解决。

一、我国商业银行混业经营的异化扩张

（一）我国商业银行混业经营的扩张发展

我国商业银行的经营模式经历了20世纪80年代初的分业经营、80年代末的混业经营乱象、90年代中期的分业经营和近年来混业模式探索4个阶段。2005年《中共中央关于制定国民经济和社会发展第十一个五年

规划的建议》中首次提出"稳步推进金融业综合经营试点"，这一思想在近年来的"十二五""十三五"规划纲要都得到了延续和进一步发展，明确了我国商业银行向混业经营模式转化的道路。我国商业银行选择混业经营模式主要基于以下理由。

第一，利率市场化改革的深化要求商业银行向混业经营模式转型。在利率市场化条件下，利率的波动幅度加大，利率长期呈下降趋势，这使存贷业务的利差减小，给商业银行的盈利能力带来巨大挑战。我国的商业银行长期以经营传统存贷业务、赚取利差为主要盈利模式，2011 年，我国商业银行利息收入占总收入平均为 82.3%，而国外先进银行的利息收益只占总收入的 50% 左右。① 因此近年来我国商业银行逐渐扩大业务范围、发展多种混业经营业务，利息收入在总收入中所占比例逐年下降（见表 3-1）。2016 年，前三季度首次实现了大型银行利息收入的负增长，其中中国农业银行、中国工商银行、中国建设银行利息收入占比增长率分别为 -9.3%、-7.5% 和 -7.3%。② 2017 年中国人民银行在发布的《中国金融稳定报告》中指出，截至 2016 年年底我国银行业金融机构表外业务余额 253.52 万亿元（含托管资产表外部分），表外资产规模相当于表内总资产规模的 109.16%，比上年末提高 12.04 个百分点。③

表 3-1　2012～2014 年全国性商业银行非利息收入占比④

单位：%

年份	工行	农行	中行	建行	交行	招行	浦发	中信	兴业	平安	民生
2012	22.2	18.9	29.8	23.3	18.5	22.1	11.5	15.6	17.6	16.9	25.2
2013	24.8	18.6	30.4	23.4	20.5	25.4	14.8	18.0	21.5	22.0	28.3
2014	28.8	24.2	36.3	29.9	27.8	35.9	21.6	25.72	25.7	28.3	32.1

根据 2019 年 11 月 25 日中国人民银行公布的《中国金融稳定报告

① 参见中国巴曙松、严敏、王月香等：《我国利率市场化对商业银行的影响分析》，载《华中师范大学学报》（人文社会科学版）2013 年第 4 期。

② 参见王雅娟：《上市银行 2016 年前三季度经营业绩分析》，载《中国城市金融》2016 年第 11 期。

③ 参见中国人民银行金融稳定分析小组：《中国金融稳定报告 2017》，中国金融出版社 2017 年版，第 49 页。

④ 笔者根据相关商业银行年报、官方网站收集整理。

(2019)》,截至2018年年末,银行业金融机构表外业务余额338.42万亿元(含托管资产表外部分),同比增长12.02%。表外资产规模相当于表内总资产规模的126.16%(分母为法人口径资产),比上年末上升6.47个百分点。其中,担保类20.66万亿元,承诺类24.46万亿元,金融资产服务类188.8万亿元。①

第二,金融脱媒现象加剧了商业银行传统业务的资金流失。金融脱媒,是指在金融管制的情况下,资金供给绕开商业银行体系,直接输送给需求方和融资者。② 随着直接金融的发展我国金融脱媒现象逐年显著,2002～2012年间非信贷类融资规模从900亿元快速增加至6.6万亿元,增长了72倍,占社会融资规模的比重从4.5%持续提高至42.1%;而信贷类融资规模仅增长不到5倍,占社会融资规模的比重从95.5%持续下降至57.9%。③ 金融脱媒使企业通过发行债券或股票的方式获得融资,使商业银行贷款业务减少;另外,储户也有了储蓄之外的投资选择,最终使总的储蓄资金减少。金融脱媒推动了商业银行从传统存贷业务向多样化混业经营业务的发展。

第三,来自外资银行、互联网金融、民营银行的竞争压力也是商业银行转变经营模式的推动力。随着金融全球化和人民币国际化,我国银行业将面对拥有丰富混业经营经验的外资银行带来的竞争压力。分业经营的运营模式会使我国银行业因业务创新不足、服务种类单一、业务规模有限在与外资银行的竞争中处于劣势。同时,互联网金融对传统银行模式的挑战,民营银行的快速发展都加剧了银行领域的竞争,促使商业银行选择对传统业务模式进行突破,走上混业经营道路。

近年来,随着《商业银行法》《保险法》《证券法》等金融基本法律对禁止混业经营相关条款的放松,我国商业银行开始进行金融创新,拓展混业经营

---

① 参见中国人民银行官方网站:http://www.pbc.gov.cn/jinrongwendingju/146766/146776/146878/index.html,最后访问日期:2019年12月1日。

② 参见任碧云、程茁伦:《金融脱媒对中国商业银行资产负债业务冲击的动态影响》,载《中央财经大学学报》2015年第3期。

③ 参见薛亮:《"两会"特别报道全国政协委员马蔚华:建议修改商业银行法,支持银行综合经营转型》,载《金融时报》2013年3月7日,第5版。

业务范围。大型商业银行从20世纪末就已经开始了海外金融集团的创立和布局。经过不断的并购与新设,目前中国工商银行、中国建设银行、交通银行等大型商业银行都已经拥有了较为完备的金融集团组织形态,并通过金融集团子公司开展多种混业经营活动。

1. 商业银行混业经营业务的扩展

1995年《商业银行法》等基本金融法确立了我国分业经营、分业监管的金融体制。虽然经历了2003年基本法律对混业经营准入的松动,但在基本法层面我国立法一直坚持分业经营的基本原则。然而在实践中,商业银行却一直通过监管机构行政规范许可的方式不断扩展混业经营业务,可以说商业银行的混业经营就是在我国"探索式"金融监管理念下不断发展起来的。

在证券业务方面,2000年我国商业银行被允许从事证券公司自营股票抵押业务;2001年商业银行经批准或备案可以从事代理发行、承销、兑付政府债券、金融衍生业务等中间业务;2005年商业银行可以直接出资设立基金管理公司从事基金业务,同年商业银行的资产证券化业务也被许可;2010年商业银行可以在证券交易所集中竞价交易系统进行特定的债券现券交易。目前我国商业银行可以从事包括债券回购、银证转账、股票质押贷款、证券投资基金、资产证券化等多种证券业务。近年来,以理财业务、资产托管业务为代表的复合型证券业务已成为商业银行混业经营业务发展的新方向。[①] 2011年工商银行全年主承销各类债务融资工具2901亿元,居境内市场第一,并实现投资银行业务收益225.92亿元,比2010年增长45.7%。[②] 仅2016年上半年,中国建设银行的理财产品发行额已达36,658.84亿元,承销非金融企业融资工具2863.72亿元。[③]

在保险业务方面,在1995年前只有少数商业银行从事保险相关业务,1995年开始各大商业银行纷纷与保险公司签订代理协议,如1997年,中国工商银行总行与中保人寿签订代理协议,太平洋保险与交通银行、中国银行、农业银行分别签订保险代理协议。到2000年,国内所有的保险公司基本都与

---

① 参见罗苓宁:《大资管时代银行发展之路》,载《中国金融》2016年第1期。

② 工商银行2011年度报告(A股)。

③ 建设银行2016年半年度报告(A股)。

四大国有商业银行建立了代理销售关系。近年来,商业银行的保险业务范围逐渐从单纯的销售代理走向深化,银行与保险公司之间在固定资产投保、资产结算、协议存款、银行卡、基金等方面的业务合作越来越多。与此同时,商业银行也通过海外分支机构或金融集团的子公司参股保险公司,间接从事大范围的保险业务。如 2009 年交通银行收购中保康联人寿 51% 的股权,北京银行入股太平洋安泰人寿,持有 50% 的股权。

在信托业务方面,2002 年商业银行开始从事代理信托资金收付业务,2006 年开展信托财产的托管业务。随着银行信托业务的深化,银行信托业务逐渐由最初的委托代理业务向理财业务转化。随着 2007 年贷款政策的收紧,商业银行的信托业务演变为银行募集理财产品,通过信托公司的通道投向有资金需求的企业。这种规避贷款监管的业务模式到 2008 年被监管部门叫停。近年来商业银行投资信托公司的现象也逐渐增多,2007 年交通银行收购重组湖北国投,成立交银国际信托公司。除此之外,我国商业银行在直接投资、资产管理和企业理财、衍生金融工具等领域不断扩展混业经营业务范围。①

随着金融科技的发展,人工智能、大数据、生物识别技术等金融科技已经并将持续对银行业的产品服务、商业模式、经营理念等产生深刻影响,推动了银行业实现产品服务和商业模式的创新,②驱动银行实现渠道融合。目前商业银行通过电商平台、直销银行、云服务等方式提供金融综合服务。例如,2015 年招商银行成立招银云创(深圳)信息技术有限公司,通过云端服务、利用银行集团内部的联动机制为客户提供全面的金融服务方案;再如工商银行的"工行融易购"、建设银行的"建行善融商务"等自建交易平台模式,就是由商业银行自行搭建交易平台,吸引客户上来结算,再配套投融资业务。

2. 商业银行混业经营组织机构的膨胀

由于各国经济水平、政治制度、文化传统及历史背景的差异,金融混业组织机构的形式也各具特色,大致有德国式全能银行、英国式金融母子公司和

---

① 参见李勇:《现代商业银行的投资银行业务》,中国金融出版社 2008 年版,第 23 页。

② 参见蔡国华:《用金融科技重塑商业银行》,载《清华金融评论》2017 年第 7 期。

美国式金融控股公司三种模式。① 德国的全能银行模式是传统的、典型的内部综合型全能银行,即在同一银行名下,内设平等且同级别的业务部门,包括商业银行部、投资银行部、保险业务部、信托业务部等,即"一级法人制度"——一个法人、多块执照、多种业务。② 实行全能银行的国家还有瑞士、卢森堡、荷兰、奥地利等欧洲国家。英国式金融母子公司模式,是指一个金融机构为母公司,一般为银行,通过转投资子公司从事其他金融业务的金融混业经营形态。采取金融母子公司模式的还有澳大利亚、加拿大、新西兰等英联邦国家。美国式的金融控股公司模式是控股公司的组织结构在金融混业经营上的运用,即在同一控制权下,完全或主要在银行业、证券业、保险业中至少两个不同的金融行业大规模地提供服务的金融集团公司。③

三种金融混业组织形式各有利弊,各国往往基于本国的特定经济、政治、历史、法律传统选择适合于本国的混业经营的组织形式。由于金融控股公司具有"集团混业,经营分业"的特点,既能发挥规模经济、范围经济、风险分散的经营优势,控股公司与子公司及各子公司之间又有天然的风险隔离机制,能更好地实现安全与效率的平衡,因此许多国家和地区选择金融控股公司作为金融混业经营的组织形式。我国的商业银行也普遍采取了金融控股公司的组织形式展开混业经营活动。

值得注意的是,金融控股公司通常可以分为狭义和广义两种,即纯粹控股公司(Pure Holding Company)和混合控股公司(Mixed Holding Company)两类:纯粹控股公司的设立目的只是为掌握子公司的股份,从事资本经营,利用股权主导被控股公司的重大决策和生产经营活动,实现其控制意图,其本身不直接地从事生产经营活动;而混合控股公司一方面掌握目标公司的控股权,支配其生产经营活动;另一方面又直接从事实际的生产经营活动。④

我国的金融控股公司总体上存在四种类型:第一种是由于历史原因,以金融机构身份同时控制着银行、证券、保险、信托等机构的金融集团,如中信、

① 参见杨松等:《银行法律制度改革与完善研究》,北京大学出版社 2011 年版,第 216 页。
② 参见徐文彬:《全能银行发展路径研究》,经济科学出版社 2009 年版,第 26 页。
③ 参见方国斌:《金控集团交叉销售研究》,中国金融出版社 2010 年版,第 12 页。
④ 参见杨松等:《银行法律制度改革与完善研究》,北京大学出版社 2011 年版,第 218 页。

光大、平安等;第二种是大型国有商业银行通过在境外设立独资或合资投资银行向金融控股集团转变,如中国银行国际控股公司、中国建设银行国际金融有限公司、中国工商银行的工商东亚金融控股公司等;第三种是近年来在金融机构增资扩股中,产业资本控股银行、证券等多类金融机构的企业集团,如宝钢集团、山东电力集团、海尔集团等;第四种是一些地方政府通过对控股的地方城市商业银行、信托公司、证券公司进行重组组建的金融控股公司。① 可见我国商业银行从事混业经营的主要组织方式是混合型金融控股公司,而非纯粹型金融控股公司。根据2019年中国人民银行等监管部门联合发布的《金融控股公司监督管理试行办法(征求意见稿)》第2条的规定,我国即将推出的《金融控股公司法》要规范的金融控股公司是指"依法设立,对两个或两个以上不同类型金融机构拥有实质控制权,自身仅开展股权投资管理、不直接从事商业性经营活动的有限责任公司或者股份有限公司",即纯粹控股公司。而商业银行开展混业经营业务采取的混合型金融控股公司不在即将推出的《金融控股公司法》中进行规范,正如《金融控股公司监督管理试行办法(征求意见稿)》第三条所述:对"金融机构跨业投资控股形成的金融集团"的"具体实施细则由金融监管部门另行制定"。因此,商业银行的混业经营形式虽然本质是金融控股公司,但在我国的监管制度框架下被称为"金融集团"。

我国商业银行的混业经营组织形式经历了从立法逐渐放松,到逐渐发展壮大的过程。1995年我国《商业银行法》明确规定"商业银行在中华人民共和国境内不得从事信托投资和股票业务,不得投资于非自用不动产",但并未限制商业银行在境外从事混业经营活动。近年来,我国大型商业银行纷纷在海外设立金融集团从事混业经营业务。1988年中国银行在香港地区成立全资附属投资银行机构中银国际控股有限公司,1995年中国建设银行与美国摩根集团合资成立中国国际金融有限公司。

经过多年的发展,我国主要的商业银行都已形成了金融集团的组织结构,并通过金融集团持有多项金融牌照,从事多种混业经营业务。这些金融

---

① 参见蔡浩仪:《中国大陆金融控股公司的现状与发展》,载 https://wenku.baidu.com/view/4f97f3370129bd647 83e0912a216147917117e8b.html,最后访问日期:2019年11月16日。

集团子公司众多、经营业务范围广泛、资产规模不断膨胀。2016 年 6 月英国《银行家》的全球前 1000 家银行排行榜显示,我国有 17 家商业银行进入前 100 名,同时在全球最大的前十家银行排名中,中国工商银行集团、中国建设银行集团、中国银行集团、中国农业银行集团分别占据第 1、2、4、5 名,其一级资本分别为 2744. 32 亿美元、2200. 07 亿美元、1980. 68 亿美元和 1856. 07 亿美元,详见表 3 - 2。我国的商业银行已成为名副其实的全球系统重要性金融机构。

表 3 - 2　2016 年全球十大银行排名①

2015 年排名	银行	国家	一级资本(百万美元)
1	中国工商银行	中国	274, 432
2	中国建设银行	中国	220, 007
3	摩根大通银行	美国	200, 482
4	中国银行	中国	198, 068
5	中国农业银行	中国	185, 607
6	美国银行	美国	180, 778
7	花旗银行	美国	176, 420
8	富国银行	美国	164, 584
9	汇丰银行	英国	153, 303
10	三菱银行	日本	131, 753

2019 年 6 月 30 日英国《银行家》杂志(The Banker)公布全球银行 1000 强(Top 1000 World Banks)最新排行。入围 2019 年全球银行 1000 强的共有 25 家中资银行。按一级资本排序,中资银行连续第二年包揽排行榜前四名,其中中国工商银行连续七年名列榜首,中国建设银行第二的位置保持不变,中国农业银行超越中国银行升至第三,中国银行则排名第四。在保持规模领先的同时,净利润排名也逐渐提升(见表 3 - 3)。

① See Stefania Palma, Chinese and Banks Dominate TOP 10 World Ranking, 载《银行家》官方网站: www. thebanker. com / top 1000 world banks, 最后访问日期:2017 年 5 月 3 日。

表 3-3　2019 年全球银行 1000 强榜单排名前 10 的银行①

2019 年排名	2018 年排名	银行名称	国家	一级资本(十亿美元)
1	1	中国工商银行	中国	338
2	2	中国建设银行	中国	287
3	4	中国农业银行	中国	243
4	3	中国银行	中国	230
5	5	摩根大通	美国	209
6	6	美国银行	美国	189
7	7	富国银行	美国	168
8	8	花旗银行	美国	158
9	10	汇丰银行	英国	147
10	9	三菱日联金融集团	日本	146

中国工商银行集团现拥有工银瑞信基金管理有限公司、工银金融租赁有限公司、工银国际控股有限公司、工银东亚金融控股公司、工银国际融资有限公司等子公司。

中国建设银行集团以建设世界一流“综合化银行集团”为目标,拥有建信基金管理有限责任公司、建信金融租赁有限公司、建信信托有限责任公司、建信人寿保险有限公司、建信期货有限责任公司、中德住房储蓄银行有限责任公司等子公司,预计到 2020 年实现集团总资产合计 27 万亿元,其中表外 16 万亿元,年度利润超过 3000 亿元。②

中国银行集团现拥有中银保险有限公司、中银国际基金管理有限公司、中银国际证券有限责任公司、中银国际控股有限公司、中银集团保险有限公司、中银集团人寿保险有限公司等子公司(见图 3-1)。

---

① 载英国《银行家》杂志官方网站:https://www.thebanker.com/Top-1000,最后访问日期:2019 年 12 月 1 日。

② 参见何谐:《访中国建设银行党委书记、董事长王洪章》,载《当代金融家》2016 年第 1 期。

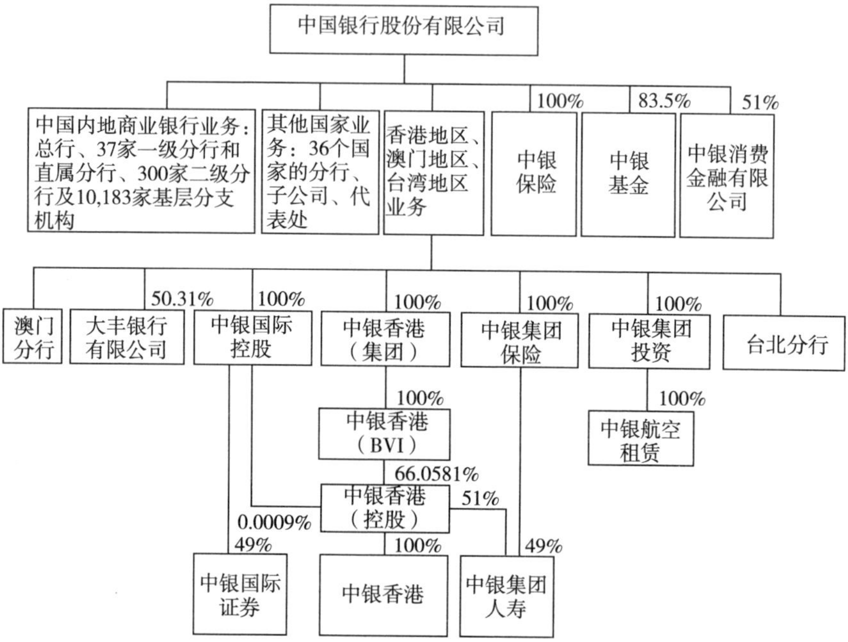

图 3－1　中国银行股份有限公司附属机构①

中国农业银行集团拥有农银汇理基金管理有限公司、农银金融租赁有限公司、农银人寿保险股份有限公司、农银国际控股有限公司、农银财务有限公司等子公司。②

目前我国商业银行已经通过金融集团持有多项金融牌照，见表 3－4。

表 3－4　国内部分商业银行集团混业经营牌照③

名称	保险	证券	基金	租赁	信托
中国银行	√	√	√	√	
工商银行	√	√	√	√	
建设银行	√	√	√	√	√

① 载中国银行官方网站：http://www.boc.cn/aboutboc/ab6/，最后访问日期：2017 年 5 月 11 日。

② 载中国农业银行官方网站：http://www.abchina.com/cn/AboutABC/nonghzx/fzjg/jnzykggs/，最后访问日期：2017 年 5 月 6 日。

③ 相关商业银行年报、官方网站整理。

续表

名称	保险	证券	基金	租赁	信托
交通银行	√	√	√	√	√
招商银行		√	√	√	√
农业银行	√		√	√	
民生银行			√	√	

(二)我国商业银行混业经营中的异化现象

“异化”作为哲学概念源远流长,经历了从中世纪神学思想中的“神性丧失”到英法启蒙思想中的“权利放弃”的演变,从黑格尔的“国家与财富的异化”发展为马克思主义“历史评价优先”异化理论。[①]“异化”的基本含义是背离、疏远和对立。[②]“异化”通常以社会或事物的应然状态为出发点,是从道德评价的应然状态对现存实然状态进行批判。

在金融领域中,金融机构的活动原本以资金的融通、信息的提供、资源的有效配置为目标,而随着自由主义思潮的兴起、资本市场的发展、金融业务的创新、金融机构逐利性的凸显,金融业日益远离其基本功能,产生了异化现象。金融功能异化,是指脱离原有金融制度设计的服务功能价值目标倾向,甚至阻碍原有价值目标实现的变化。[③] 商业银行在传统存贷业务之外从事混业经营可以分散主营业务风险、取得规模经济效益,并为消费者提供“一站式”的多样化服务。然而随着金融虚拟性、逐利性的凸显,特别是20世纪70年代后的金融自由化进程,使商业银行不断地扩展混业经营业务,而这些混业经营业务日益远离其最初的金融功能:从投资转为投机、从分散风险变为谋取利益、从提供服务变为欺骗诈取、从金融创新变为监管套利。我国商业银行的混业经营在业务和组织机构不断扩张的过程中,也发生了大量侵害消费者权益、危害银行自身和整个金融系统性安全的异化现象。

商业银行混业经营异化现象也体现在司法实践和监管部门的监管实践

① 参见俞吾金:《从“道德评价优先”到“历史评价优先”——马克思异化理论发展中的视角转换》,载《中国社会科学》2003年第2期。

② 参见韩蕊:《“异化”着的“异化”:从神学概念到哲学理论——马克思之前“异化”嬗变之耙梳》,载《学术论坛》2016年第9期。

③ 参见徐孟洲、杨晖:《金融功能异化的金融法矫治》,载《法学家》2010年第5期。

中。对中国裁判文书网公布的我国法院生效判决进行整理①可以发现，2012～2016年，我国涉及商业银行混业经营的判决呈逐年上升的趋势。其中涉及银行理财产品的判决②共673件，从2012年的7件上升为2016年的327件。涉及银行证券业务的判决③共9805件，从2012年的25件上升为2016年的5109件。涉及银行保险业务的判决④共16,293件，从2012年的232件上升为2016年的6155件。涉及银行信托业务的判决⑤共848件，从2012年的14件上升为2016年的322件(见图3－2)。

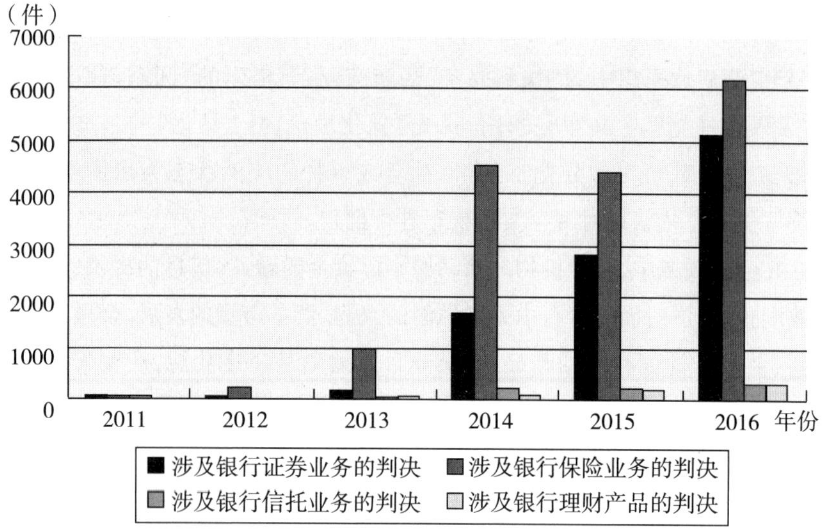

图3－2　2011～2016年我国涉及银行混业经营的判决数量⑥

2016年中国银行业监督管理委员会公布了从2003～2014年的25个典

① 最高人民法院2013年颁布《最高人民法院裁判文书上网公布暂行办法》，创建了全国法院规范、统一的裁判文书网——中国裁判文书网，并要求"除法律有特殊规定的以外，生效裁判文书将全部在中国裁判文书网予以公布"。本书的案例原始数据均来自中国裁判文书网，网址http://wenshu.court.gov.cn，时间跨度为2012～2016年年底。

② 以"理财产品"和"银行当事人"为条件进行检索。

③ 以"证券"和"银行当事人"为条件进行检索。

④ 以"保险"和"银行当事人"为条件进行检索。

⑤ 以"信托"和"银行当事人"为条件进行检索。

⑥ 根据中国裁判文书网(http://wenshu.court.gov.cn)相关案例整理，时间跨度为2012～2016年年底。

型行政处罚案例，[①]其中被处罚机构为16家，处罚总金额合计1417.61万元。最大处罚金额是厦门国际银行因超范围从事金融业务活动被没收277万元违法所得，并处277万元罚款。在25个典型案例中，涉及商业银行混业经营的处罚包括超范围经营、利用信贷资产转让业务调节经营指标、关联交易等几类，占总数的30%以上。近年来，地方银监局的行政处罚中涉及商业银行混业经营的案例逐渐增加，特别是2017年年初银监会更是加强了对违规混业经营业务的查处力度。2018年银保监会成立后，为了规范市场秩序，对相关违法违规行为的查处力度加强。2017～2019年第一季度(27个月)，银保监会系统共作出行政处罚决定11,735份，罚没金额总计59.41亿元，罚没金额超过了之前10年(120个月)的总和。[②] 具体处罚见表3－5。

表3－5　地区银保监会部分商业银行混业经营相关行政处罚[③]

年份	监管机构	被处罚机构	事由	处罚金额(万元)
2009	深圳银监局[2009]49号	中国建设银行股份有限公司深圳市分行	信贷资金违规流入股市等	100
2010	湖北银监局[2010]15号	荆州市农村信用合作社联合社	存在超业务范围代理债券业务等	100
2013	广东银监局[2013]84号	广东省农村信用社联合社	超经营范围办理票据转贴现业务等	50
2015	贵州银监局[2015]68号	中国工商银行贵州省分行	违规开展买入返售和同业投资等	440
2015	贵州银监局[2015]66号	中国银行贵州省分行	违规从事买入返售和同业投资业务等	120
2015	贵州银监局[2015]67号	贵州银行股份有限公司	绕规变相发放贷款、向合作方提供信用担保等	300

① 政务信息：行政处罚，载中国银行业监督管理委员会官方网站：http://www.cbrc.gov.cn/Chinese/home/docViewPage/110002.html，最后访问日期：2017年5月25日。

② 参见张歆：《银保监会27个月开具1.17万张罚单》，载《证券日报》2019年8月9日，第2版。

③ 笔者根据银保监会各派出机构网站上的行政处罚信息公开表进行整理。

续表

年份	监管机构	被处罚机构	事由	处罚金额（万元）
2015	深圳银监局［2015］125 号	招商银行	2014 年 5 月 17 日后仍开展商业承兑汇票的买入返售交易、个人理财业务资金违规投资于不良信贷资产	300
2016	上海银监局［2016］4 号	中国工商银行股份有限公司上海市分行营业部	违规开展同业业务	100
2016	重庆银监局［2015］141 号	兴业银行股份有限公司重庆分行	违规开展同业业务和表外业务	70
2017	中国银监会［2017］14 号	中国民生银行股份有限公司	非真实转让信贷资产；销售对公非保本理财产品出具回购承诺、承诺保本；为同业投资业务提供第三方信用担保等	1670
2017	中国银监会［2017］15 号	恒丰银行股份有限公司	腾挪表内风险资产；将代客理财资金违规用于本行自营业务；利用结构性理财产品将多笔同业存款变相纳入一般性存款核算；以保险类资产管理公司为通道违规将同业存款变相纳入一般性存款核算等	700
2017	北京银监局［2017］7 号	中国建设银行北京城市建设开发专业支行	固定资产贷款业务中审批同意借款人挪用信贷资金购买本行理财产品	40
2017	上海银监局［2017］26 号	上海银行股份有限公司	经该行批准，辖属天津分行在他行撤销远期购买承诺的情况下，继续持有某信托受益权，未按规定严格审查基础资产投向，信托资金违规用于异地融资平台	50
2018	银保监会［2018］4 号	上海浦东发展银行股份有限公司	通过基础资产在理财产品之间的非公允交易进行收益调节；理财资金投资非标准化债权资产比例超监管要求；投资多款同业理财产品未尽职审查，涉及金额较大；为非保本理财产品出具保本承诺函	110

续表

年份	监管机构	被处罚机构	事由	处罚金额（万元）
2018	银保监会[2018]8号	中国民生银行股份有限公司	同业投资,理财资金违规投资房地产,用于缴纳或置换土地出让金及土地储备融资;理财产品之间风险隔离不到位;个人理财资金违规投资;为非保本理财产品提供保本承诺	3160
2018	银保监会[2018]9号	渤海银行股份有限公司	理财及自营投资资金违规用于缴交土地款;理财业务风险隔离不到位;为非保本理财产品提供保本承诺;同行投资他行非保本理财产品审查不到位	2530
2018	银保监会[2018]11号	浙商银行股份有限公司	投资同业理财产品未尽职审查;为客户缴交土地出让金提供理财资金融资;投资非保本理财产品违规接受回购承诺;理财产品销售文本使用误导性语言;个人理财资金违规投资;理财产品相互交易,业务风险隔离不到位;为非保本理财产品提供保本承诺	5550
2018	银保监会[2018]12号	交通银行股份有限公司	理财资金投资本行不良信贷资产收益权;理财资金借助保险资管渠道虚增存款规模;信贷资金违规承接本行表外理财资产;理财资金违规投资项目资本金;部分理财产品信息披露不合规	690
2019	银保监[2019]12号	中信银行股份有限公司	投资同一家银行机构同期非保本理财产品采用风险权重不一致;购买非保本理财产品签订可提前赎回协议,未准确计量风险加权资产	2280

司法实践中涉及商业银行混业经营判决的增加,这表明商业银行混业经营活动对其他金融机构、金融消费者等私权主体利益的影响逐渐加强。而行政机关对商业银行混业经营业务的相关处罚则反映了商业银行混业经营活动对宏观金融秩序的影响。缺乏法律监管的商业银行混业经营活动可能引发金融系统性风险、利益冲突风险,损害消费者利益等问题。

二、我国商业银行混业经营准入监管法律制度现状

近年来，我国商业银行混业经营的异化扩张的现实反映出我国商业银行混业经营准入监管法律制度的规范不力。总体而言，我国对商业银行混业经营的准入监管经历了从严格的分业监管到逐渐允许混业准入的过程。相关的法律规范从形式上体现在20世纪末至今不同时期的法律与规章。从立法主体的角度来看，商业银行混业经营的准入监管涉及证券、保险、信托等多种业务的准入监管，因此相关的法律规范体现为我国不同金融监管机构制定的规则，包括中国人民银行和证监会、银保监会等金融监管机构。从立法层次来看，我国商业银行混业经营准入监管规范主要体现在金融基本法律和相关行政法规、规章中，总体上呈现出金融基本法律规范不足、以行政法规等监管部门规范为主的特点。

（一）金融基本法律

我国现行《商业银行法》于1995年颁布，经过了2003年的大规模修订和2015年对个别条文的修改。目前我国《商业银行法》仍沿袭1995年来形成的“分业经营、分业监管体制”，只是在个别法条中许可了“混业经营”的尝试。因此《商业银行法》对商业银行混业经营准入采取了“总体禁止，个别许可”的立法态度。《商业银行法》第43条总体上禁止了商业银行从事信托投资、证券经营、向非自用不动产或非银行金融机构和企业投资，但禁止性规定限定为“中华人民共和国境内”，同时规定“国家另有规定的除外”。对商业银行可以从事的具体业务范围，《商业银行法》第3条进行了“列举加兜底”的规范方式，列举了13项商业银行可以从事的业务，其中既包括传统储蓄业务，如吸收存款、发放贷款、办理结算，也包括发行债券、承销债券、买卖债券等投资银行业务。同时从宏观上规定商业银行的“经营范围由商业银行章程规定，报国务院银行业监督管理机构批准”，商业银行还可以经营13项明确列举的业务之外由“国务院银行业监督管理机构批准的其他业务”。可见，我国《商业银行法》对“商业银行可以从事何种混业经营业务”“禁止从事的混业经营业务”“许可从事混业经营业务的条件”等内容规定都是模糊的，实际上是将具体的商业银行的混业经营准入监管交给了银行业监督管理机构。2003年4月25日我国银监会成立，同年颁布《银行业监督管理法》，因此我国的银行业监督管理机构为银监会。2018年3月，根据第十三届全国人民代

表大会第一次会议批准的国务院机构改革方案,将银监会和中国保险监督管理委员会的职责整合,组建中国银行保险监督管理委员会(以下简称银保监会)。将银监会拟订银行业、保险业重要法律法规草案的职责划入中国人民银行,不再保留银监会。自此,银保监会成为我国目前的银行业监督管理机构。①

我国《银行业监督管理法》从监管机构、监管权限、违法后果等方面对我国商业银行混业经营准入监管进行了规范。《银行业监督管理法》第 18 条明确了银保监会对商业银行业务范围内的业务品种具有备案权或审查批准权,并赋予银保监会对需要备案或审查批准的业务品种制定具体规则的权力。第 22 条规定了商业银行申请范围和业务类型审批的具体时限。第 45 条还规定了违反业务准入监管规范的罚则。

由于我国商业银行可以通过金融集团经营混业经营业务,因此我国《证券法》《保险法》《信托法》等金融基本法律中对相关业务的准入规范也会影响商业银行混业经营的准入监管。我国现行《证券法》(2014 年修订)第 6 条和《保险法》(2015 年修订)第 8 条的内容相似,都确认了证券业、银行业、信托业、保险业的分业经营、分业管理的体制,同时规定了"国家另有规定的除外"。《证券法》第 125 条规定了证券公司可以从事证券经纪、证券投资咨询、财务顾问、证券承销与保荐、证券自营、证券资产管理业务,以及其他证监会批准的证券业务。《保险法》第 95 条、第 96 条规定了保险公司的业务范围,保险公司可以从事人身保险、财产保险、再保险业务和保监会批准的其他保险业务。《信托法》第 3 条规定,信托当事人可以在我国境内从事民事信托、营业信托和公益信托。

(二)行政规范性文件

我国商业银行混业经营准入监管的具体规范主要体现在国务院、中国人民银行、银保监会等金融监管机构颁布的行政法规等规范性文件中。这些规范性文件既包括准入监管的程序性规范,也包括准入监管的业务类型与条件的实体性规范。总体而言,这些规范表现为不同时间的多个金融监管机构对

---

① 本书在一般意义上使用银保监会的称谓,但在论及已有文献和已经颁布的规范性文件以及历史事件时仍使用当时"银监会"的称谓。

新增商业混业经营业务的许可，体现出我国对商业银行混业经营准入监管逐步放松的发展趋势。

我国《商业银行法》将商业银行混业经营准入的具体监管权力赋予了银保监会，银保监会则采取了行政许可的准入方式，将商业银行的业务分为需要行政许可的、需要备案的和其他不许审批和备案的业务，商业银行的某些特定业务必须经银监会的行政许可才能经营。2005年银监会颁布了《中资商业银行行政许可事项实施办法》，①2012年进行了修订，其中关于商业银行混业经营业务准入的内容主要存在于该办法第五章“调整业务范围和增加业务品种”中。2014年在我国简政放权的宏观趋势下，银监会发布了《关于推进简政放权改进市场准入工作有关事项的通知》，取消了包括证券投资托管业务审批等在内的多项审批事项，并将审批权向地方银监局下放。2015年银监会对《中资商业银行行政许可事项实施办法》进行了再次修订，并制订了新的《中资商业银行行政许可事项申请材料目录及格式要求(2015年版)》。根据以上规定，目前我国需要经过行政许可的业务包括：开办和增加外汇业务、募集发行债务和资本补充工具、开办衍生产品交易业务、开办信用卡业务、开办或增加离岸银行业务以及其他银监会认为需要审批的业务。2018年会为了加强对商业银行理财业务的监管，银保监颁布《商业银行理财业务监督管理办法》。2018年12月本着防范风险、隔离高风险业务的理念，银保监会颁布了《商业银行理财子公司管理办法》。2019年中国人民银行等部门联合发布了《金融控股公司监督管理试行办法(征求意见稿)》。

除此之外，我国人民银行、银保监会、证监会等监管机构在不同时期业颁布了涉及商业银行混业经营业务的准入监管规范。我国混业经营业务主要行政规范性文件见表3-6。

① 根据中国银行保险监督管理委员会令(2018年第5号)《中国银保监会关于废止和修改部分规章的决定》:《中国银监会中资商业银行行政许可事项实施办法》调整为《中国银保监会中资商业银行行政许可事项实施办法》。

表 3－6　我国银行混业经营业务准入主要行政规章①

发布时间	发布部门、规范名称	规范主要内容
1999	中国人民银行:《基金管理公司进入银行间同业市场管理规定》和《证券公司进入银行间同业市场管理规定》	允许符合条件的基金管理公司和证券公司进入银行间同业拆借市场和国债回购市场
2000	证监会:《开放式证券投资基金试点办法》	允许商业银行买卖开放式基金,开放式基金管理公司也可以向商业银行申请短期贷款
2002	中国人民银行:《信托投资公司资金信托管理暂行办法》(2007 年被银监会《信托公司集合资金信托计划管理办法》代替)	允许商业银行代理信托资金收付业务
2003	银监会、证监会、保监会:《在金融监管方面分工合作的备忘录》	确定分工配合的准入监管权限
2004	银监会:《金融机构衍生产品交易业务管理暂行办法》(2011 年修订)	允许商业银行在满足特定条件的情况下从事套期保值类、非套期保值类(包括做市商、自营交易等)衍生产品交易
2004	中国人民银行、银监会、证监会:《证券公司股票质押贷款管理办法》	允许证券公司以自营的股票、证券投资基金券和上市公司可转换债券作质押,从商业银行获得贷款
2005	中国人民银行、银监会、证监会:《商业银行设立基金管理公司试点管理办法》	允许商业银行直接出资作为主要股东设立基金管理公司
2005	中国人民银行、银监会:《信贷资产证券化试点管理办法》	允许商业银行从事信贷资产证券化业务
2005	中国人民银行:《全国银行间债券市场金融债券发行管理办法》	允许商业银行从事金融债券的发行和承销
2006	保监会、银监会:《关于规范银行代理保险业务的通知》	对银行代理保险业务在代理机构资格、代理业务管理、手续费管理等方面进行了规范
2007	银监会:《关于调整商业银行代客境外理财业务境外投资范围的通知》	允许商业银行在区分自有资金与客户资金前提下进一步丰富代客境外理财产品投资品种

① 根据中国人民银行、银保监会、证监会官方网站相关法律规范整理。

续表

发布时间	发布部门、规范名称	规范主要内容
2008	银监会:《银行与信托公司业务合作指引》	加强对商业银行与信托公司业务合作的监管
2008	中国人民银行:《银行间债券市场非金融企业债务融资工具管理办法》	允许商业银行承销期融资券与中期票据
2008	中国人民银行、银监会、证监会:《证券公司股票质押贷款管理办法》	允许符合条件的证券公司将自营股票和证券投资基金作为质押向商业银行融资
2009	银监会:《商业银行投资保险公司股权试点管理办法》	允许商业银行投资保险公司
2010	银监会、保监会:《关于加强银行代理寿险业务结构调整促进银行代理寿险业务健康发展的通知》	加强银行代理保险业务的代理资格及从业资格的监管
2010	银监会:《关于规范银信理财合作业务有关事项的通知》	加强商业银行与信托公司的合作理财业务监管,要求融资类业务余额占银信理财合作业务余额的比例不得高于30%
2012	银监会:《中资商业银行行政许可事项实施办法》(2015年修订)	对商业银行调整业务范围和增加业务品种的审批进行了规范
2012	证监会:《证券公司客户资产管理业务管理办法》	允许商业银行代销集合资产管理计划
2015	银监会:《商业银行并表管理与监管指引》	对商业银行集团的业务协同和内部交易进行了规范
2017	银监会:《关于开展银行业"不当创新、不当交易、不当激励、不当收费"专项治理工作的通知》	对商业银行理财业务、投资业务、信托业务等混业经营业务中的"不当交易""不当创新"现象进行监管
2017	银监会:《关于开展银行业"监管套利、空转套利、关联套利"专项治理工作的通知》	对商业银行混业经营中出现的"监管套利""关联套利"等现象加强监管
2018	银监会:《商业银行股权管理暂行办法》	加强商业银行股权管理,加强对商业银行股东行为的监管,限制主要股东入股商业银行数量
2018	中国人民银行、银保监会等:《关于规范金融机构资产管理业务的指导意见》	对金融机构开展资产管理业务,应当具备的管理体系、公司治理、风险管理、内部控制和问责机制提出了要求,并禁止将资产管理产品资金直接投资于商业银行信贷资产

续表

发布时间	发布部门、规范名称	规范主要内容
2018	银保监会:《商业银行理财业务监督管理办法》	加强对商业银行理财业务的监督管理,对商业银行理财业务的分类管理、业务规则、风险管理和监督管理进行了规范,提出对理财业务实行穿透式监管、应当通过具有独立法人地位的子公司开展理财业务隔离风险
2018	中国人民银行等部门:《关于完善系统重要性金融机构监管的指导意见》	明确系统重要性金融机构的定义、范围,对系统重要性金融机构制定特别监管要求,以增强其持续经营能力,降低发生重大风险的可能性
2019	中国人民银行等部门:《金融控股公司监督管理试行办法(征求意见稿)》	对金融控公司的市场准入、股东资质、资本和资金运用、股权结构、公司治理和关联交易、风险隔离制度进行了全面规范
2019	中国人民银行等部门:《系统重要性银行评估办法(征求意见稿)》	提出了我国系统重要性银行认定的依据,这是对系统重要性银行提出附加监管要求、实施宏观审慎管理、建立特别处置机制的前提

(三)现有规范的制度框架

虽然在我国的金融领域中依然坚持“分业经营、分业监管”的原则,但随着金融基本法的松动和行政规章等规范性文件的出台,商业银行从事的混业经营日益增多,监管机构据以进行准入监管的规范性文件已经存在,虽然这些制度没有以统一立法的方式存在,但却是确定我国商业银行从事混业经营法律限度的现实依据。通过对我国金融基本法律和行政规章等规范性文件中相关规定的梳理,可以总结出我国商业银行混业经营准入监管法律制度的三方面内容:

第一,商业银行混业经营准入监管主体制度。

虽然我国金融基本法律中都规定了“分业经营、分业监管”的原则,但通过行政规章等规范性文件商业银行已经事实上从事了混业经营,因此商业银行从事混业经营的监管主体及其权限的规范在相关的准入监管制度中已经存在。根据我国《商业银行法》和《银行业监督管理法》等规范都将商业银行的监管权主要赋予了银保监会。因此,实践中商业银行从事混业经营业务的准入监管主体主要是银保监会,银保监会通过行政许可等方式对商业银行的"新增业务"进行准入监管。同时根据混业经营业务的差异,中国人民银行、证监会等监管机构也依据不同的准入监管规范拥有商业银行混业经营的部分准入监管权。但以上监管机构对混业经营准入的监管权是建立在分业监管的基础上的,因此有关监管主体的制度中对不同监管机构监管权的分工与配合规定较少。虽然2017年设立的国务院金融稳定发展委员会、2018年成立的银保监会对促进金融监管协调发挥了积极作用,但缺少法律规范的制度化安排,目前的监管体系仍然是以分业监管为核心的,现有监管主体制度难以实现对商业银行从事复杂混业经营业务,或者商业银行通过金融集团从事混业经营业务的有效准入监管。

第二,商业银行混业经营准入的行政许可制度。

我国对商业银行混业经营的准入监管主要采取监管机构的行政许可模式,即监管机构颁布行政规章等规范性文件许可商业银行从事一定的混业经营业务,如《证券公司股票质押贷款管理办法》《证券公司股票质押贷款管理办法》等,然后监管机构依据这些规范和《行政许可法》确定行政许可事项,商业银行的混业经营业务符合该行政许可事项的内容,就需要经过行政许可后才能进行。目前涉及商业银行混业经营业务的行政许可事项包括:银监会行政许可43007号"商业银行、政策性银行、金融资产管理公司对外从事股权投资及商业银行综合化经营审批",43008号"中资银行业金融机构及其分支机构设立、变更、终止以及业务范围审批",证监会的行政许可44012号"公开募集基金募集申请注册"等(具体内容见表5-1)。监管机构一般依据该行政审批事项制定具体的行政许可实施办法,如《中国银监会中资商业银行行政许可事项实施办法》《人民银行行政许可实施办法》等,同时,监管机构还会根据这些实施办法制定行政许可的具体操作规则,如《中资商业银行行政许可事项申请材料目录及格式要求》《证监会机构行政许可事项申报材料目录及要求》。这些具体规定构成了我国商业银行混业经营准入中的行政许可制度。

大量的监管机构操作规则已经将我国商业银行混业经营的准入监管演变为一种行政机关的内部活动,无论是准入的条件、申请材料还是具体的审批过程都体现了行政机关的主观裁量,缺乏法律的明确指引。商业银行混业经营的行政许可制度具有较强的主观性、不透明性和变动性。

第三,商业银行混业经营准入的业务禁止制度。

一方面,我国金融基本法律中对商业银行混业经营准入的态度主要是禁止性的。《商业银行法》《证券法》《保险法》《信托法》都重申了“分业经营、分业监管”的思想,并禁止商业银行从事“信托投资、证券经营、向非自用不动产或非银行金融机构和企业投资”,国家另有规定的除外。另一方面,不同时期的行政规范性文件虽然许可了商业银行从事特定混业经营业务,但也会因为经济金融环境的变化制定业务禁止性规定。这种禁止性规定不仅表现为规范性文件的内容,甚至直接以“通知”“叫停”等政策和具体行政行为方式进行。例如,2010 年银监会发布的《关于规范银信理财合作业务有关事项的通知》对高风险银信合作业务的限制,2012 年银监会电话叫停的票据类信托产品等。

三、我国商业银行混业经营准入监管法律制度的不足

总体而言,我国现有商业银行混业经营准入监管规范具有以下特点:在立法指导思想方面表现为监管当局探索性放松准入限制的监管理念;在法律渊源方面,体现为零散的行政规章等规范性文件;在法律制度内容方面,以监管机构的行政审批为主。这种规范方式在 20 世纪末我国开展混业经营的初期确实体现出了较强的灵活性和适应性,但近年来随着我国金融混业经营的业务和组织不断扩张,与此同时,原有商业银行混业经营的准入监管制度中存在的问题显现出来。

(一)分业准入立法与混业经营现实的错配

20 世纪末我国开始进行金融混业经营的尝试,我国的商业银行混业经营准入监管规范也体现出强烈的探索性。一方面为了保障金融体系的稳定,要保持分业经营、分业监管的总体架构不变;另一方面开始小规模、试探性地允许商业银行开展一些混业经营业务。2003 年修订的《银行法》第 43 条、2005 年修订的《证券法》第 6 条、2009 年修改的《保险法》第 8 条,都是尝试性立法理念的体现,即法条的前半部分坚持“分业经营、分业监管”,最后加入了“国家另有规定的除外”的规定。在金融法律中“国家另有规定的除外”的许可下,中国人民银行、银保监会等监管机构在不同时期颁布了多项部门规

章许可商业银行开展混业经营业务。这种立法模式反映出监管层希望通过行政规章对具体混业经营业务进行准入尝试,等待时机成熟后再修订金融法律的初衷。

经过了十几年金融业混业经营的试点改革,我国商业银行的混业经营已成为金融体系格局中的现实存在,[①]商业银行直接或通过金融集团从事大量的混业经营业务。然而,我国的金融基本法律中"分业经营、分业监管"的基本格局仍然没有改变。我国又缺少规范金融市场的专门"金融服务法",同时最近公布的《金融控股公司监督管理试行办法(征求意见稿)》也只适用于纯粹控股公司,商业银行进行混业经营的金融集团准入制度安排尚不明确。

我国商业银行混业经营准入的分业立法模式不能适应商业银行从事复杂混业经营业务的现实需求,无法实现对商业银行从事混业经营可能产生风险的有效规范,甚至可能危害商业银行自身和金融体系的安全。分业准入立法与混业经营现实的错配主要体现在两方面。

第一,分业准入立法难以实现对商业银行通过金融集团从事混业经营的有效监管。我国商业银行通过金融集团实现了经营业务、经营区域和资产规模的不断扩张,事实上形成了若干大型金融集团。我国的大型银行集团具有资产庞大、组织复杂的特征,已经成为系统重要性金融机构,有些甚至成为全球的系统重要性金融机构。次贷危机的重要教训就是要加强系统性风险的防范,妥善解决"大而不倒"问题。显然我国商业银行通过混业经营的扩张已经具备了"大而不倒"的物质基础。而我国目前还没有颁布针对金融集团的专门法律规范,对我国商业银行以金融集团方式从事的混业经营业务采取了分业监管的方式,这种分业准入立法无法对金融集团从整体上控制混业经营风险的法律规范,为商业银行乃至整个金融体系的安全埋下了隐患。

第二,分业准入立法难以实现对商业银行通过复杂金融工具从事的混业经营的有效监管。从混业经营的实践来看,我国商业银行的混业经营业务往往在具体操作中异化出多种复杂的金融产品,以规避监管机构对业务范围和贷款额度等指标的监管。现行《商业银行法》禁止商业银行直接从事股票投资业务,但近年来我国商业银行使用自营或资管理财的银行资金通过结构性

① 参见潘功胜:《金融业综合经营发展与监管》,载《中国金融》2014 年第 1 期。

配资、两融收益权回收、股权质押业务和定增及员工持股等方式间接流入了股票市场,2016 年这类银行资金的规模已达 1.1 万亿元。[①] 同时商业银行的混业经营业务在实践中也往往沦为商业银行借道信托公司和证券公司从事的影子银行业务。我国的影子银行可以分为"银行影子"和"传统影子银行",我国的影子银行主要体现为"银行影子",即银行以规避监管和贷款相关限制为目的,以不规范的会计记账为手段,通过创造信用货币为企业提供融资的业务。[②] 商业银行通常为了规避贷款规模或贷款投向的监管限制,通过其他银行或证券公司、基金公司、信托公司的通道业务实现事实上的违规贷款。例如,商业银行为了对某公司进行违规贷款,可以先通过信托公司成立针对该公司的信托计划,该信托计划的资金则是银行通过理财产品募集而来。具体操作模式包括信贷资产双买断、票据买入返售、同业代付、买入转售、信托受益权转让、信用挂钩收益互换产品、券商定向资产管理计划、基金特定资产管理业务等。虽然这些商业银行混业经营业务在会计账户上不体现为债务关系,但商业银行作为这些产品的发行机构往往对其发行的产品提供隐性担保,极易积累大量的信用风险。

商业银行混业经营现实与分业准入立法的错配既不利于商业银行混业经营的整体风险控制,又增加了商业银行的混业经营成本,削弱了多种经营的协同优势。习近平主席在《关于制定"十三五"规划建议的说明》中指出,我国"十三五"期间的重要任务,就是"建立与综合经营相适应的金融监管框架"。[③]

(二)准入监管机构及其监管权规范不足

合理配置商业银行混业经营业务准入监管权有利于发挥商业银行混业经营的优势、防范商业银行混业经营可能产生的系统性风险、利益冲突等问题。而商业银行混业经营准入监管权的配置既包括准入监管机构的选择和

---

① 参见吴婧:《银行资金变相进入股市或达万亿》,载《国际金融报》2016 年 2 月 29 日,第 6 版。

② 参见孙国峰、贾君怡:《中国影子银行界定及其规模测算——基于信用货币创造的视角》,载《中国社会科学》2015 年第 11 期。

③ 习近平:《关于〈中共中央关于制定国民经济和社会发展第十三个五年规划的建议〉的说明》,载《人民日报》2015 年 11 月 4 日,第 2 版。

权力内容在监管机构之间的横向分配，又包括准入监管机构的监管权与商业银行自主经营权之间的纵向分配。①

在商业银行混业经营准入监管权的横向配置方面，现有的法律规范对银保监会与证监会、中国人民银行、金融稳定发展委员会等监管部门准入监管权的冲突与协调问题规制不足。在我国分业监管的金融体系中，监管机构分别依据金融机构的性质对其从事的业务进行准入监管。2003 年银监会成立，对商业银行实施监管的机构主要是银监会，因此混业经营业务准入监管权也主要由银监会行使。2018 年银保监会成立，商业银行的业务准入监管职责主要由银保监会履行。但在新成立的保监会的机构设置中仍然保留了原银监会的主要组织机构，依然按照主要的商业银行类型实施分别监管，②因此银保监会对商业银行混业经营业务的监管效果依然有限。同时证监会与银保监会仍然相互独立，因此总体而言，我国对商业银行混业经营业务的准入监管仍然是以机构为主的分业模式。

然而商业银行通过金融集团新设或并购证券、保险、信托等子公司从事混业经营业务的情况日益增多，而金融集团的证券、保险、信托等子公司的业务则分别由证监会、银保监会分别进行准入许可。在拥有银行机构的金融集团中子公司各自的风险也会影响银行机构的安全，这涉及监管机构的监管权的分工和协调。虽然 2003 年银监会、证监会、保监会共同签署了《在金融监管方面分工合作的备忘录》，明确了各机构的监管权和合作事项，并于当年 9 月召开了第一次联席会议。然而这一制度并没有成为沟通多种业务准入监管的长效机制。2013 年国务院批复中国人民银行提交的《关于金融监管协调机制工作方案的请示》，同意建立由中国人民银行牵头的金融监管协调部际联席会议制度，然而在“不正式行文”“不削弱现有部门职权”“不替代国务

① 参见熊伟：《银行监管权边界问题研究》，法律出版社 2013 年版，第 146、229 页。

② 银监会设 26 个内设机构与机关党委（党委宣传部），保留的原银监会的 10 个部门包括，国有控股大型商业银行监管部、政策性银行监管部、全国性股份制商业银行监管部、城市商业银行监管部、农村中小金融机构监管部、信托监管部、其他非银行金融机构监管部、普惠金融部、创新业务监管部和打击非法金融活动局。保留了原保监会的人身保险监管部、财产保险监管部（再保险监管部）、保险中介监管部和保险资金运用监管部 4 个部门。内设机构，载银保监会官方网站：http://www.cbirc.gov.cn/cn/list/9101/910103/1.html，最后访问日期：2019 年 11 月 27 日。

院决策"[①]的前提下，这种非正式联席会议制度的监管效果有待观察。2017年7月全国金融工作会议决定设立国务院金融稳定发展委员会，设立该机构的目的是"加强金融监管协调、补齐监管短板"，其主要职责是，落实国家的金融工作决策、审议金融业改革发展重大规划、统筹金融改革发展与监管、统筹协调金融监管重大事项、研究系统性风险防范处置和维护金融稳定重大决策等。[②] 可见，国务院金融稳定发展委员会的职责主要在于宏观的监管协调和制定相关宏观决策和规划，对商业银行从事的经常性、复杂性混业经营业务的准入难以起到具体的监管作用。2007年次贷危机之后，各国纷纷加强了中央银行的监管职能以应对金融体系可能发生的系统性风险。在我国混业经营逐步深化、跨业风险日益复杂的情况下，发挥中国人民银行在商业银行混业经营准入监管中的作用确有必要。但从我国金融监管体系的历史来看，中国人民银行不断地将其金融监管职能分离出去，1992年证监会成立、1998年保监会成立、2003年银监会成立都是这一过程的具体体现。2007年次贷危机后，我国人民银行在金融监管中的作用重新得到了加强，在2019年出台的《金融控股公司监督管理试行办法(征求意见稿)》和《系统重要性银行评估办法》中已经加强了中国人民银行在金融混业经营监管中的作用，但中国人民银行在商业银行混业经营，特别是大型银行集团混业经营的混业经营准入方面的监管职权仍然有待进一步明确。

同时，随着我国商业银行混业经营的扩张，城市商业银行也开始展开大规模的混业经营活动，在城市商业银行的混业经营准入监管权方面也需要在银保监会和地方银保监局之间进行合理的权力配置。

在商业银行混业经营准入监管权的纵向配置方面，现存法律规范对监管部门监管权与商业银行自主经营权的冲突与协调问题规制不足。现有法律规范对商业银行混业经营的态度具有明显的"试探性"，即原则上"分业经营"，禁止商业银行的混业经营活动，同时在实践中采取行政许可的方式许可商业银行从

---

① 参见国务院：国务院关于同意建立金融监管协调部际联席会议制度的批复中国人民银行：《中国人民银行关于金融监管协调机制工作方案的请示》(银发〔2013〕185号)，载《中华人民共和国国务院公报》2013年第24期。

② 参见董方冉：《金融稳定发展委员会正式成立，走进协调监管新时代》，载《中国金融家》2017年第12期。

事某些混业经营活动。以行政许可的方式进行准入监管虽然具有较强的灵活性,但也存在巨大的不确定性,极易侵害商业银行的经营自由权。

(三)混业经营法律地位规定不明

无论是金融业较发达的美国、英国和欧盟,还是新兴国家巴西和俄罗斯,采取金融混业经营模式的国家往往在法律中明确授权商业银行可以从事混业经营。如美国《银行控股公司法》明确规定商业银行可以从事“与银行业密切相关的业务”;欧盟 1989 年的《第二银行指令》确立了整个欧洲的全能银行模式,直接授权商业银行可以从事的“股票发行及相关业务”等十几项混业经营业务;俄罗斯的《俄罗斯联邦银行和银行活动法》第 5 条给予商业银行从事资金和财产管理业务等扩展业务的授权。

我国商业银行虽然已经在事实上从事了多种混业经营业务,但商业银行从事混业经营活动的合法地位始终没有得到金融基本法律的正面授权。一方面,《商业银行法》等金融基本法坚持“分业经营、分业监管”原则,不允许商业银行从事“信托投资、证券经营、向非自用不动产或非银行金融机构和企业投资”等混业经营业务;另一方面,监管部门又通过大量行政规章等规范性文件不断许可商业银行从事混业经营。如《证券公司股票质押贷款管理办法》中,允许符合条件的证券公司可以用自营股票和证券投资基金作为质押向商业银行融资,《开放式证券投资基金试点办法》中,允许商业银行买卖开放式基金,开放式基金管理公司也可以向商业银行申请短期贷款。这样矛盾的立法使我国商业银行混业经营的法律地位处于不确定的状态。

商业银行从事混业经营法律地位的不明确产生了两方面的不良后果:

第一,不利于我国商业银行的经营模式的转型。随着我国经济和金融业的发展,我国商业银行在规模、业务、利润等方面发展迅速。近年来我国商业银行在资产规模方面已经居于世界前列,然而规模并不是决定银行效率的唯一标准,影响银行效率的指标除了规模之外还有成本控制能力、服务水平、产品创新能力、风险意识与管理水平等诸多因素。① 长期以来我国商业银行的主要利润来源仍然是利息收入,但随着直接金融的发展、商业银行国际竞争的加剧,我国商业银行过去的经营模式面临必须转型的压力。我国商业银行

---

① 参见程惠霞:《银行效率与规模相关性的主成分分析》,载《当代经济科》2004 年第 2 期。

开展中间业务、取得存贷差之外的收入来源、发展混业经营已经成为商业银行转型的必然选择。但缺乏法律的明确授权，商业银行开展混业经营将面对不确定的政策风险和法律风险，影响相关合同的法律效力。

第二，不利于混业经营后续监管的展开。商业银行从事混业经营会加剧外部性和信息不对称的市场失灵问题，因此依法对商业银行混业经营进行监管才能保障其稳健地开展混业经营。而对商业银行混业经营实施准入、运营、退出全面监管的前提是商业银行混业经营的合法性。如果商业银行混业经营的合法地位不明确，对商业银行运营中不良行为的监管就无从谈起。例如，商业银行经营理财产品业务，就涉及大量的金融消费者保护问题，从产品的销售过程来看，往往存在着隐瞒风险，夸大收益的现象。根据上海市消费者权益保护委员会对上海地区 2016 年上半年到期的 627 个银行结构理财产品所做的调查，超过 96% 的结构性理财产品的实际收益低于平均预期最高收益 5. 8% ，33. 33% 的产品的实际收益率为最低预期收益率；非保本的结构性理财产品平均到期实际收益率只有 2. 17% ，保本的平均实际收益率也仅为 2. 94% ，保本收益产品到期收益率为 3. 43% 。[①] 然而对结构性理财产品中消费者保护问题进行监管的前提是这些结构性理财产品本身是否合法，确定混业经营准入的合法性是处理混业经营活动中违法行为的前提。

虽然在混业经营的试点过程中，以部门规章的方式对商业银行适宜从事的混业经营业务进行探索能够减少对金融体系的冲击，保持金融基本法律的稳定。然而在金融混业经营已向纵深发展的金融现实中，商业银行的混业经营活动在业务和组织上都已具有较大规模，仍保持金融基本法律中对“分业经营”的坚持，对“混业经营”法律地位的语焉不详已不合时宜。

（四）禁止性规范缺乏系统性

禁止性规范广泛地存在于我国商业银行混业经营准入监管法律规范中：《商业银行法》第 43 条规定了对商业银行混业经营的宏观禁止，在行政规章等规范性文件中也存在着数量众多的商业银行混业经营准入的禁止性规范。例如，2006 年银监会公布的《关于商业银行开展代客境外理财业务有关问题

---

① 参见胡蝶飞：《市消保委昨发布评价结果，逾八成产品实际收益率低于平均线》，载《上海法治报》2017 年 2 月 24 日，第 3 版。

的通知》中规定,禁止商业银行代客理财业务投资于商品类衍生产品,对冲基金以及国际公认评级机构评级 BBB 级以下的证券。2010 年银监会公布的《关于规范银信理财合作业务有关事项的通知》中明确对银信合作中开发式信托产品的禁止和投资方向的禁止。2011 年《商业银行理财业务监督管理办法(征求意见稿)》中明确禁止商业银行发行分级理财产品,商业银行不得直接或间接投资于境内上市公司公开或非公开发行或交易的股票及其受(收)益权,不得用自有资金购买本行发行的理财产品。

在商业银行混业经营准入监管法律中规定禁止性条款的核心目的是确定商业银行不得从事的混业经营业务,即从消极方面规定商业银行混业经营的合理界限。然而数量众多的禁止性规范呈现出典型的“碎片化”特征,即各监管机构依据不同时期的不同经济情况做出的禁止性规范没有形成结构上的有机联系,缺乏系统性和稳定性,就像堆积在一起的“玻璃碎品”,①无法实现对商业银行混业经营中异化现象的宏观控制。“碎片化”的禁止性规范具有以下缺陷。

第一,“碎片化”的禁止性规范具有鲜明的临时性和目的性,效力不稳定,无法为商业银行混业经营准入提供有效的指引。这些禁止性规范往往具有明显的临时性和目的性,是各监管机构为了应对某段时间我国商业银行混业经营中的不良现象做出的,如 2010 年银监会公布的《关于规范银信理财合作业务有关事项的通知》就是为了遏制当时银信合作中的不良现象制定的。各监管机构往往依据短期目标做出的禁止性规范的效力也极不稳定,经常以临时“叫停”的方式存在,如 2012 年对“自助 + 咨询”模式社区银行业务的叫停,2015 年 12 月对刚刚许可的银行私募基金业务的叫停,2016 年 5 月对银行分级型理财产品的叫停等。禁止性规范的临时性、危机应对性往往使商业银行的混业经营活动陷入进退两难的困境。

第二,“碎片化”的禁止性规范缺乏系统性,不能有效防范商业银行混业经营面临的共性问题,不利于对商业银行混业经营风险的整体防控。各监管机构制定的禁止性规范可以在短期内使某种特定的高风险混业经营业务停

① 参见李慈强:《碎片化与失灵:金融监管法的困境及其出路》,载《财经理论与实践》2015 年第 3 期。

止运营,但这种缺乏系统性的零散禁止性规范恰恰缺少了对形式多样的商业银行混业经营业务共性问题的防范。例如,商业银行从事多种混业经营业务可能引发的安全网扩散问题,就缺乏相应的禁止性规范约束。

金融安全网是为了保障储蓄机构的稳健经营而设计的,通常包括取存款保险、最后贷款、政府救助等保障商业银行安全的措施。随着全球金融混业经营的发展,银行集团的规模日益增大,道德风险越来越严重:如果银行知道因为规模太大而自己一定会被救助,那么银行就会乐于从事高风险业务并获取高额回报。①

2015 年我国通过了《存款保险条例》,中国人民银行内部的金融稳定局成为存款保险基金管理机构。截至 2018 年年底,全国 4017 家吸收存款的银行业金融机构办理了投保手续,我国存款保险基金账户余额已达 821.2 亿元。② 然而在我国商业银行混业经营业务不断扩张的背景下,商业银行的资金来源越来越多是非存款债务(包括债券和票据),这部分非存款负债无须缴纳存款保险费,却面临更大的市场风险和流动性风险,但是商业银行全部资金运作产生的风险最终将由存款保险承担。③ 近年来我国商业银行间交易业务规模日益扩大,持有的债券余额、累计外汇风险暴露、衍生品交易的市场价值大幅度的增长,仅 2013 年银行间市场拆借、现券和债券回购累计成交 235.3 万亿元,人民币利率互换交易名义本金总额达 2.7 万亿元,人民币外汇掉期交易成交金额达 3.4 万亿美元,"外币对"成交金额折合 642.3 亿美元。④ 商业银行纷纷推出了商品交易、贵金属交易、外汇交易等客户交易平台,在名目繁多地提供交易渠道的代客交易中直接或间接持有交易头寸,模糊了代客业务与自营交易的边界。

---

① See Grant. Joseph Karl, "What the Financial Services Industry Put Together Let No Person Put Asunder: How the Gram-Leach-Bliley Act Contributed to the 2008 – 2009 American Capital Market Crisis", *Albany Law Review* 73, 2009, p. 371.

② 中国人民银行:《2018 年存款保险基金收入情况》,载中国人民银行官方网:http://www.pbc.gov.cn/jinrongwendingju/146766/2165207/3794891/inqex.html,最后访问日期:2019 年 4 月 22 日。

③ 参见刘明彦:《美国存款保险制度失灵之启示》,载《银行家》2014 年第 3 期。

④ 参见王胜邦、甘煜:《商业银行交易业务审慎监管研究》,载《金融监管研究》2014 年第 6 期。

“碎片化”的禁止性规范无法覆盖“安全网扩散”等的混业经营共性风险，不能有效禁止商业银行的高风险混业经营活动。

四、现存问题的原因分析

我国商业银行混业经营准入监管制度中存在的问题既包括监管主体制度问题，也包括具体准入规则问题。以上问题的产生一方面源于我国金融发展壮大和监管体制的分业格局，同时也受到我国宏观法治环境的影响。无论是经济因素、政治因素还是法治因素，都是通过金融立法对我国商业银行混业经营监管法律制度产生直接影响，因此，引发现存问题的直接原因主要存在于金融立法过程。

第一，我国金融立法中存在分业立法的路径依赖。

路径依赖，是指过去的选择对现在和将来产生的影响，类似于物理学中的“惯性”，一旦进入某一路径就会沿着该路径一直发展下去，并锁定在该路径上。① 我国金融领域的立法一直遵循分业立法的模式，1995 年颁布了《商业银行法》和《保险法》，1998 年颁布《证券法》，2001 年颁布《信托法》，形成了我国金融业分业立法的基本格局。这些金融基本法律还随着我国金融业的发展不断修订，进一步巩固了分业立法的模式。这与我国“分业经营、分业监管”的金融体制保持一致，而且这一原则直接写入了我国的金融基本法律中。我国现存的大量金融法律制度都是依据这一原则制定和实施的，这形成了在后立法的路径依赖。面对我国已经开始的金融混业经营转型，为了更好地规范混业经营行为，应当突破原有的分业立法模式。2017 年第五次金融工作会议就强调了“功能监管”“行为监管”理念，这必将为我国分业立法模式的转变提供指引。

第二，我国金融立法受到政府管制理念的约束。

管制是政府根据法律授权对微观经济主体活动进行直接干预的一种行为方式，往往是对市场机制的直接替代。② 因此管制与政府密切相关，政府是公共权力的组织表现，只有政府的强制力才能保证管制的持续进行。然而政府管制往往蕴含着政府权力集中，依职权对经济实施全面管理的思想。同

---

① 参见时晓虹、耿刚德、李怀：《“路径依赖”理论新解》，载《经济学家》2014 年第 6 期。

② 参见[日]植草益：《产业组织论》，卢东斌译，中国人民大学出版 1988 年版，第 136 页。

时政府管制往往在价值取向上倾向于对秩序的保护，即强调社会秩序稳定的优先性，在秩序与效率等价值发生冲突时倾向于选择秩序价值。我国金融业发展和金融立法长期受到政府管制理念的影响。在立法层次上，金融法规往往以政府部门（金融监管机构）的行政规章、操作规程为主，产生了金融法制的行政化倾向。在立法理念上，我国金融立法往往以秩序、安全为主要立法目标，忽视了发挥市场机制的作用和法律的效率价值。

第三，我国金融立法的滞后性。

虽然与不断变动的金融实践相比，金融法律规范永远是滞后的，但我国金融立法与其他法律制度相比其滞后性更为明显，尤其是商业银行的立法进程明显滞后于经济体制改革的步伐。虽然这样的滞后性可以在一定程度上减少金融改革的摩擦成本，但我国金融立法的明显滞后性也是实践中金融法律碎片化，以金融政策、金融行政措施代替法律规范引发的后果。在我国商业银行组织机构和混业经营规模不断扩张的情况下，滞后的金融法会在混业经营准入问题上累积风险。

小结

随着我国商业银行经营模式的转变，商业银行从事混业经营的业务类型和组织形态都呈现出迅速扩张的趋势。近年来在司法实践和监管实践中出现了大量商业银行混业经营的异化现象，这凸显了确定我国商业银行混业经营合理界限的重要意义。我国现行商业银行混业经营准入监管法律制度存在明显的分业准入监管立法与混业经营现实的错配：一方面我国金融基本法律坚持“分业经营、分业监管”的原则，另一方面监管机构通过制定行政规章等规范性文件许可商业银行从事大量的混业经营业务。这种准入制度与现实的错配在面对商业银行通过复杂金融工具实施混业经营或者商业银行通过金融集团实施混业经营的情况时，难以保障金融体系的安全、稳健。我国现行商业银行混业经营准入监管法律制度对商业银行混业经营的法律地位规定不明确，在金融基本法律中没有明确规定商业银行混业经营的授权性规范，既不利于保障商业银行的混业经营权也不利与混业经营后续监管的展开。虽然我国现行混业经营准入监管制度存在大量禁止性规范，但这些规范往往缺乏系统性，呈现“碎片化”状态，效力不稳定，难以实现对商业银行混业经营的全面风险控制。

第四章　域外商业银行混业经营准入监管法律的制度借鉴

各国的法律具有各自不同的特点,这体现了法律的特殊性。作为调整各国人们行为的一种规范,要解决一些国家的人们都面临的共同问题,因此法律又具有普遍性,[①]这就为法律的移植和借鉴提供了可能性。然而法律制度不过是国家政治秩序中的特殊安排,法律制度必然要体现本国的利益,解决本国的实际问题。[②] 随着我国商业银行混业经营的异化扩张,我国商业银行混业经营准入监管法律制度存在的问题凸显出来,这就需要从具有制度共性的域外相关制度中吸取有益的经验。对域外相关制度的比较和分析最终应以推动我国商业银行混业经营准入制度的发展,确定商业银行混业经营的合理限度为目标。

一、借鉴域外制度经验的立足点

(一)域外商业银行混业经营准入监管制度概况

从世界范围来看,商业银行混业经营的准入监管与

---

① 参见何勤华:《法的国际化与本土化:以中国近代移植外国法实践为中心的思考》,载《中国法学》2011 年第 4 期。

② 参见强世功:《迈向立法者的法理学——法律移植背景下对当代法理学的反思》,载《中国社会科学》2015 年第 5 期。

金融自由化趋势密切相关,经历了20世纪下半期开始的放松监管到次贷危机后准入监管强化的过程。美国、英国、日本等发达经济体从20世纪70年代开始了大规模的利率、汇率、金融业务的自由化。随后在拉美地区的巴西、阿根廷、智利,亚洲地区的印度尼西亚、泰国、菲律宾等发展中国家也开始了国有银行私有化、取消利率管制、取消业务管制的自由化进程。① 显然发达国家与发展中国家金融自由化的金融基础、法治条件、政治环境并不相同,发展中国家的金融自由化多是在政治不稳定、经济欠发达的背景下开始的,金融自由化过程引发了经济泡沫、外债激增、通货膨胀,甚至金融危机等一系列不良后果。② 可见不同金融基础和改革方式下,金融自由化的效果迥然有异。金融自由化基础好的国家对金融法律政策的要求相对较低,自由化基础较差的国家对金融法律政策的要求较高,金融法律政策的运用可以弥补自由化基础的缺陷。③

商业银行混业经营准入监管法律制度是金融业务自由化进程中的重要保障制度,商业银行混业经营的自由化始终伴随着准入法律规范的变化。从法律制度的发展历史来看,商业银行混业经营准入监管法律制度经历了从次贷危机之前商业银行混业经营准入制度长达几十年的不断放松,到次贷危机后美国、英国、德国等国家对商业银行混业经营准入法律制度的强化过程。从法律制度的国别差异来看,商业银行混业经营准入监管法律制度既包括发达国家不同时期的法律规范,如美国1999年的《金融服务现代化法》和2010年的沃尔克规则,也包括发展中国家逐步放开混业经营准入限制的法律与政策。从法律制度的实施效果来看,商业银行混业经营准入监管法律制度既有提高金融业整体效率的积极作用,也有过度放松准入监管引发系统性风险的失败教训。从法律制度发展的路径来看,发达国家的商业银行混业经营准入监管法律制度是从过度放松监管走向重新加强监管,而发展中国家呈现出多元化的发展路径,既有逐渐放松混业经营准入管制

---

① 参见陈雨露、马勇:《金融自由化、国家控制力与发展中国家的金融危机》,载《中国人民大学学报》2009年第3期。

② 参见郭其友:《关于经济发达国家与发展中国家金融自由化的比较研究》,载《经济评论》1999年第5期。

③ 参见庄晓玖:《金融自由化实践的国际比较》,载《金融论坛》2007年第9期。

的成功经验,也有过度业务自由化造成金融危机的失败教训。

(二)域外制度借鉴的本国视角

在法律发展演进中,法律后进国家、法律派生国家对法律先进国家、法律原发国家的移植是必然的,对移植的法律制度进行本土化也是必然的。① 近代我国法律制度的发展历程也是国外先进法律制度的移植和本土化的过程。

无论是美国、英国、欧盟对商业银行混业经营采取的放任后修正的准入监管法律制度,还是巴西、俄罗斯在金融自由化进程中采取的放松管制并不断调整的准入监管法律制度,都为我国商业银行混业经营准入监管的制度建设提供了丰富的实证制度参考。但在对域外相关法律制度进行借鉴的过程中,必须坚持以我国的金融发展情况、金融监管既有格局、已有法律制度为立足点。既要避免重蹈发达国家过度金融创新导致金融危机的覆辙,又要防范发展中国家金融转型中过快开放准入引发的金融风险。

经过几十年的发展,我国金融业特别是银行业取得了巨大的成就,在资产规模等指标方面已经居于世界前列。但我国仍然是发展中国家,②依然存在间接融资占比较高、商业银行资产体量巨大、直接金融不发达等发展中国家金融业的共性特征,③因此不能完全照搬英国、美国等金融业高度发达国家的相关制度。我国已经成为世界第二大经济体,我国的产业格局和银行业发展情况与巴西和俄罗斯也存在较大差异,不能完全适用相关的法律制度。发展中国家金融自由化的最深刻教训是忽视金融体系法律框架的建立和对金融机构的审慎监管。④ 因此,我国应当借鉴发达国家与发展中国家的有益制度经验,确定我国商业银行混业经营的合理界限,构建适合我国金融现实的商业银行混业经营准入监管法律制度。

① 参见何勤华:《法的国际化与本土化:以中国近代移植外国法实践为中心的思考》,载《中国法学》2011 年第 4 期。

② 参见张原:《唱响中国理念,提出中国方案,持续释放全球经济治理新动力》,载《人民日报》2016 年 6 月 15 日,第 23 版。

③ 参见白钦先、刘刚等:《各国金融体制比较》(第 3 版),中国金融出版社 2013 年版,第 90 页。

④ 参见王曙光:《金融自由化中的政府金融监管和法律框架》,载《北京大学学报》(哲学社会科学版)2004 年第 1 期。

二、发达国家修正高风险混业经营模式的制度经验

一国的法律制度与该国的经济、政治、文化等因素直接相关，是特定社会情境的产物，是具体的历史和文化的意义载体，是独特的民族精神的体现。[①] 美国、英国、欧盟国家的商业银行根据自身金融业发展的特点采取了金融控股公司、母子公司、全能银行三种不同的混业经营模式和相应的混业经营准入规则。[②] 由于美国、英国、欧盟国家在整体经济水平、金融业发达程度、法治发展程度、金融自由化进程等方面都具有相似性，故其商业银行混业经营准入监管法律制度表现出较强的共性。

次贷危机之后，发达国家普遍意识到"大而不倒"的商业银行从事混业经营会产生异化现象，即使用他人的资金从事冒险活动获得收益，而失败的结果最终却由社会承担。[③] 因此在2010年前后，美国、英国、欧盟等国家和地区纷纷颁布了旨在"限制商业银行混业经营业务范围"（restriction on the activities）、[④]"隔离储蓄业务与高风险业务"（ring-fencing）、[⑤]"改造金融控股公司结构"（structural reform）[⑥]的改革措施和法律规范。[⑦] 这些政策和法律规范体现出对商业银行混业经营业务加强准入监管的共性趋势，包括美国《多德—弗兰克法》中的沃尔克规则（Volcker Rule）、英国2013年《英国

---

① 参见高鸿钧：《比较法研究的反思：当代挑战与范式转换》，载《中国社会科学》2009年第6期。

② See Goodhart C. A. E.，"The Optimal Financial Structure"，*Financial Markets Group*，2012.

③ See Blundell-Wignall A.，Atkinson P.，Roulet C.，"Bank Business Models and the Separation Issue"，*OECD Journal：Financial Market Trends* 2，2014，pp. 75 – 81.

④ See Chow，Julian TS，and Jay Surti，"Making Banks Safer：Can Volcker and Vickers Do it?"，*International Monetary Fund Working Paper*，No. WP/11/236.

⑤ See Schwarcz. Steven L.，"Ring-Fencing"，*Southern*，*California Law Review* 87，2013，p. 69.

⑥ See Kay J.，Vickers J.，"Regulatory reform in Britain"，*Economic Policy* 7，1988，pp. 290 – 323.

⑦ 发达国家在次贷危机后普遍进行了针对商业银行高风险业务的准入监管改革，包括禁止商业银行从事自营交易、持有一定数量以上的对冲基金，将储蓄机构与投资银行业务适度分离并使用不同准入规则，另外成立分支机构经营高风险业务等。对于这一系列的变化，包括英国法学家查尔斯·古德哈特、英国经济学家约翰·维克斯在内的学者们通常称之为"结构性改革"（structural reform），其核心是限制商业银行从事高风险混业经营活动。

金融服务(银行改革)法》中的“栅栏原则”(Ring-fencing Rule)①和欧盟2014年《欧盟银行业结构改革法(草案)》。②

(一)严格限制自营交易的美国制度

美国的金融历史始终伴随着金融危机和金融改革,是金融理论、金融监管与金融法律不断关联互动的历史。美国的金融法比较健全,尤其是银行法更是覆盖了银行从申请成立到开展业务,直至破产清算的方方面面。然而由于受到美国经济波浪式运行的影响,其对银行的监管法律规范也出现了周期性的“时松时紧”。③ 美国商业银行的混业经营准入法律制度经历了三个发展阶段,表现为三部主要立法:1933年《格拉斯—斯蒂格尔法》确立的混业经营准入禁止规范,1999年《金融服务现代化法》确立的大规模授权性准入规范,2010年《多德—弗兰克法》重申高风险业务的准入禁止规范。

1. 次贷危机之前美国的混业经营准入监管法律制度

第一,《格拉斯—斯蒂格尔法》的背景和相关内容。

虽然在20世纪初的“一战”期间各国政府增强了对经济的管制,但主导资本主义经济运行的基本理念仍然古典自由主义学派。1913年美国《联邦储备法》废除了1864年《国民银行法》,开始实施对银行提供证券、保险产品和服务的限制。④ 1927年《麦克法登法》(McFadden Act)进一步放松了对商业银行从事混业经营业务的限制,使在联邦注册的国民银行几乎可以从事任何证券业务。⑤

随后,从20世纪20年代开始,商业银行展开了大规模的证券发行、承

① Ring-fencing Rule是指把零售银行和投资银行业务适度分离以隔离风险、维护储户等债权人利益的规则。国内学者将这一规则译为“栅栏原则”或“围栏原则”“圈护原则”等,本书采用时任银监会主席尚福林在2013年9月17日《人民日报》的《银行改革要质量效益同步提升》一文中使用的“栅栏原则”。

② 该法案全称为“the European Commission's proposal for a regulation on structural measures improving the resilience of EU credit institutions. On structural measures improving the resilience of EU credit institutions”,2015年6月已经获得欧盟理事会的一审通过。

③ 参见陈小敏:《美国银行法》(第2版),法律出版社2013年版,第1页。

④ 13 Stat. L. Ch. CVI, §8(1864).

⑤ See Pitt H. L., Williams J. L., “Convergence of Commercial and Investment Banking: New Directions in the Financial Services Industry”, *Journal of Comparative Business and Capital Market Law* 5, 1983, p. 137.

销业务,极大地刺激了证券市场的发展。[①] 1929 年美国发生了始于证券市场的经济危机,这场危机很快席卷资本主义国家,被称为经济“大萧条”。至 1933 年年初,约 1320 万工人失业,焦虑的市民冲向银行挤兑存款,并囤积现金和黄金,约 11,000 家破产,占全国银行总数的 49%。[②] 1932 年美国国会参议院银行与货币委员会召开了皮科拉听证会(pecora hearings),听证结果表明,银行管理层与股东和存款人存在利益冲突,由于这种利益冲突,商业银行直接从事证券业务将增加银行的风险。[③]

1933 年美国颁布了《格拉斯—斯蒂格尔法》,[④]其核心内容是将商业银行业务与投资银行业务分离,禁止商业银行直接从事债券、股票的承销和交易等混业经营业务。该法共 34 条,其中第 16、20、21、32 条集中体现了防范商业银行从事投机性证券经营业务的思想,构筑了商业银行传统业务与投资银行业务之间的“格拉斯—斯蒂格尔墙”。[⑤] 第 16 条从总体上禁止了商业银行从事证券承销、买卖、自营等业务,同时将证券业务分为“商业银行适格证券”(bank eligible securities)业务与“商业银行不适格证券”(bank ineligible securities)业务两类,授权银行只在应客户要求等特殊情况下才能从事交易、承销等证券业务。[⑥] 第 20 条禁止联邦储备委员会成员银行与“主要从事证券业务”(engaged principally)的经营者发生关联关系,即禁止成员银行通过其附属公司从事证券业务。这种关联关系包括商业银行持有该经营实体全部表决权 50% 以上股份,或该经营实体的董事等人员有半数以上同为商业银行董事等。[⑦] 第 21 条禁止任何个人、公司、企业同时经营证券发行、承销、买卖等业务和存款业务,除非符合 16 条规定的适格情

---

① 参见何秉孟:《从近百年美国的三次金融立法看“金融自由化”的历史命运》,载《国外社会科学》2016 年第 1 期。

② 参见刘筱琳:《美国“银证分业”法律制度研究》,载《南开经济研究》1999 年第 2 期。

③ See Kitch E. W.,“Proposals for Reform of Securities Regulation: An Overview”, *Virginia Journal of International Law* 41,2000,p. 629.

④ Glass-Steagall Act,也称《1933 年银行法》(the Banking Act of 1933).

⑤ See David H. Carpenter, Edward V. Murphy,“The Glass-Steagall Act: A Legal and Policy Analysis”, *Congressional Research Service Report*,2016,No. R44349.

⑥ § 16 of the Banking Act of 1933.

⑦ § 20of the Banking Act of 1933.

况。[①] 第32条为了防范利益冲突,禁止联邦储备委员会成员银行和与主要从事证券业务的经营实体形成交叉董事关系或高级管理人员的雇佣关系等。[②]

第二,《金融服务现代化法》的背景和相关内容。

20世纪60年代至1999年是“格拉斯—斯蒂格尔墙”不断被打破、商业银行混业经营准入管制逐渐放松的阶段,其中的原因包括美国金融市场的改变,如越南战争期间的通货膨胀和20世纪70年代能源价格波动给美国小型银行带来的困境,也包括立法的改变以及货币监理署、美联储等监管部门对《格拉斯—斯蒂格尔法》进行的司法或行政解释,当然也离不开美国银行利益集团对议会的不断游说。

1956年美国通过《银行控股公司法》,[③]该法虽然禁止银行控股公司经营非银行业务,但存在大量例外条款允许银行控股公司的子公司从事“与银行业务密切相关的业务”(closely related to banking)。[④] 监管部门对《格拉斯—斯蒂格尔法》中“证券”“储蓄业务”“主要从事证券业务”等重要概念的理解逐渐发生了变化,如1986年美联储重新解释了第20条“主要从事证券业务”的含义,认为只要投资银行业务收入不成为主要收入,则商业银行完全可以从事投资银行业务,同时允许商业银行信托公司从事商业票据业务。从20世纪70年代开始,花旗银行被允许向公众提供集合投资信托业务;1985年开始,商业银行可以作为代理人买卖共同股份;1987年,国民银行可以从事票据贴现和投资建议业务;1998年,美国花旗银行与旅行者保险公司合并,开始兼营银行、证券和保险业务。[⑤]

1999年11月,美国议会以绝对优势通过了《金融服务现代化法》(Financial Services Modernization Act),[⑥]其核心内容就是废除1933年《格拉斯—斯蒂格尔法》所确立的商业银行分业经营体制,是美国金融业走向混业经营的重要标志,该法因此被看作是美国金融制度史上的一次最重大

---

① §21of the Banking Act of 1933.

② §32of the Banking Act of 1933.

③ The Bank Holding Company Act of 1956.

④ Section 4(c)(8)of the BHC Act.

⑤ See Benston G. J., Harland J., “Separation of Commercial and Investment Banking”, *Springer*, 1990, p. 8.

⑥ 又称《格拉姆—里奇—比雷利法》(Gramm-Leach-Bliley Act, GLBA)。

的金融制度创新。[①] 该法包括7篇219条,内容涉及促进混业经营、功能监管、保险监管、隐私权保护、联邦住房贷款银行系统改革等内容。涉及商业银行混业经营准入的规范主要在第一部分"促进银行业、证券业、保险业的联系"(facilitating affiliation among banks, securities firms, and Insurance companies)的法律条文中。《金融服务现代化法》第1条明确废止了《格拉斯—斯蒂格尔法》第20条和第32条对商业银行与证券公司交叉关联的限制。[②] 第2条许可商业银行以金融控股公司的方式展开多种混业经营业务,即对银行控股公司有关"与银行业务密切相关"的业务限制不适用于金融控股公司。这给了商业银行以选择权:或者成为银行控股公司,从事"与银行业务密切相关"的业务,具体业务内容由美联储Y条例规定;[③]或者成为金融控股公司,可以通过其子公司从事广泛的"金融性质"的混业经营业务。[④] 第3条对金融控股公司从事的"金融业务"(financial activities)进行了界定,即只要金融控股公司董事会认为该业务具有"金融性质"(financial in nature),或者该业务可以作为金融业务的补充,且不会伤害金融体系和存款机构的安全即可从事。[⑤] 这无疑为商业银行通过金融控股公司大规模从事混业经营业务打开了大门,也使美国金融业的格局发生了根本变化,逐渐形成了由全球化大型银行集团和投资银行、对冲基金等多种银行创新投资工具组成的"影子银行系统"并存的金融格局。[⑥]《金融服务现代化法》仍然禁止商业银行直接获得、承销、交易证券,规定其只能通过金融控股公司下属其他子公司进行,同时规定证券公司不能经营存款业务。[⑦]

1999年,《金融服务现代化法》打破了传统商业银行业务和投资业务的界限,美国金融业迎来了金融创新和银行兼并的浪潮。然而在《金融服务

---

① 参见宣文俊:《我国金融业混业经营的法律框架思考》,载《法学》2005年第1期。

② Sec. 101. Glass-Steagall Act repeals of GLBA.

③ 全称为《银行控股公司与银行控制变化》(Y条例),Bank Holding Companies and Change in Bank Control(Regulation Y).

④ 参见陈小敏:《美国银行法》(第2版),法律出版社2013年版,第95页。

⑤ Sec. 103. Glass-Steagall Act repeals of GLBA.

⑥ See Crotty J., "Structural Causes of the Global Financial Crisis: A Critical Assessment of the 'New Financial Architecture", *Cambridge Journal of Economics* 4, 2009, p. 576.

⑦ See Dale R. S., "Glass-Steagall and US Banks' Securities Activities", *Journal of International Banking Law* 5, 199, p. 8.

现代化法》明确废除《格拉斯—斯蒂格尔法》建立的商业银行混业经营准入壁垒之后,不到10年就发生了发端于美国并席卷全球的次贷危机。

2. 沃尔克规则的立法背景和目标

美国的金融业从“二战”后进入了稳定发展阶段,几十年金融发展的黄金时代使人们忽视了金融风险,认为金融监管是华尔街发展的阻碍而不是保障。正如索罗斯在2008年金融危机发生后所言:“1980年以来监管规范不断放松,直至最终消失。当新的金融创新产品不断出现的时候,金融的超级繁荣已经失控。监管当局不再进行业务的风险监管,而将业务风险评估交给银行自身的风险管理体系。”①商业银行通过金融控股公司进行多种高风险混业经营的业务模式使从业人员的经营行为充斥着投机目的,这些个体风险不断累积,形成了更高的杠杆、加深了金融系统的脆弱性。大型商业银行的混业经营业务在整个金融集团中的地位日益提高,花旗银行就是抵押贷款证券化狂潮中的最大参与者。2006年高盛银行在企业并购业务中收入排名第一,并且整个集团70%的收益来源于自营交易业务。高盛银行的投资管理业务在2006年成为全球最大的对冲基金之一,拥有约210亿美元市值,其私募股权业务的交易额约为510亿美元。②

不断膨胀的房地产市场、次级住房抵押贷款规模,相关投资基金金融工具的日益复杂化,杠杆比例的不断提高最终促成2007年发端于美国并席卷全球,以次级住房抵押贷款为导火索的经济危机危机(简称次贷,subprime crisis)。③ 次贷危机影响范围之广、影响程度深,政府救助力度空前,被认为是“大萧条”以来最严重的经济衰退。④

次贷危机使信奉自由市场和全球化的新自由主义经济理论饱受批评,美国自2009年开始对金融监管体系进行了重大改革,2010年颁布了《多

① George Soros, “The Worst Market Crisis in 60 Years”, *Financial Times*, January 23, 2008.

② The Economist, “Streets ahead of the rest”, *The Economist*, December 28, 2006.

③ 参见孙天琦、张晓东:《美国次贷危机:法律诱因、立法解危及其对我国的启示》,载《法商研究》2009年第2期。

④ 参见[美]约瑟夫·E. 斯蒂格利茨:《自由市场坠落》,李俊清、杨玲玲等译,机械工业出版社2011年版,第2页。

德—弗兰克法》,[1]该法的核心思想就是调整美国的金融监管体系,强化对混业经营过程中产生的系统性风险、金融衍生品、消费者保护等问题的监管。《多德—弗兰克法》共 16 篇,1603 条,内容涉及系统性风险监管,"大而不倒"问题的解决,银行、证券、保险业的监管改革,金融衍生品的强化监管,加强消费者保护和美联储体系改革等。其中涉及商业银行混业经营准入监管的法律规范体现在第 6 篇"改善对银行、储蓄协会和储蓄机构的监管"中的第 619 条。[2]

《多德—弗兰克法》第 619 条全称为《禁止自营交易和对特定基金投资的规定》,[3]由于该法是由美联储主席保罗·沃尔克提出的,因此通常被称为沃尔克规则。2014 年 4 月 1 日在美国银行业巨大的阻力下,美国货币监理署、联邦财政部、美联储、联邦存款保险公司、证监会联合公布了沃尔克规则的最终版本,[4]沃尔克规则也作为业务准入的补充规定成为 1956 年《银行控股公司法》第 13 条。[5]

沃尔克规则内在的逻辑是:商业银行受益于政府的特殊保护措施,不应当只为银行自身的私利益进行投资。如果允许商业银行为自身或股东的利益从事自营交易等高风险业务,将导致纳税人利益的损失。正如保罗·沃尔克在评价 2008 年高盛银行为了获得美联储的应急资金而转制为银行控股公司这一事件时所言:"这些公司不过是想躲在山姆大叔的围裙后面,我们怎么能任凭高盛先靠投机大赚特赚,直至犯下严重错误,然后再逼迫纳税

---

① 全称为《多德—弗兰克华尔街改革与消费者保护法》(Dodd-Frank Wall Street Reform and Consumer Protection Act).

② 《多德—弗兰克法》第 6 篇,名为"改善对银行、储蓄协会和储蓄机构的监管"(Improvements to Regulation of Bank and Savings Association Holding Companies and Depository Institutions)。

③ Sec. 619. Prohibitions on Proprietary Trading and Certain Relationships with Hedge Funds and Private Equity Funds,12 U. S. C. § 1851.

④ 《多德—弗兰克法》第 619 条要求监管部门在 6 个月内完成的实施细则,2014 年美国五大监管部门才联合公布了沃尔克规则的实施细则,该细则也被称为沃尔克规则最终规则(Final Rule),文中所称的沃尔克规则主要是指 2014 年颁布的最终版本。

⑤ 参见窦海阳:《美国金融监管机构颁布"沃尔克规则"》,载《光明日报》2014 年 9 月 21 日,第 8 版。

人来为其买单呢?”①

2011年次贷危机后成立的美国金融稳定监督委员会(Financial Stability Oversight Council)对沃尔克规则进行了分析,认为沃尔克规则的立法目标是通过对商业银行自营交易和持有对冲基金等高风险混业经营业务的限制,“提高银行机构的安全和稳健”,减少银行机构与消费者之间的利益冲突,避免银行机构从事高风险业务可能引发的风险和损失。②

3. 沃尔克规则的主要内容

沃尔克规则包括四个主体部分和两个附件,法律条文复杂,篇幅超千页,其主要框架如表4-1所示。

表4-1 沃尔克规则框架③

法条	标题	主要内容
Subpart A	the authority, scope, purpose, and relationship to other authorities of the rule and defines terms used commonly throughout the rule	规则的适用范围、目标、概念界定等基本问题
Subpart B	prohibits proprietary trading	禁止银行机构自营交易:包括自营交易的界定、禁止业务的例外、要求特定银行对交易业务进行定量报告等内容
Subpart C	prohibits or restricts acquiring or retaining an ownership interest in, and certain relationships with a covered fund	禁止或限制银行机构向对冲基金、私募股权基金进行投资:包括相关基金的界定及例外的业务
Subpart D	requires banking entities to establish a compliance program	银行机构的合规程序:包括银行机构为符合本规则制定的书面规则和程序、内部控制机制、管理框架、合规程序的第三方测试和培训程序等

① [美]威廉·西尔伯:《力挽狂澜:保罗·沃尔克和他改变的金融世界》,綦相、刘丽娜译,上海财经大学出版社2013年版,第330页。

② 美国金融稳定监管委员会2011年报告:Study & Recommendations on Prohibitions on Proprietary Trading & Certain Relationships with Hedge Funds & Private Equity Funds,载美国财政部官方网站:https://www.treasury.gov/ initiatives/documents/volcker sec619 study final 1 18 11 rg.pdf,最后访问日期:2017年4月25日。

③ 作者根据沃尔克规则整理。

续表

法条	标题	主要内容
Appendix A	the quantitative measurements that certain banking entities may be required to compute and report with respect to certain trading activities	对第三部分中银行机构定量报告相关业务的详细规定
Appendix B	the enhanced minimum standards for programmatic compliance	对第四部分中银行机构合规程序的最低标准规定

沃尔克规则的核心内容体现在第二、第三部分,即对自营交易和特定投资业务的禁止。与同时期英国、欧盟等国家和地区的结构性改革措施相比,沃尔克规则更强调对商业银行特定混业经营的禁止性规范,①被称为史上最严格的监管改革措施。沃尔克规则对商业银行混业经营业务的准入限制体现在以下几方面。

第一,禁止规范的适用对象。

沃尔克规则确立的业务准入禁止性规范适用于"银行实体"(banking entity),银行实体,是指任何投保存款机构、控股投保存款保险的公司、《1987年国际银行法》认定的银行控股公司,以及以上三者的关联人或子公司。②也就是说不仅储蓄机构自身不得从事禁止的业务,而且储蓄机构所在的银行控股公司、金融控股公司也不得从事相关业务。显然这是对美国庞大、复杂金融集团从事高风险业务导致风险问题的回应,毫无疑问,这对所有银行实体进行的业务准入限制将对美国甚至全球大型银行集团的业务和收入结构产生深远的影响。另外,沃尔克规则并不禁止非银行机构从事上述业务,但规定"非银行系统重要性"金融机构进行上述业务需要满足特定的资本和数量要求。

第二,禁止的业务范围。

沃尔克规则禁止的业务包括银行实体的自营交易业务和拥有特定的对冲基金与私募股权基金两类。

自营交易的禁止:沃尔克规则颁布后,"自营交易"行为成为各界关注的

① Vickers J. ,*Banking Reform in Britain and Europ*,The MIT Press,2014,p. 155.

② Final Rule § __. 2(c)(1).

焦点,很多学者认为,沃尔克规则没能清晰地界定自营交易的范围,这必将带来实践中的诸多问题。因此厘清自营交易的范围成为修订规则的首要任务。最终规则重申,除法律另有规定外,禁止商业银行、银行控股公司等银行实体从事自营交易。规划对自营交易的界定采取了概括否定加列举式例外的方式,规定自营交易行为,是指任何银行实体自己作为委托人以自己的交易账户进行买卖、持有、处置证券、衍生品、期货合约或其他监管部门规定的金融工具的行为。① 在最终规则的制定过程中有观点认为,应当采取列举禁止性行为的立法方法,对自营交易行为的合法与非法划定一个明确的分割线(bright-line),即只要该行为落入禁止性条款即被认为是非法。然而立法者认为这样的列举方法会使大量模糊的高风险行为逃脱监管,不符合沃尔克规则的本意,仍然采取了概括式禁止的模式。同时,为了增加规则的可操作性,规定了自营交易行为的"推定制度"(rebuttable presumption),即如果银行实体在交易账户中持有法律规定的包括证券、商品期货、衍生产品在内的金融工具少于60天,则被认为是自营交易行为,除非该行为属于例外的范畴。②

投资特定基金(covered fund)的禁止:沃尔克规则禁止银行实体直接或间接地获取、持有特定基金的所有者权益或投资者权益。特定基金的范围包括符合《投资公司法》《商品交易法》要求的私募基金、对冲基金、商品基金等。银行对特定基金的投资额不能超过基金资产总量的3%。③

第三,禁止业务的例外条款。

禁止商业银行从事自营交易等投资业务会严重影响商业银行做市、背书、证券化等常规业务活动。为规避违反沃尔克规则的法律风险,银行有可能会大幅度减少做市活动。2013年,瑞银、瑞信相继大幅缩减固定收益业务;摩根大通、摩根士丹利、高盛也逐步退出现货商品业务。④ 这可能会造成市场流动性下降、企业融资成本上升、市场活力减弱等后果。因此,总体而言2014年沃尔克最终规则增加了更多的例外条款性。

自营交易业务的例外业务包括:符合条件的证券承销业务和做市商业

---

① Final Rule § __. 3(a).
② Final Rule § __. 3(b)(2).
③ Final Rule § __. 10(a).
④ 参见郭杰群:《沃尔克规则的来龙去脉及影响》,载《清华金融评论》2014年第2期。

务,用以对冲风险的业务,投资于美国政府债券、外国政府债券的业务,为客户利益从事的交易,相关保险公司从事的业务,外国银行从事的业务等。①

投资业务的除外项目包括:符合要求的国外养老金或退休基金、保险公司的独立基金、资产证券化产品、资产支持商业票据等。最终规则还在原有规则的基础上进一步扩大了投资特定基金的豁免范围,例如,排除特定国外公共基金、由外国银行及其非美国分支机构投资的基金等。②

第四,原则性禁止条款(兜底条款)。

为了减少规则中"自营交易"等行为的概括性定义可能造成实践中具体业务认定困难的情况,沃尔克规则引入了三项原则性规定作为具体行为认定的补充标准。

"实质性利益冲突"原则(material conflict of interest),即任何可能涉及或者导致银行实体与客户、消费者、交易对手之间的实质性利益冲突的交易均不合法。③ "实质性高风险暴露"原则(material exposure to high-risk),即任何可能直接或间接导致银行实体介入高风险资产或者高风险交易策略的交易均不合法。④ "系统性稳定"原则,即任何可能威胁银行实体和美国金融体系稳定和安全的交易均不合法。⑤

第五,配套措施。

为了促进禁止规范规则的实施,沃尔克规则还专门规定了不同规模的银行适用的合规程序,如综合资产在100亿美元以下的银行只需要修订2010年的原有合规程序,综合资产在100亿美元以上、不足500亿美元的银行需要重建新的合规程序,综合资产在500亿美元以上的银行不仅要提出符合更高要求的合规程序,还需要对所从事的高风险例外业务进行数量和原因的特殊说明,并有执行总裁的认证程序。⑥

沃尔克规则还规定了违法的处罚措施,"任何银行实体参与了法律禁止

---

① Final Rule § __. 3(d).
② Final Rule § __. 10(c).
③ 12 U. S. C. 1851(d)(2)(A)(i),final rule § __. 7.
④ 12 U. S. C. 1851(d)(2)(A)(ii),final rule § __. 15.
⑤ 12 U. S. C. 1851(d)(2)(A)(iii).
⑥ Final Rule § __. 20(c).

的活动,或者事实上破坏了沃尔克规则的实施”,相关的监管部门将采取法律授权的一切手段“使银行实体约束、限制或终止该业务或撤出投资”。[①]

4.沃尔克规则的评析

与英国的“栅栏原则”和欧盟的结构改革法案相比,沃尔克规则的最突出特点就是禁止性规范的严格性,这一点主要体现在禁止规则适用的范围方面。不同于英国和欧盟的相关规定,沃尔克规则对商业银行高风险业务的准入禁止规则广泛地适用于所有商业银行,不仅限于超过一定资产限额的大型商业银行。同时,沃尔克规则的禁止性规范不仅适用于从事存贷业务的储蓄机构,还适用于储蓄机构所在的金融集团。也就是说,如果金融集团拥有从事储蓄业务的子公司,那么整个金融集团都将适用沃尔克规则,都将被禁止或限制从事特定的混业经营业务。而英国和欧盟的准入禁止性规范都规定了使用规则的资产规模要求。沃尔克规则对金融集团的整体适用可以迫使大型金融集团采取分离、变卖等方式管理过高的风险资产,从结果上减小金融集团的规模和关联性,从而削弱“大而不倒”问题产生的物质基础。

当然,美国之所以可以通过沃尔克规则这样严格的混业经营准入禁止性规范,主要源于美国商业银行与投资银行业务分离的法律传统和对大型金融集团形成垄断势力的担忧。

沃尔克规则对高风险业务的严格限制,是对过度创新的商业银行混业经营业务的修正。对商业银行自营交易行为的限制有利于遏制商业银行在证券业务中的利益冲突风险,防止商业银行利用客户的信息进行谋利行为,进而损害客户的利益。正如沃尔克规则的起草者 Merkley 和 Carl 议员所言:银行在自营交易中利用客户信息进行投资银行业务活动获取了高额回报。银行可以通过两种方式将自己的利益置于客户的利益之上:或者利用客户的交易信息在市场中对抗另一些客户,或者设计并推出一些最终会贬值的产品。[②] 对商业银行高风险投资的严格限制也可以防范商业银行利用低成本

---

① Kini S. M. ,LEE P. L. ,Lyon S. G. J. ,“the Final Volcker Rule: the Proprietary Trading Provisions”,Banking Law Journall,2014,p. 131.

② See Merkley Jeff,Carl Levin,“The Dodd-Frank Act Restrictions on Proprietary Trading and Conflicts of Interest: New Tool to Address Evolving Threats”,*Harvard Journal on Legislation* 48, 2011,p. 515.

的公众资金进行风险投资，最终将损失转嫁给公众所形成的道德风险。

沃尔克规则也存在问题，在规则成本方面，严格的禁止性规定增加了美国甚至全球商业银行的合规成本，对自营业务和特定投资的剥离、金融控股公司组织机构的重建和复杂的汇报与审查程序都会消耗大量的资金和人工成本。同时，对商业银行特定混业经营业务的限制也会削弱商业银行开展相关业务的意愿，进而影响整个金融市场的流动性。在立法技术方面，沃尔克规则最受诟病之处就在于其对核心概念的界定不清，"自营交易""覆盖交易"等概念的模糊，可能造成适用规则时面临模棱两可的"灰色地带"。①

美国是次贷危机的发源地，美国的沃尔克规则也是次贷危机之后最先出台的加强混业经营准入监管的法律规范，②引领了西方国家对限制高风险混业经营业的立法潮流，有力地回应了次贷危机后人们对商业银行混业经营业务中利益冲突、道德风险、系统性风险问题的担忧。虽然考虑到金融市场的巨大合规成本，沃尔克规则增加了多项例外条款并给予商业银行更长的合规期限，但 2013 年在银行集团游说的巨大压力下，五大监管机构仍然在沃尔克最终规则中坚持了对商业银行高风险业务严格限制的立法思想。

5. 2018 年《经济增长、放松监管和消费者保护法》

金融监管体系改革，尤其是金融监管放松一直是美国总统特朗普的重大关切，③早在竞选阶段，特朗普就声称若其上台将废除《多德—弗兰克法》。上台执政不久，特朗普于 2017 年 2 月 3 日就签署行政命令，确定新政府实施金融监管改革，简化金融监管的基本诉求，并要求财政部和金融稳定监察委员会等对美国现行监管金融制度安排进行重新审查，以评估是否符合其提出的金融监管改革最优的"核心原则"。

---

① See Viral V. Acharya, Thomas F., Cooley, Matthew P. Richardson, "Capital Shortfall: A New Approach to Ranking and Regulating Systemic Risks", *American Economic Review* 3, 2012, p. 59.

② 2010 年美国颁布沃尔克之后，2013 年英国、法国、德国分别颁布了限制商业银行混业经营业务的法律规范，包括英国的"栅栏原则"、法国的"银行业务分立规范"(French law 2013 - 672 2013. 6)、德国的"防范金融风险的信贷机构和金融集团重整法案"(BGBl. 2013 I Nr. 47, 3090)。

③ 参见郑联盛、周学子：《美国放松金融监管：历程、重点与影响》，载《银行家》2018 年第 10 期。

2017年4月,美国众议院金融服务委员会主席杰布·亨萨林(Jeb Hensarling)提出了全面颠覆《多德—弗兰克法》的“金融选择法案”(Financial Choice Act),该法案于2007年6月8日在众议院获得通过。但是该法案过于偏激,不利于金融监管体系的稳定性,参议院未进行投票。第二个阶段是2017年底以来的理性改革阶段。2018年5月22日美国众议院以258票赞成、159票反对的结果通过了《经济增长、放松监管和消费者保护法》(Economic Growth, Regulatory Relief, and Consumer Protection Act)。2018年5月24日,特朗普签署了该法案使其正式成为法律。[①]《经济增长、放松监管和消费者保护法》是自金融危机以来的第二次金融监管改革,是特朗普政府上台以来最为重要的立法之一,也是《多德—弗兰克法》实施以来的首次重大修订。从改革的逻辑和内容看,新法案没有全面否定《多德—弗兰克法》以及审慎监管的政策逻辑,但该法确实大幅度地降低了审慎监管标准,主要目的是放松金融监管,简化合规要求,提升银行的盈利水平和信贷供给规模。

《经济增长、放松监管和消费者保护法》分为六部分,主要涉及放松按揭抵押贷款的监管、放松对社区银行的监管、放松对大型银行的监管、放松对证券市场的监管、加强对消费者保护等内容。其主要框架见表4-2。

表4-2 《经济增长、放松监管和消费者保护法》框架[②]

法条	标题	主要内容
TITLE I	Improving Consumer Access to Mortgage Credit	放松对小型贷款机构发放抵押贷款的限制、小型贷款机构豁免一定的抵押贷款报告义务、对信用社为社员购置非主要住宅的贷款放开总量限制等
TITLE II	Regulatory Relief and Protecting Consumer Aceess to Credit	放松对社区银行开展自营交易的限制、简化对社区银行的资本要求减轻小型银行的财务报告负担、降低对特定小型银行的检查频率

① 参见吴家明:《美国国会通过放松银行监管法案》,载《证券时报》2018年5月24日,第5版。

② 作者根据《经济增长、放松监管和消费者保护法》整理,载美国国会官方网站:http://www.congress.gov/115/plaws/publ174/plaw-115publ174.pdf,最后访问日期:2019年11月30日。

续表

法条	标题	主要内容
TITLE III	Protections for Veterans, Consumers, And Home Owners	保护消费者和退伍军人的信用、延长欺诈警告展示期限,提供信用报告安全冻结服务
TITLE IV	Tailoring Regulations for Certain Bank Holding Comanie	提高系统重要性金融机构的资产门槛、允许托管银行在计算杠杆率时将央行放款从总资产中排除、将优质市政债券列入优质流动性资产
TITLE V	Encouraging Capital Formation	允许更多证券交易所免受州监管、豁免小型风险投资基金的注册要求、对小规模发行活动豁免一定的披露义务
TITLE VI	Protections for Student Borrowers	加强对学生借款人和学生贷款联保人的消费者保护

《经济增长、放松监管和消费者保护法》中涉及商业银行混业经营准入监管的内容是对商业银行的经营活动依据规模的大小实施差别监管。《多德—弗兰克法案》规定总资产达到500亿美元以上的银行和被美国金融稳定监管委员会提名的非银行金融公司应该被认定为系统性重要金融机构,即遵从“大而不倒”法则,承受更高的监管标准和要求,以维护市场平等和防范系统性风险。为此,很多金融机构为降低监管成本,增强资金使用效率,采取主动拆分、降维和缩表等方法降低自身的“重要性程度”,给金融市场带来了更大的动荡与不确定性。《经济增长、放松监管和消费者保护法》第401条,一方面降低了监管门槛,规定不再对资产规模处于500亿~1000亿美元的银行强制性加强监管;另一方面,赋予监管机构以相机决策权,规定资产规模在1000亿~2500亿美元的银行需要接受监管压力测试,且美联储可以酌情对这些银行施加其他强化的审慎标准(enhanced prudential standards)。此外,第401条还规定,资产规模超过2500亿美元的银行将被继续认定为系统重要性银行,并仍需受到严格的监管。相关统计显示,认定标准调整后,使需要面临年度压力测试的大型银行从此前的40多家减少至10家以内。①

① 参见尹振涛、李欢:《美国特朗普政府放松金融监管的思路与启示》,载《金融与经济》2018年第10期。

《经济增长、放松监管和消费者保护法》同时减少对小型社区银行和信贷机构的监管要求,包括放松对社区银行开展自营交易的限制、简化对社区银行的资本要求,该法规定,总资产不足100亿美元,且用于交易的资产和负债不足总资产5%的银行,可豁免沃尔克规则关于机构自营交易的限制。该法第204条取消了之前关于银行不得与其运营的对冲基金和私募股权基金使用相同名称的规定。为了给更多的小型银行减轻监管负担,第210条将上述资产门槛由10亿美元进一步放宽至30亿美元,以便让更多的银行受到较少的检查。①

《经济增长、放松监管和消费者保护法》对"沃尔克规则"进行了调整,修改了其适用条件,豁免了小银行相关的监管约束,保留了对大银行的监管要求。其后美联储又将基于交易资产和负债规模实施分类的监管分为三类,并适用"沃尔克规则"的不同标准:第一类是规模至少100亿美元的,将严格执行"沃尔克规则"最为严格的标准I;第二类是规模在10亿~100亿美元之间的,将执行相对温和的监管标准;第三类是规模低于10亿美元的,将无须自我证明遵循"沃尔克规则"。合并资产规模低于100亿美元且交易资产及负债总额占合并资产规模比例低于5%的银行机构,将免除"沃尔克规则"的监管。②

美联储的完善方案实际上是在《经济增长、放松监管和消费者保护法》条款及监管改革精神的基础上分类实施"沃尔克规则",中小银行将受益于此。但是,对于交易规模较大的银行主体美联储仍然没有放弃对其执行最严格的"沃尔克规则"标准。

(二)实施混业经营差异化准入的英国制度

英国的银行体系经过自1694年英格兰银行成立后300多年的发展历史,是通过自然构造方式逐渐形成的,具有自然演进、历史悠久的特征。③ 英国的银行监管长期坚持非制度化的自律监管,以非正式的"道义劝说"和"君

---

① 参见杨明:《美国金融监管放松改革的影响与启示研究——〈经济增长、监管放松与消费者保护法案〉评析》,载《金融监管研究》2018年第8期。

② 参见郑联盛、周学子:《美国放松金融监管:历程、重点与影响》,载《银行家》2018年第10期。

③ 参见白钦先等:《各国金融体制比较》(第3版),中国金融出版社2013年版,第22页。

子协定”为基础。[①] 随着1979年《英国银行法》的颁布,英国开始建立现代金融监管体系,走上自律与他律相结合的道路。英国的商业银行混业经营准入监管经历了原始分业——金融“大爆炸”引发的大规模混业经营——次贷危机后的适度业务分离三个阶段。

1. 次贷危机之前英国的商业银行混业经营准入监管法律制度

由于英国工业革命开展较早,并实施了长时间的殖民政策,因此英国的工业企业普遍利润丰富、资本实力较强,不需要金融资本过多的帮助,便天然形成了工业资本与金融资本的分离。这种分离的格局在金融业内部同样存在,英国的金融机构种类繁多、分工细致,不仅银行业与证券业彼此分离,商业银行不能直接进入证券交易所交易,而且证券业务中的股票经纪与股票自营也是各有其主、互不交叉,[②]可以说英国是具有分业经营传统的。[③] 然而与美国、日本等国家不同,英国的分业经营是自发形成的,不是经过金融动荡而由法律强制形成的。虽然英国事实上长期保持分业经营的状态,但英国的法律对商业银行的混业经营持模糊态度,既没有认可分业经营,也没有禁止商业银行的混业经营。[④] 分业体制的保持主要依赖于惯例和英格兰银行的支持。[⑤]

第一,英国金融“大爆炸”时代的商业银行混业经营准入监管规范。

早在17世纪英国伦敦就成为了世界金融中心,主导国际金融活动,是全球最大的外汇交易中心。然而“二战”之后,随着实体经济的疲弱、欧洲的国有化进程中较强的政府管制、其他国家金融竞争力的加强,纽约、东京作为新型国际金融中心迅速崛起,伦敦作为传统国际金融中心的地位岌岌可危。[⑥] 1979年英国保守党领袖撒切尔成为英国首相,撒切尔深受新自由主义理念

---

① 参见方添智:《规则导向与原则导向:当代金融监管模式的缺陷与解决对策》,载《甘肃政法学院学报》2011年第1期。

② 参见黄先荣、李元旭:《银行与证券分业管理的体制选择与原因分析》,载《复旦学报》(社会科学版)1998年第4期。

③ 参见郭敏等:《多元化金融集团的组织经济学分析》,人民出版社2005年版,第268页。

④ See Cranston R., *Principles of Banking Law*, Oxford University Press, 2002, p. 98.

⑤ 参见杜莉、高振勇:《金融混业经营及其监管:德国和英国的比较与借鉴》,载《经济体制改革》2007年第2期。

⑥ See Davies R., Richardson P., Katinaite V., et al., “Evolution of the UK Banking System”, *Bank of England. Quarterly Bulletin* 4, 2010, p. 321.

的影响,奉行减少政府干预的执政理念,在执政期间展开了一系列开放金融业的改革,其中最具影响力的就是以 1986 年证券业务改革为代表的英国金融“大爆炸”。①

金融“大爆炸”的改革力度之大、影响之深、范围之广,在英国金融业堪称史无前例。② 这一系列改革深刻地改变了英国自然分业的传统,使商业银行开始从事大规模混业经营业务,最终发展成为类似德国全能银行的金融业务综合提供商。20 世纪 70 年代末至 90 年代初,英国金融“大爆炸”期间的一系列立法和判例,体现了英国商业银行混业经营准入监管规则的变化。

1956 年英国《限制性贸易行为法》(The Restrictive Trade Practices Act of 1956)禁止了“转售价格维持”行为,1973 年《公平交易法》(The Fair Trading Act of 1973)又将该行为的适用对象扩展到了服务业,1976 年修订的《限制性贸易行为法》沿用并补充了这一规定,因此在伦敦证券交易所长期存在的固定交易佣金问题就违反了这一规定。在伦敦证券交易所多次要求豁免此项规定无果之后,1979 年英国公平交易局开始了对伦敦证券交易所的诉讼程序。考虑到各方利益,英国政府与伦敦证券交易最终以协议方式就证券交易佣金改革、电子交易、交易商(stockbroker)与经纪商(stockjobber)的兼营问题达成了协议,该协议的主要内容体现在 1984 年通过的《限制性管理(证券交易)法》[Restrictive Practices(Stock Exchange)Act]中。

1986 年 10 月 27 日《限制性管理(证券交易)法》对证券业的改革措施正式生效,这一天标志着英国金融“大爆炸”的正式开始。该法不仅对证券业影响巨大,更开启了英国商业银行混业经营的序幕。《限制性管理(证券交易)法》要求取消固定佣金制度,外国投资者可以持有证券公司 29.9% 以下的股份(后来这一份额被提升到 100%),包括外国人在内的大量主体被允许进行证券交易,商业银行也可以购买证券公司。③ 此后英国的商业银行开始

---

① 英国金融“大爆炸”(Big Bang),通常是指 1986 年英国政府与伦敦证券交易所针对废除固定交易费、取消证券交易商和证券经纪商的区别等内容达成的协议。由于一系列金融改革具有突然性又具有深远的影响,因此被称为“大爆炸”。

② 参见江时学:《论英国的金融监管》,载《欧洲研究》2009 年第 6 期。

③ See Hablutzel P. N. ,“British Bank’s Role in UK Capital Markets since the Big Bang”, *Chicago-Kent Law Review* 1,1992,p. 365.

了爆发式的大规模并购活动，绝大部分商业银行都购买了证券经纪公司和证券交易公司，仅20世纪80年代商业银行和外国企业在购买证券机构中的花费就高达15亿英镑。①

1986年英国颁布的《金融服务法》(Financial Services Act of 1986)进一步放松了商业银行混业经营业务的准入限制。与美国和法国不同，英国对金融投资业务长期缺乏制定法的调整，1986年《金融服务法》加强了对投资业务的法律规范。该法包括10个主体部分，17个附表，明确了投资业务的范围、禁止从事投资业务的主体及例外情况。附表1对"投资产品和投资业务"的范围做了详细的列举，规定任何"购买、出售、承销"股票、企业债券、可转换债券、存单等投资产品的活动都属于投资业务。② 1986年《金融服务法》第3条概括性地禁止了违法从事投资业务的行为，规定"除非符合本条及本法第3章和第5章的相关授权，任何主体不得从事、意图从事金融投资活动"。③但同时又规定了种类繁多的可以经过授权从事投资业务的主体，包括"任何一个本法认可的自治组织的成员""本法认可的专业团体的成员""被授权的保险公司""经注册的保险与友好协会""集合投资计划的运营者或受托人"等。④ 以上例外条款为商业银行取得混业经营准入许可打开了方便之门，特别是"自治组织"成员的例外规定，几乎将证券协会、期货交易协会、投资管理监督组织、金融中介管理组织、人寿保险组织和联合信托组织、保险投资委员会组织的成员都包括在可以进行投资的范围内，⑤形成了各种金融中介在金融领域展开激烈竞争的市场格局。

在撒切尔政府和多项政策与立法的推动之下，英国的金融改革吹响了英

---

① See Margaret Reid. Margaret, "All-change in the City: The Revolution in Britain's Financial Sector", *Journal of Public Policy* 8, 1988, pp. 410－411.

② Schedule 1, Part I & Part II of 1986 Financial Services Act.

③ Sector 3 of 1986 Financial Services Act.

④ Sector 7－34 of 1986 Financial Services Act.

⑤ 1986年《金融服务法》第7～14条，对法律规定的"自治组织"进行了列举，主要包括六大组织，即证券协会(Securities Association)、期货交易协会(Association of Futures Brokers and Dealers)、投资管理监督组织(Investment Management Regulatory Organization)、金融中介管理组织(Financial Intermediaries, Managers and Brokers Regulatory Association)、人寿保险和联合信托组织(Life Assurance and Unit Trust Regulatory Organization)、保险投资委员会组织(Securities and Investment Board)。

国金融业从分业经营向混业经营的号角,从此英国走向商业银行混业经营合法化的时代。

第二,2000 年《金融服务和市场法》中的商业银行混业经营准入监管规范。

英国的金融自由化改革使金融业获得了巨大的发展,在 1979 ~ 1989 年间,英国金融业和商业服务业的投资额则增长了 320.3% ,大银行普遍成为拥有复杂子公司的巨型银行集团,巴克莱银行可以经营的业务种类高达 275 项。[①] 金融自由化虽然使英国成为当时金融混业程度最高的国家,但与英国高度混业经营不相适应的是英国长期以来的分业监管格局,这种错配无疑使金融业面临着更高的风险。1995 年,拥有 233 年发展历史的巴林银行就是由于在高风险混业经营业务中的失败投资导致破产,这无疑为英国金融的分业经营监管体制敲响了警钟。

1997 年之前,英国的金融监管机构是典型的分业多头监管模式,包括英格兰银行、财政部、证券与投资管理局、投资监管局等 9 家监管机构分别对金融业实施监管,各金融监管机构之间的监管重叠和交叉现象严重。因此从 1997 年开始英国着手进行监管体制改革,最终于 2000 年颁布《金融服务和市场法》,[②]确立了与混业经营相一致的监管体制。

2000 年《金融服务和市场法》(Financial Services and Markets Act 2000)是英国历史上最重要的一部金融法律规范,这部法律的出台取代了 1979 年《信用协会法》、1982 年《保险公司法》、1986 年《金融服务法》、1986 年《建筑协会法》、1987 年《银行法》、1992 年《友好协会法》,明确了金融服务监管局(FSA)作为英国金融业唯一监管部门的地位和职权,建立起英国金融监管的基本格局。此后金融法的重大变革通常以补充规则的方式写入该法,因此 2000 年《金融服务和市场法》成为了英国金融业的"基本法"。[③]

2000 年《金融服务和市场法》中涉及商业银行混业经营准入监管的内容主要包括监管主体和业务范围两方面。在监管主体方面,该法系统地规定了

---

① See Michael Blanden, Giavin Shreeve, "All at Sea", *The Banker* 3, 1992, p. 11.

② Financial Services and Markets Act 2000(FSMA2000).

③ 参见乔海曙:《金融监管体制改革:英国的实践与评价》,载《欧洲研究》2003 年第 2 期。

金融服务监管局的地位、权力机构、监管范围、监管措施、监管行为的审议与监督等内容。金融服务监管局对银行、住房信贷机构、投资公司、保险公司、金融市场、清算和结算体系进行统一监管,[①]因此商业银行混业经营准入监管的监管主体也应当是金融服务局,这为商业银行混业经营的深化发展提供了明确的监管政策环境。

在业务范围方面,2000 年《金融服务和市场法》也采取了 1986 年《金融服务法》的规范方式,首先在第 2 部分"监管与禁止的行为"中进行了概括式的禁止性规定,然后在第 3 部分的"授权与例外"中进行大量的除外规定。第 19 条规定:任何主体非经授权或特殊规定不得从事该法中的"被监管行为"(regulated activities),第 22 条对"被监管行为"进行了宽泛的界定,规定任何以"特定经营方式"从事的,涉及"某种投资"或"与某项财产有关"的活动都是"被监管行为"。[②] 显然"特定经营方式""投资""与某项财产有关"都是模糊的用语,虽然该法在附录 2 中进行了一些业务的列举,但对商业银行的存款业务与投资业务的规定仍然是不清晰的,[③]只将具体解释的权力赋予了英国财政部。同时第 31 条规定了广泛的例外情况:任何个人、法人、团体等依据本法或本法的授权立法的规定取得授权,或者依据相关规定授权的欧盟企业或签署了《罗马条约》的国家的相关企业都可以从事"被监管业务"。可见 2000 年《金融服务法》对商业银行混业经营的准入采取了放松管制的态度,这进一步推动了英国的商业银行向综合化、国际化的方向发展。

2."栅栏原则"的立法背景

20 世纪后半期开始,英国的银行业在金融"大爆炸"的刺激下不断地扩张经营的业务范围与地域范围,银行变得"大而复杂",英国银行业的"大而不倒"的局面逐渐形成。英国的大型商业银行受市场机制约束越来越弱,更倾向采取高杠杆、高盈利的业务模式,1969 ~ 2009 年,储蓄业务占银行总负债的比例从 88% 下降到 40%,资产与所有者权益比值的杠杆率却节节攀升,在

---

① 参见张双梅:《金融监管权比较研究——以综合经营为视角》,载《法学杂志》2011 年第 3 期。

② Sector 22(1) of FSMA 2000.

③ See Bugeja G, "Universal Banking and the Return of Glass-Steagall", *Elsa Malta Law Review* 2, 2012, p. 95.

次贷危机前已达60多倍。[①]

2007年,美国的次贷危机也暴露出英国商业银行高风险混业经营活动中积累的风险,9月14日由于国际市场上抵押债券的大幅贬值导致英国北岩银行的重大损失,北岩银行面临着流动性风险,这引发了公众的忧虑,最终发生了150年来英国历史上首次的存款挤兑现象。[②] 作为世界的金融中心,英国在欧盟国家中受金融危机的冲击最为剧烈,北岩银行、苏格兰哈利法克斯银行、布拉德福德–宾利银行等英国主要金融机构先后出现流动性困难而被政府国有化,英国第二大银行苏格兰皇家银行2008年更是出现了280亿英镑的巨额亏损,成为英国金融业历史上年度亏损最严重的企业。[③] 据英国每日邮报2008年3月3日的报道,英国的银行业在次贷危机中已损失120亿英镑。[④]

次贷危机之后,英国政府积极寻求通过银行监管改革的方式提高商业银行的稳健性,以防范风险。2010年6月英国政府成立了旨在为减少银行业风险、防范银行业失败提供建议的"银行业独立委员会"(The Independent Commission on Banking)。英国著名经济学家、剑桥大学教授约翰·维克斯爵士出任委员会主席。2011年9月银行业独立委员会就次贷危机后的银行业监管改革提出了最终意见,被称为"维克斯报告"(Vickers Report)。[⑤]

"维克斯报告"提出的建议主要包括对金融业进行结构改革、提高金融业的资本吸收能力和促进金融业的竞争。其中的核心建议就是为了金融业的稳定应当实施银行业的"结构性改革",即为了抑制商业银行过度冒险行为的动机、减少银行业失败造成的社会损失,应当在存款业务和投资银行业务之间建立"栅栏",这项建议被称为"栅栏原则"。报告指出:大量的英国银行都将储蓄业务和投资业务、国内业务和国外业务混合经营,这些业务结构

---

① See Davies R., Richardson P., Katinaite V., et al., "Evolution of the UK Banking System", *Bank of England. Quarterly Bulletin* 4, 2010, p. 321.

② See Patrick Kingsley, "Financial Crisis: timeline", *The Guardian*, August 7, 2012.

③ 参见丁纯、王磊:《金融危机中欧盟典型国家表现和成因分析》,载《学术交流》2010年第2期。

④ See James Salm, "British Banks Lost £ 12Billion in Sub-prime Mortgage Meltdown", *Daily Mail*, March 3, 2008.

⑤ See Vickers J. S., "Independent Commission on Banking Final Report: Recommendations", *The Stationery Office*, 2011, p. 7.

的非理性混合在带来利润的同时也产生了公共政策风险。而通过“栅栏原则”对商业银行的经营结构实施分离措施可以实现4个方面的目标：其一，问题银行的处置更加方便，同时降低处置的社会成本；其二，也可以避免储蓄机构承担过多的风险；其三，由于结构性分离可以带来商业银行更高的透明度，有利于提高监管者和市场参与者对银行的监管；其四，有利于保持英国作为国际金融中心的地位，从而使英国银行业更具活力。

“维克斯报告”提交之后，议会随之召开了英国金融监管会议，并将报告中的“栅栏原则”等核心内容放入了2013年《金融服务（银行改革）法》①中。

3.“栅栏原则”的主要内容

经过了一年多的讨论和征求意见，2013年12月英国《金融服务（银行改革）法》正式通过，该法将“维克斯报告”中提出的“栅栏原则”明确变为立法要求。但该法对“栅栏原则”只进行了概括性规定，将细化规则的任务留给了补充立法。2014～2016年英国政府不断制定“栅栏原则”的实施细则，其中的核心内容都作为相关法条的修正写入了英国金融基本法律2000年《金融服务与市场法》，其中一些修订内容现已生效。可以说“栅栏原则”关于商业银行混业经营准入的法律规范目前已经比较完整地体现在2000年《金融服务与市场法》的相关修订中了。②

“栅栏原则”的核心思想是在储蓄业务等商业银行基本业务和其他混业经营业务之间建起“栅栏”进行隔离，商业银行的核心业务放入“栅栏”内受到特殊保护，其他混业经营业务根据风险的程度分为“不允许放入栅栏的”和“可以放入栅栏”的两类，同时要求商业银行集团在财务、法律等层面严格区分“栅栏”内外的业务。③ 因此“栅栏原则”实质上是对商业银行的混业经营业务采取了区别准入的监管模式，对不同风险程度的混业经营业务规定了不同的准入条件和监管要求，保护了商业银行核心业务的安全。

---

① Financial Services (Banking Reform) Act 2013.

② 2014～2016年依据“栅栏原则”对2000年《金融服务与市场法》进行的修订主要包括4项，分别是“2014栅栏内的主体和核心业务规定”（2014 No. 1960）、“2014禁止与除外行为规定”（2014 No. 2080）、“2015（银行业改革）养老金规定”（2015 No. 547）、“2016对栅栏内的主体、核心业务和禁止除外行为的补充规定”（2016 No. 1032）。载英国政府网站：http://www.legislation.gov.uk/ukpga/2013/33，最后访问日期：2017年4月30日。

③ 参见王兆星：《结构性改革：金融分业混业的中间路线》，载《中国金融》2013年第20期。

第一,适用范围。“栅栏原则”就是要用“栅栏”圈定一个特殊保护区域,在此区域内的银行只能从事储蓄等核心业务(core activities),禁止或限制商业银行从事特定高风险业务。“栅栏”内的实体(ring-fenced body)是指获得本法授权从事一项或多项核心业务的机构。① 核心业务包括吸收存款、取款、支付、透支等。“栅栏原则”不适用于住房协会、信用社、吸收存款在250亿英镑以下的银行、外国银行在英国的分支机构等。②

第二,“栅栏”内银行禁止从事的业务与例外情况。“栅栏原则”从整体上禁止“栅栏”内银行“经营一切投资业务”(dealing in investments),③同时还授权英国财政部在必要时禁止这些银行从事与特定个人的合同交易、在特定国家建立或经营分支机构、享有特定企业的股权或投票权等活动。④ 但与沃尔克规则不同,“栅栏原则”不禁止银行所在金融集团内的其他金融机构从事该业务,但为了保障集团内储蓄机构的安全性,该法还授权监管部门制定“集团栅栏规则”(group ring-fencing rules)。即监管部门可以对集团中的“栅栏”内银行提出改革要求,并且“栅栏”内银行与集团中其他金融机构之间的法律地位独立、操作独立、经济独立,以保障储蓄机构的安全。

由于“经营一切投资业务”这一法律规定的语意模糊和巨大影响,2014年7月23日英国公布了“2014禁止与除外行为规定”⑤对多项例外业务进行了详细规定(见表4-3)。

表4-3 “栅栏原则”中禁止与例外行为主要内容⑥

例外的业务	例外的条件
投资行为(概括性)(Article 6)	“栅栏”内银行在限定的程度内可以从事投资业务,如为了规避利率风险、汇率风险和流动性风险目的,或者与其他“栅栏”内的机构进行交易等

① 142A(1) of FSMA2000.

② 142A(2)(b) and (3) of FSMA2000.

③ 142D(2) of FSMA2000.

④ 142E of FSMA2000.

⑤ The Financial Services and Markets Act 2000 (Excluded Activities and Prohibitions) Order 2014.

⑥ 作者根据英国2014年7月23日公布的“2014禁止与除外行为规定”整理。

续表

例外的业务	例外的条件
股票、证券交易业务（Article 7）	该股票或债券是由其他“栅栏”内的机构支持、认可或发行的
商品交易业务（Article 5）	“栅栏”内银行对该货物拥有担保物权或为了实现担保物权，以及为自用或附属机构适用而交易
央行交易业务（Article 8）	与英格兰银行或英格兰银行的全资子公司从事的交易业务
衍生品交易业务（Article 9～12）	为了分散风险进行在制定数量限制内的远期合约和掉期合约、期权与掉期期权等金融衍生品交易
与相关企业交易（Article14～19）	为了提供金融支付服务进行的商品贸易、“栅栏”内机构发起的资产证券化和资产担保债券、符合特定要求的贷款和回购交易等

第三，原则性规定。为了保障“栅栏原则”的灵活性，立法还给予英国财政部广泛的解释权，同时规定财政部对解释权的行使应当符合两个基本原则，即“风险控制原则”和“持续经营原则”。风险控制原则，是指监管部门应当确保“栅栏”内的机构不会承担过度的金融风险；①持续经营原则，是指监管部门要保障“栅栏”内的机构的特定业务不会增加该机构失败的可能性，从而保障英国银行业核心业务的持续稳定。② 可以说这两个原则既是对监管部门监管活动的要求，也是对“栅栏原则”立法本意的描述。

第四，监管主体。在监管主体方面，金融危机之后英国以金融服务监管局为代表的统一监管模发生了变革，2012 年成立了金融政策委员会（FPC），负责宏观审慎监管机构，微观审慎监管局（PRA）实施微观审慎监管，行为监管局（FCA）实施行为监管。③ 因此“栅栏原则”规定进行准入监管的主体主要包括英国财政部、微观审慎监管局和行为监管局。④

第五，罚则。如果“栅栏”内的银行实施了禁止的行为，相关监管机构应当纠正该银行的违法行为。更为严重的是，如果发生了“栅栏”内的银行丧

---

① 142D(6)(a) of FSMA2000.

② 142D(6)(b) of FSMA2000.

③ 参见吴云、张涛：《危机后的金融监管改革：二元结构的“双峰监管”模式》，载《华东政法大学学报》2016 年第 3 期。

④ 142E、142G of FSMA2000.

失在银行集团内的独立地位,或者银行集团的其他成员破产影响了“栅栏”内银行从事核心业务,或者同一银行集团的其他成员危害到“栅栏”内银行从事的核心业务等情况,监管部门拥有要求该银行集团重组权力(group restructuring powers)。①

4.“栅栏原则”的评析

不同于以严格禁止性规范著称的沃尔克规则,英国的“栅栏原则”最突出的特点就是确立了储蓄业务与其他混业经营业务的区别准入原则,即金融机构一旦选择从事储蓄业务等银行“核心业务”,成为“栅栏内”的金融机构,就不能同时获得其他高风险混业经营业务的许可,但同时享有“栅栏内”金融机构的特殊保障措施。如果金融机构选择从事其他混业经营业务,则只能在“栅栏外”经营,不能同时兼营商业银行“核心业务”。显然“栅栏原则”旨在将储蓄业务和其他混业经营业务进行适度的分离,保障储蓄业务与高风险业务之间“法律地位独立”“操作独立”和“经济独立”。

如果说沃尔克规则是从否定方面强化了对商业银行高风险业务的禁止性要求,那么“栅栏原则”则是从肯定方面强调了对商业银行“核心业务”的保护,体现了商业银行高风险经营模式向传统核心业务的适度回归。次贷危机使人们认识到,商业银行“存款、取款、支付”业务是商业银行的“核心业务”,是维持社会支付体系的基石,在商业银行从事越来越多的金融衍生品时,逐渐忽视了传统核心业务的运营。更有甚者,商业银行的高风险混业经营业务反而伤害了商业银行核心业务的安全和稳健,因此“回归小银行”的呼声逐渐兴起。②“栅栏原则”通过传统业务与混业经营业务的差异性准入规范减少了“栅栏外”业务对核心业务的风险传染,增加了储蓄机构的安全性。同时,只对“栅栏内”核心业务进行特殊保护也避免了银行安全网的扩散和由此产生的银行道德风险。

但是英国的“栅栏原则”并未禁止金融集团同时拥有“栅栏内”的储蓄机构和“栅栏外”的混业经营机构。也就是说,金融集团仍然能同时从事上述

---

① 142K - 142R of FSMA2000.

② See De Grauwe P.,“Lessons from the Banking Crisis: A Return to Narrow Banking”, *CESifo Dice Report* 2,2009, pp. 19 - 23; De Grauwe, Paul,“Returning to Narrow Banking”, *Centre for Economic Policy Research* 2,200, p. 3.

业务，只需要建立适度分离的管理机制。这样的立法选择与英国深受欧洲全能银行影响的金融发展模式有关，也与英国缺少商业银行与投资银行分立的立法传统相关，也有1986年英国“金融大爆炸”以来对英国世界金融中心地位的考量。因此，如何确立金融集团内部“栅栏内”机构与“栅栏外”机构的相对独立性成为实施“栅栏原则”的关键。

（三）隔离高风险混业经营业务的欧盟制度

欧盟地区多数国家的商业银行具有混业经营的传统，采取储蓄业务与证券投资综合化经营的全能银行模式（universal banking）。[①] 欧盟的重要成员德国更是从19世纪中期就形成了商业银行广泛从事非银行业务的混业经营模式，比西方国家的“金融自由化”早了100多年。欧洲的商业银行混业经营准入监管法律制度主要经历了两个阶段：1957年至次贷危机之前，欧洲逐渐形成单一银行市场，放松商业银行混业经营准入监管阶段；欧债危机和次贷危机后，构建欧洲银行业统一监管体系，加强商业银行高风险业务准入监管阶段。

1. 次贷危机之前欧盟商业银行混业经营准入监管法律制度

自1957年《罗马条约》签订直到1973年，虽然欧盟内部的统一市场逐渐形成，但由于金融业特别是银行业的特殊性，欧盟各国对银行业的准入仍然持谨慎态度，不同国家的银行准入和监管标准差异较大。1973年欧共体理事会颁布《关于取消对银行及其他金融机构设立和提供服务自由之限制的指令》，[②]旨在减少欧共体国家银行业的准入障碍，这是欧共体第一个有关银行业的指令。[③] 此后欧盟又通过多项立法指令逐渐使欧洲国家的银行业取消市场进入限制走向单一银行业市场（single banking market）。次贷危机之前涉及欧盟商业银行混业经营准入监管的法律规范主要体现在1989年欧共体理事会发布的《第二银行指令》中。

---

① 参见齐绍洲：《论欧盟投资银行业的竞争》，载《国际金融研究》2001年第7期。

② Directive 73/183/EEC. The Abolition of Restrictions on Freedom of Establishment and Freedom to Provide Services for Self-employed Activities of Banks and Other Financial Institutions.

③ 参见李仁真：《论欧盟银行法的构架和特征》，载《武汉大学学报》（哲学社会科学版）1998年第1期。

欧共体《第二银行指令》[①]吸收了一系列早期的银行法规范，成为欧盟银行法的核心法律文件，[②]确立了“单一银行执照”(single banking license)、“母国控制”(home country control)、“相互承认”(mutual recognition)等欧盟银行监管的基本原则。《第二银行指令》涉及商业银行混业经营准入监管主体规范和准入业务范围规范。在监管主体方面，“母国控制”原则赋予了银行母国审慎监管的权力，即在欧盟银行从事相关业务活动的过程中由该银行母国的相关监管机构进行，并不得损害本条例赋予东道国的相关责任。[③] 根据“单一银行执照原则”，任何一个成员国监管当局向本国金融机构颁发的营业执照在欧盟其他成员国都有效，一个成员国的银行到其他成员国提供金融服务或开设分支机构只需要持有母国的银行许可，其业务也主要由母国金融监管机构负责。[④]

在准入的业务范围方面，《第二银行指令》采取了“互相承认”和大范围许可混业经营的态度。任何一个获得母国许可的银行都可以在欧盟任意成员国从事本条例中列举的商业银行业务，即使其中某些业务活动为东道国同类机构依东道国法律不能从事，[⑤]即成员国银行只要持有母国银行执照并从事指令列举的银行业活动即可适用“相互承认”原则在东道国进行活动。[⑥]《第二银行指令》的附件中列举了可以从事的14项活动，具体包括：接受存款或其他可偿付基金、贷款业务、融资租赁、转账业务、发行和管理信用卡等支付工具业务、担保与承诺业务、自营或为客户进行的金融交易业务(包括货币市场工具、外汇工具、期货、利率工具等)、股票发行及相关业务、咨询业务(涉及资本结构、产业战略、企业并购等方面)、货币经济业务、投资组合业务、证券保管业务、信用咨询业务、安全托管业务。[⑦] 可见《第二银行指令》与

---

① 全称为《协调信贷机构开业与经营相关法律、规则和管理规定及修订77/780/EEC指令的第二理事会指令》Directive 89/646/EEC. (Second Council Directive on the Coordination of Laws, Regulations and Administrative Provision Relating to the Taking up and Pursuit of the Business of Credit Institutions and Amending Directive 77/780/EEC).

② 参见李仁真：《论欧共体银行法的特有原则》，载《法学评论》1999年第3期。

③ Article 13 of Directive 89/646/EEC.

④ Article 17 of Directive 89/646/EEC.

⑤ Article 18 of Directive 89/646/EEC.

⑥ 参见王燕芳：《欧盟单一银行执照制度探析》，载《法学杂志》2002年第1期。

⑦ Annex: List of Activities Subject to Mutual Recognition of Directive 89/646/EEC.

欧洲长期实行的全能银行模式相一致,对商业银行从事混业经营业务准入的监管态度是全面许可的,即只要商业银行在母国取得了营业执照和经营相关业务的许可,那么在整个欧盟地区该商业银行可以根据自己的需要开展大范围的混业经营业务,而无须另外获得批准。

此后欧盟又将银行机构的监管规范进行了整合,将《第二银行指令》的相关内容并入了2000年《欧盟银行指令》。① 对2000年《欧盟银行指令》和1993年公布的《欧盟投资服务指令》②进行对比可以发现,2000年《欧盟银行指令》第18条描述的银行机构业务范围和1993年公布的《欧盟投资服务指令》附件中描述的金融投资企业的业务范围除了"存款业务"之外几乎没有差异。③ 可见次贷危机之前欧盟在商业银行混业经营准入监管方面一直坚持全能银行的业务许可模式。

2.《欧盟银行业结构改革法(草案)》的立法背景和目的

20世纪末21世纪初,欧盟国家的金融市场逐渐实现了一体化,包括欧盟国家、美国和日本的金融企业都在欧盟金融市场中展开激烈的竞争。然而与银行市场一体化不相适应的是欧盟银行监管体系的"离散化":欧盟奉行的"母国控制"原则在激烈的金融业竞争中演变成各成员国争相放松监管的借口;同时"母国控制"也造成东道国无法真正监管在东道国活动的银行机构,却要承担银行机构失败的不利影响;"母国控制"造成各成员国监管机构各自为政,缺乏对整个欧盟地区金融整体安全的监管。④

欧盟国家长期奉行的全能银行模式也在次贷危机和欧洲主权债务危机中遭遇了挑战。随着混业经营准入监管的逐渐放松,欧盟各国银行的非利息收入逐年提高,法国、英国的银行非利息收入占比已达40%以上,瑞士更是高达50%以上,德国、荷兰也达到了近30%。⑤ 非利息收入的增加使全能银

① Credit Institutions Directive 2000/12/EC.

② The Investment Services Directive 93/22/EEC.

③ See Article 18 of Directive Credit Institutions Directive 2000/12/EC 和 Annex: List of Activities and Services That May be Undertaken by Investment Firms of the Investment Services Directive 93/22/EEC.

④ 参见胡琨、刘东民:《欧债危机下欧盟银行规制与监管体系的转型与创新》,载《欧洲研究》2013年第3期。

⑤ 参见齐绍洲:《论欧盟投资银行业的竞争》,载《国际金融研究》2001年第9期。

行日益依赖于高风险金融产品,增加了银行的整体风险。同时在欧盟一体化进程中,欧洲各国银行开始对证券、保险展开大规模收购和兼并,这导致全能银行的规模越来越大,逐渐形成了“大而不倒”的物质基础。2007 年以来,在美国次贷危机和欧洲主权债务危机的双重影响下,欧盟地区的金融业和整体经济受到了重大打击。从 2008 年开始,欧洲经济连续负增长,失业率居高不下。欧洲国家的银行业在宏观经济和金融市场不稳定的情况下也出现了严重亏损,德意志银行在 2008 年出现了 57 亿欧元的税前亏损,而巴黎银行市值也已缩水至少 70%。① 根据英国《银行家》杂志公布的“全球 1000 家大银行排名”情况,2007 年欧洲银行业在 1000 家大银行的总资产和税前利润占比分别为 58% 和 46%,而在 2013 年该两项占比分别降至 43% 和 1.6%。②

次贷危机后,欧盟一方面致力于建立统一的欧洲银行监管机构,另一方面加强了欧洲商业银行高风险业务的监管。2014 年 11 月 4 日,欧央行正式承担银行监管职能,直接监管 120 家重要性银行。这些重要性银行的资产约占欧元区银行总资产的 82%。③

欧洲各国也纷纷展开改进银行监管,特别是加强商业银行混业经营准入监管的改革。德国、法国、瑞典、比利时等国家推出了对本国全能银行的监管改革计划。④ 2011 年,为了完善欧盟银行业的结构以增加金融的稳定性、保护消费者利益,欧盟内部市场委员会委员米歇·尔巴尼尔组建了“欧盟委员会银行结构改革高级专家团”(the European Commission’s High-level Expert Group on Bank Structural Reform),该组织的主席为芬兰银行行长埃尔基·利卡宁(Erkki Liikanen),因此该组织对欧盟提交的建议报告也被称为“利卡宁报告”(Liikanen Report)。2012 年 10 月长达 153 页的“利卡宁报告”最终版正式发布,其核心内容包括:禁止商业银行从事高风险自营交易等活动,为了保护储蓄机构的安全要在欧盟的全能银行中引入类似于美国和英国的业务

---

① 参见丁纯、王磊:《金融危机中欧盟典型国家表现和成因分析》,载《学术交流》2010 年第 7 期。

② 参见张晓青:《危机冲击后的欧洲银行业》,载《中国金融》2013 年第 21 期。

③ 参见[葡]比托尔·康斯坦西奥、孟亮、李文浩:《建立单一的监管机制》,载《中国金融》2013 年第 5 期。

④ See Lehmann M, “Volcker rule, Ring-fencing or Separation of Bank Activities-Comparison of Structural Reform Acts around the World”, *Journal of Banking Regulation* 3, 2016, pp. 176 – 180.

分离制度，强化商业银行的资本要求和金融机构生前遗嘱等监管措施。

2014年1月，欧盟委员会根据“利卡宁报告”的核心建议，综合考量欧盟单一市场的保护和欧盟现有改革措施向欧盟理事会提出了“提高欧盟信贷机构稳健性的结构性改革”①立法草案［以下简称《欧盟银行业结构改革法（草案）》］。

《欧盟银行业结构改革法（草案）》旨在通过对商业银行高风险业务的限制和全能银行储蓄业务与高风险业务的分离减少银行的过度风险，消除银行集团不同部门的利益冲突，减少银行集团的复杂性以避免系统性风险，促进银行业的有效监管。②

3.《欧盟银行业结构改革法（草案）》的主要内容

《欧盟银行业结构改革法（草案）》包括9章35条，其核心内容是禁止商业银行从事自营交易、向对冲基金等另类投资基金（AIF）投资，并将从事特定交易业务的投资机构从银行集团中分离以保障储蓄机构在法律、经济和运营方面的相对独立性。

《欧盟银行业结构改革法（草案）》共分为9章，主要结构如表4－4所示。

表4－4　《欧盟银行业结构改革法（草案）》结构③

第1章	一般规定（General provisions）
第2章	禁止的行为（Prohibited activities）
第3章	特定交易业务的分离制度（Separation of certain trading activities）
第4章	受第2章和第3章约束的企业范围（Entities subject to the requirements）
第5章	合规程序（Compliance）
第6章	与第三国的关系（Relationships with third countries）
第7章	行政处罚措施（Administrative sanctions and measures）
第8章	汇报和审查制度（Reports and review）
第9章	最后条款（Final provisions）

① The European Commission's Proposal for a Regulation on Structural Measures Improving the Resilience of EU Credit Institutions, COM(2014)43 final.

② Article 1 Objectives of COM(2014)43 final.

③ 作者根据2014年6月《欧盟银行业结构改革法（草案）》整理。

第一,适用的对象。

草案对商业银行混业经营准入禁止性规范只适用于规模超过一定限度的银行连续三年的总资产不少于300亿欧元并且业务交易额不少于700亿欧元(或者交易额不少于总资产的10%)。[①] 以此为标准只有约30家欧洲最大型的系统重要性银行能够适用该禁止性规定,可见欧盟规范的适用范围明显小于沃尔克规则。但草案不仅将大型商业银行集团的储蓄机构作为禁止规范的适用对象,而且自营交易等特定高风险业务的禁止性规定将适用于整个银行集团,包括母公司及其分支机构。这一规定显然类似于美国的沃尔克规则,而不同于英国的"栅栏原则"。[②]

在对欧盟成员国的适用方面,草案采取了某种程度的"祖父条款",即在2014年1月29日草案公布前成员国已经实施的结构性改革方案仍然有效,因此已经有类似结构改革法规的德国、法国仍可依据本国制定的规则进行监管。[③]

第二,禁止的行为。

草案规定符合适用条件的银行不得从事自营交易业务,不得单纯为银行自有账户获利的目的以自有或借贷的资金投资、持有对冲基金等非主流投资基金(alternative investment funds,AIF),也不得向从事自营交易业务或投资非主流投资基金的企业投资。[④]

值得注意的是,与美国沃尔克规则中对"自营交易"采取概括定义加例外业务列举不同,草案对"自营交易"进行了较狭窄的界定。认为自营交易是指那些单纯为了银行自由交易账户获益而没有客户实际参与,也不是为了客户对冲风险而进行的交易。欧盟对"自营交易"进行了狭窄的定义主要考虑到了法国和德国的要求,法国和德国认为做市商业务、证券承销业务与客户的需求紧密相关,不应当落入"自营交易"的范围。[⑤]

草案要求储蓄机构在经济上、法律上、管理上在金融集团中相对独立,但

---

① Article 3(1)(b) of COM(2014)43 final.
② Article 3(1)(a) of COM(2014)43 final.
③ Article 21 of COM(2014)43 final.
④ Article 6(1)(a),(b)(i)(ii) of COM(2014)43 final.
⑤ Article 5(4) of COM(2014)43 final.

将分离银行的储蓄机构与投资银行的选择权力赋予了欧盟各成员国自身。同时认为,即使某国家采取了分离储蓄机构与投资银行,也不影响金融集团内的其他机构从事投资银行业务,只要投资银行业务的活动不影响到核心储蓄机构的安全性即可。[①]

第三,例外规定。

草案规定,银行可以从事符合条件的下列业务:为了保障流动性进行的现货市场金融工具买卖、对风险投资和私募股权基金提供贷款、投资或者发起风险资本证券化业务、买卖衍生金融工具、投资于低杠杆封闭式基金等。当然从事上述业务的银行必须向监管部门提供相应业务的具体数据,并在超过一定额度的情况下实施业务的分离。[②]

第四,配套措施。

为了确定适用于该规则的主体范围,草案第4章专门对银行业集团的整体资产和商业银行从事的交易业务资产两方面的计算方法进行了具体描述。为了准确计算实践中认定困难的交易业务资产,草案在第4章第23条中还使用了证券交易资产(TSA)、证券交易负债(TSL)、衍生资产(DA)、衍生负债(DL)组成的公式进行进一步明确。[③] 草案第5章和第8章对适用规则的企业和成员国监管机构的合规义务进行了规定,明确了相关银行对监管机构负有的信息披露义务和相关交易的报告义务。

在违法处罚方面,草案规定,在不损害其他监管机构合法监管权的基础上,各成员国监管机构可以根据本国法律对违法从事禁止性业务和合规义务的行为处以刑事处罚或行政处罚。[④] 第7章第28条详细规定了违法的处罚方式,具体包括:停止违法行为,对违法所得行使归入权,警告、撤销或暂停授权的业务活动,临时禁令(可能对违法银行机构承担个人管理责任的自然人),永久禁止承担个人管理责任者继续任职,对承担个人责任的自然人处以至少500万欧元的罚金,对违法的企业法人处以至少年收入10%以上的罚金等。[⑤]

---

① Article 9,13 of COM(2014)43 final.

② Article 6(2) of COM(2014)43 final.

③ Trading Activities = (TSA + TSL + DA + DL)/2.

④ Article 28(1),(3) of COM(2014)43 final.

⑤ Article 28(4)(a) - (i) of COM(2014)43 final.

4.《欧盟银行业结构改革法(草案)》的评价

欧洲大陆的商业银行具有长期的混业经营历史,往往采用全能银行的经营模式,因此一直许可商业银行在传统存贷业务的基础上开展大范围的混业经营业务。然而在次贷危机之后,很多欧洲国家也意识到了无限制许可商业银行的混业经营业务将损害储蓄机构和金融体系的安全,并先后推出了限制商业银行混业经营业务准入的法律规范。全能银行模式的发源地德国在2013年8月公布了分离银行高风险业务的专门法,法国在2013年7月也公布了银行业务分类监管的法规。① 欧盟虽然在2011年就公布了旨在限制商业银行高风险混业经营业务的"利卡宁报告",但直到2014年这一报告的核心内容才形成了立法草案,晚于美国和英国的相关立法,也晚于欧盟内部国家的分别立法。这反映了欧盟立法机构在全能银行体制传统和业务分离需求中不断地妥协和平衡,也体现出在欧盟地区统一实施高风险业务准入限制的难度。

《欧盟银行业结构改革法(草案)》产生较晚,吸取了沃尔克规则和"栅栏原则"的制度经验。同为欧洲国家,欧盟在禁止规范的适用范围、储蓄机构与高风险业务的分离制度方面更类似于英国的"栅栏原则"。《欧盟银行业结构改革法(草案)》也只适用于超过一定规模的大型商业银行,同时实施了储蓄机构和投资机构的分离。但不同于英国的"栅栏原则",欧盟对特定业务的准入禁止性规范不只适用于储蓄机构,也适用于拥有储蓄机构的金融集团。这一规定显然比"栅栏原则"更严格,更类似于美国的沃尔克规则。但必须看到草案中对"自营交易"业务的界定比沃尔克规则狭窄,并有更多的例外条款。

《欧盟银行业结构改革法(草案)》又具有自己的特点,即实施了集团内储蓄机构与交易机构的分离。为了防止高风险业务对储蓄业务的影响,草案规定将金融集团内部的机构分为储蓄机构(deposit-taking institution)和交易机构(trading institution)两大部分,做市商业务、证券化业务、衍生品业务都划归交易机构进行。同时规定,交易机构不能在储蓄机构拥有任何投票权或资本工具。② 但对金融集团的机构分离要求并不是强制性的,欧盟草案仅将

---

① Brown Mayer,"Does Volcker + Vickers = Liikanen? EU Proposal for a Regulation on Structural Measures Improving the Resilience of EU Credit Institutions",*Legal Update*,2014(2):8.

② Article13(1)of COM(2014)43 final.

此作为欧盟各国可以选择的操作方式。

《欧盟银行业结构改革法(草案)》虽然包含了大量为欧盟成员国实施便利而规定的选择性条款、或然性的规定,但该法仍然坚持了对商业银行高风险混业经营业务的限制性规定,并以此为基础实施了金融集团内部两种业务的分离。

(四)美国、英国、欧盟制度的差异与共性

正如英国经济学家查尔斯·古德哈特所言,同为发达经济体"银行业的发展在英美国家和欧洲、日本也有很大的差异"。[①] 英国和美国的银行业产生较早,规模较小,贷款分散,而大工业出现之后所需要的专业和大规模贷款则由新出现的投资银行来完成,因此在英、美、法国家具有鲜明的商业银行与投资银行分离的传统。而欧洲国家和日本的银行出现较晚,规模较大,适应了大规模工业发展的需要,因此具有与工业密切合作和全能银行的传统。这种银行发展差异化的历史进程和金融传统决定了发达经济体商业银行混业经营准入监管规则必然存在差异。美国的沃尔克规则、英国的"栅栏原则"《欧盟银行业结构改革法(草案)》在商业银行混业经营的业务的准入条件、准入业务范围、准入监管机关和权限等方面均有不同程度的差异,具体差异如表4-5所示。

表4-5　美国、英国、欧盟"结构性改革"法规内容比较[②]

比较的内容	美国	英国	欧盟
适用规则的规模要求	没有	有 储蓄额超过250亿英镑	有 连续三年的总资产不少于300亿欧元并且业务交易额不少于700亿欧元(或者交易额不少于总资产的10%)
储蓄机构从事自营交易业务	不允许	不允许 (但集团内其他企业允许)	不允许 禁止储蓄机构及其母公司和子公司从事自营交易,并不得向从事自营交易业务的企业投资[③]

① Goodhart C. A. E. ,"The Optimal Financial Structure", *Financial Markets Group*, 2012.

② 参见杨海瑶:《中国金融混业经营的安全底线——商业银行介入投资银行业务的必要法律界限研究》,载《北京社会科学》2016年第1期。

③ See Art. 3(1)(b)(ii), COM(2014), 43 final.

续表

比较的内容	美国	英国	欧盟
金融集团是否可以同时设立储蓄机构与自营交易机构	不允许	允许	不允许,但成员国拥有选择权
储蓄机构投资对冲基金与私募股权基金	不允许	不允许 (但集团内其他企业允许)	不允许 禁止投资冲基金等非主流投资基金(AIF),并不得向从事上述基金业务的企业投资①
储蓄机构从事做市商业务	允许	不允许 (但集团内其他企业允许)	不允许 (但集团内其他企业允许)
储蓄机构在金融集团内的独立性要求	无	有 要求储蓄机构在法律、经济、管理上独立于集团内其他机构	有 要求储蓄机构在法律、经济、管理上独立于集团内其他机构; 储蓄机构不得向从事自营交易业务或投资非主流投资基金的企业投资

但与上述法律规范的差异相比,沃尔克规则、"栅栏原则"《欧盟银行业结构性改革法(草案)》所体现的共性追求更加明显,对我国逐步深化发展的商业银行混业经营更具借鉴意义。

第一,商业银行特定高风险混业经营业务的准入限制。

美国、英国、欧盟商业银行混业经营准入制度的演变过程表明,商业银行的储蓄业务所要求的安全性与商业银行衍生业务的风险性存在冲突。因此,美国、英国、欧盟在危机之后推出的商业银行混业经营准入监管规范都加强了对商业银行高风险业务的准入监管,在法律规范中主要体现为一系列禁止性规范,其中既有对商业银行的自营交易业务、高风险投资业务等高风险混业经营业务的专项禁止,也有对危害系统性安全业务的原则性禁止。这些准入规范的立法目的就是限制商业银行从事特定的高风险混业经营业务,预防业务产生的利益冲突风险、安全网扩散风险和系统性风险损害商业银行的核

① See Art. 6(1)(b), COM(2014), 43 final.

心储蓄业务的安全。

美国、英国、欧盟混业经营准入监管法律规范的禁止性规定是对商业银行过度创新的混业经营进行的修正,是对商业银行业务盈利性与安全性的再平衡。我国的混业经营正在向纵深发展,各种混业经营业务和产品的金融创新日新月异,在这种背景下更不应重蹈发达经济体过度放松准入限制的覆辙。应当重视商业银行混业经营的风险,为保护商业银行和储蓄资金的安全对商业银行的特定高风险业务实施禁止或限制准入措施。

第二,对商业银行混业经营组织的重构。

混业经营已成为国际金融业的发展趋势,而商业银行的混业经营往往采取大型金融集团的组织形态,因此对商业银行混业经营业务的准入限制必然要求商业银行混业经营组织结构的适应性变革。美国、英国、欧盟在2010年前后颁布的商业银行混业经营准入监管规范都包含着对商业银行所在金融集团的"结构性改革"。无论是美国沃尔克规则对整个金融集团自营交易等高风险业务的严格禁止,还是英国、欧盟对金融集团中高风险业务采取的差别准入和隔离措施,都引发了混业经营主体——金融集团组织——重构的共同结果。

显然为了保护储蓄等核心银行业务免受其他高风险业务的影响,沃尔克规则、"栅栏原则"《欧盟银行业结构改革法(草案)》都规定禁止商业银行从事特定高风险业务,或对储蓄业务和高风险业务采取不同的准入条件。这就意味着大型金融集团内部经营传统银行业务的部门与从事高风险业务的部门事实上受到了不同的监管约束,如果允许这两种业务部门保持原有的交易方式和法律关系将使差异性的准入措施无法真正实现。

对大型金融集团的重构也是对"大而不倒"问题的回应,大型金融集团日益膨胀的规模、复杂的相互关联最终将引发道德风险和公众损失,因此对金融集团内部传统业务与高风险业务的差别准入、实施组织与交易的适度分离,有利于有效降低大型金融集团的规模和复杂性。

第三,商业银行混业经营准入规范应兼顾安全与自由。

商业银行混业经营准入监管规范在增加金融体系安全性的同时,也大幅增加了商业银行及其监管机构的合规成本,甚至可能影响金融市场的流动性和竞争性。因此美国、英国、欧盟的准入规范都体现了安全和自由平衡的立法思想,如禁止性规范通常适用于规模超过一定限度的大型金融机构,保障只有少数真正的系统重要性银行适用该规则。同时列举了大量例外条款以保障商业银行的经营自由,满足客户的多样化金融需求。为了减少商业银行的损失,相关规范往往专门规定了细致的合规程序和较长的合规期限。

三、发展中国家放松混业经营准入管制的制度经验

20 世纪 90 年代以来随着新兴经济体的发展,逐渐形成了以中国为代表,包括巴西、俄罗斯等 5 国在内的"金砖国家"。经过 8 次国际会晤,"金砖国家"逐渐从 2001 年高盛经济师奥尼尔提出的概念,发展为一种新的国际合作机制,在国际社会中发挥了越来越重要的作用。① 同为新兴经济体和金砖国家,巴西、俄罗斯与中国在经济发展和金融体系方面存在诸多共性,都经历了 20 世纪后半期的经济转型或改革,银行在金融体系中处于主导地位,国有资本在金融体系中占有重要地位,都面临金融开放与金融稳定的矛盾等。因此对巴西和俄罗斯商业银行混业经营准入法律制度进行分析对我国混业经营准入的监管理念与制度的完善具有重要意义。

(一)渐进式放松准入监管的巴西制度

巴西的经济实力居拉美国家首位,2014 年更成为世界第 5 大经济体。② 巴西是发展中国家中金融市场最为发达的国家之一,也是当今世界上金融市场比较发达的国家之一。③ 在金融机构的类型、银行机构的地理分布和基础网点设施方面巴西的金融业都具有较强的比较优势,④这与 20 世纪 80 年代拉美债务危机后巴西在金融领域奉行的渐进式改革方式关系密切。当然作为发展中国家,巴西的金融业也一直在抵御通货膨胀和金融危机的过程中曲折前进。

1. 巴西金融业的渐进式改革背景

经济体制改革的道路通常有两种,即激进式改革与渐进式改革。激进式

---

① 参见汤凌霄、欧阳峣、黄泽先:《国际金融合作视野中的金砖国家开发银行》,载《中国社会科学》2014 年第 9 期。

② 2015 年 1 月 20 日国际货币基金组织公布《世界经济展望》(IMF Survey:Global Growth Revised Down):全球最大规模经济体排行,载 http://www. imf. org/en/Publications/WEO/Issues/2016/12/31/Cross-Currents,最后访问日期:2017 年 7 月 2 日。

③ 参见白钦先等:《各国金融体制比较》(第 3 版),中国金融出版社 2013 年版,第 8 页。

④ See Steven N. Schonberger, "Microfinance Prospects in Brazil", *The World Bank Latin America and Caribbean Region Sustainable Development Working Paper No.* 12, September 2001.

改革也被称为“休克疗法”“震荡疗法”,短时间内以剧变的方式将旧体制打破,按照目标模式以最优的方式重构经济体制。① 而渐进式改革是一种演进式的分步走改革方式,具有时间、速度和次序选择上的渐进特征。② 激进式改革的优点在于减少分步改革可能造成的长期价值信号扭曲和资源浪费,渐进式改革的优点在于可以最大限度地减少改革的“摩擦成本”。因此不同的国家在不同的时期可能采取不同的经济体制改革模式。巴西的经济体制改革也经历了20世纪80年代拉丁美洲债务危机之前的激进式改革和20世纪末开始的渐进式改革。③ 总体而言,巴西在金融业改革中主要采取渐进式改革的模式。

1808年巴西银行的成立,标志着巴西金融体系的诞生。1964年巴西中央银行成立(Banco Central do Brasil),并依据分业经营模式建立了国有银行为主、私有银行(包括外资银行)和资本市场为辅的金融体系。④

伴随着巴西“扶持本国民族工业”“高筑贸易壁垒”的进口替代战略的失败,20世纪80年代拉丁美洲发生了严重的债务危机。巴西也受到了债务危机的影响,1987年2月宣布因外汇短缺停止偿还外债利息。此后巴西逐渐展开了一系列金融制度改革,包括商业银行改革、外汇制度改革等内容。

在商业银行改革方面,1988年开始允许商业银行的混业经营活动,并逐渐推动银行的私有化和鼓励外资进入银行业。引入私人资本和外资是为了改善巴西长期形成的以计划经济为特征、国有资本占绝对主导地位的银行业低效率、资源配置扭曲的问题。从20世纪80年代末到2006年,巴西原有的32家国有银行有10家关闭,12家实现了私有化,5家银行进行了重组,在巴西的私有化进程中,48%的参与者是外国投资者。⑤ 但巴西银行业的私有化和引入外资并没有陷入通常发展中国家过度私有化导致的银行数量膨胀和国家安全问题,相反,巴西的银行私有化和引入外资是在充分监管下逐渐展

---

① 参见樊纲:《关于渐进式改革的理论思考》,载《安徽大学学报》(哲学社会科学版)1992年第4期。

② 参见开文明:《激进式和渐进式改革的评价》,载《世界经济情况》2007年第2期。

③ 参见薛莉、刘厚俊:《激进主义还是渐进主义?——基于巴西20年转型经历的思考》,载《南京社会科学》2012年第6期。

④ 参见魏燕慎:《国际金融体制与监管变革》,社会科学文献出版社2011年版,第348页。

⑤ 参见王建茹:《巴西金融私有化和国际化的启示》,载《资本市场》2006年第9期。

开的。巴西虽然允许外资收购100%的金融企业股权,但投资者收购金融企业需要经过总统的特别许可,而且这种特别许可不是法律的一般性规定,而是"一事一议",即每个收购活动都采取单独审批的方式,增加了对外资的监管力度。因此巴西银行业在引入外资提高本国金融业效率的同时,保持了国内金融体系的相对稳定性。2017年2月22日巴西中央银行公布的数据显示,虽然经过了长期的银行业私有化和引入外资政策,巴西银行业中的国有资本仍然占有近60%的份额。①

在外汇制度方面,巴西采取了逐步放松外汇管制的改革方式。1933年起巴西对经常项目下的出口外汇实行严格管制,20世纪80年代开始逐步放开直接投资政策。在外商直接投资方面,1962年所有外资必须在巴西中央银行登记,2000年以来外商直接投资由接受外商直接投资的公司负责登记,目前巴西已成为全球外商投资的主要目的地国。在境外直接投资方面,1990年巴西规定非金融企业一年内海外投资100万美元以下的无须巴西央行批准,1994年提高到500万美元,2005年取消了数量限制。②

巴西在金融领域中的渐进式改革一方面为金融业的发展注入了活力,另一方面保证了金融业的相对稳定。目前巴西已经形成了以全能银行为核心的银行业和消费信贷公司、租赁公司、抵押公司在内的非银行金融机构,以及证券期货交易所、保险公司、养老基金等在内的完整金融系统。1994年巴西开始严格地遵守巴塞尔协议,形成了以巴西国家货币委员会(National Monetary Council)为最高决策机构,巴西中央银行和巴西证券委员等机构作为执行机构的金融监管体系。

2. 1988年巴西商业银行混业经营准入监管制度的基本建立

与巴西金融业的渐进式改革一脉相承,巴西的商业银行混业经营准入监管法律制度经历了从1988年初步建立至今30多年的逐步完善过程。

---

① 参见巴西中央银行月度统计数据:Chart 13 – Foreign participation in the voting capital of NFS institutions,载 http://www. bcb. gov. br/? id = EVOLUTIONMONTH&ano = 2017,最后访问日期:2017年4月21日。

② 参见魏鹏:《巴西资本项目可兑换的经验及对中国的启示》,载《黑龙江金融》2014年第4期。

1964年巴西《银行改革法》确立了巴西金融体系的基本结构,[①]巴西的银行体系最初是依据美国模式设立的,当时的美国实行的是分业经营模式,因此巴西的商业银行最初也是分业经营、分业监管。[②]然而在20世纪80年代的拉美债务危机中,巴西政府收入急剧减少、流动资金短缺,导致巴西原有金融模式无法维持,引发了1988年巴西金融体系的全面改革,巴西商业银行混业经营准入制度也开始建立起来。

1988年6月,巴西中央银行推出了"金融机构会计核算改革计划",[③]允许不同的金融机构以同一会计账户进行结算。同年9月,巴西证券交易委员会颁布1524号法令,[④]该法在巴西金融体系中引入了新的银行类型——全能银行,同时规定了设立全能银行的方式和资本要求等内容。虽然该法的具体条文几经修订,相关内容已经由新法替代,但毫无疑问1524号法令深刻地改变了巴西金融业,奠定了巴西商业银行混业经营准入监管制度的基本形态。[⑤]

1524号法令包括12条正文和13项附件,包括以下内容:

第一,全能银行模式的许可。法令明确规定巴西原有的"商业银行、投资银行、发展银行、信用合作社、房地产贷款公司"可以"经过巴西中央银行的批准",通过"合并、兼并、分立或宪法直接设立等方式"组成一个单一的金融机构。[⑥] 这一规定是对巴西原有分业经营体制的重大突破,给予了商业银行混业经营准入的授权性许可,此后巴西的商业银行朝着全能银行的发展方向开展了信贷、投资等多种业务,巴西的全能银行通常被称为"复合银行"(banco múltiplo)。[⑦]

---

① The Bank Reform Law of 1964, Law no. 4. 595.

② See Hermann J., "Financial Structure and Financing Models: the Brazilian Experience over the 1964 - 1997 Period", *Journal of Latin American Studies* 34, 2002, pp. 71 - 114.

③ 全称为 Accounting Plan for Institutions of the National Financial System(COSIF)。

④ Resolution no. 1524, dated 1988, 9. 21.

⑤ See Puga F. P., "The Brazilian Financial System: Recent Restructuring, International Comparisons, and Vulnerability to a Foreign Exchange Crisis", *Textos Para Discussao* 68, 1999, p. 32.

⑥ Ⅰ、Ⅱ of Resolution 1524.

⑦ See Tombini A., "Universal Banking: the View from Brazil", *The Quarterly Review of Economics and Finance*, 2012(2):154.

第二,全能银行许可经营的业务类型和资本要求。法令附件中规定了5类可以从事的业务,包括商业银行业务、投资银行业务、发展银行业务、房地产贷款业务、投融资业务。法令规定了从事不同业务需要的不同资本要求,从事商业银行和投资银行业务要求净资本在120万雷亚尔以上,从事房地产贷款业务、投融资业务、发展银行业务分别要求净资本在60万雷亚尔、35万雷亚尔、20万雷亚尔以上。

第三,混业经营业务的限制性规定和罚则。全能银行在履行外汇或同业存款回购协议时应遵循巴西财政部关于禁止买卖、持有国债的数量和条件的限制。① 除同业存单和回购业务之外,对第三方的负债和外汇业务总额不能超过股东权益的15倍。② 全能银行中任何一类业务都应有一个符合相关规定并拥有相应专业资格的董事负责经营。③ 不符合法令中的禁止性规定将受到处罚,处罚方式包括:暂停联邦基金的转移贷款和再贷款、取消国际担保资格、取消享有中央银行互惠信贷协议的资格等。④

3. 巴西混业经营准入监管制度的逐步完善

1988年1524号法令颁布之后,巴西商业银行开始了大规模的并购和向全能银行的转化过程。据2017年巴西中央银行公布的数据显示,自2008年次贷危机后巴西全能银行数量有所减少,但在巴西所有176家银行机构中全能银行仍具有绝对优势,共有133家,占全部银行数量的76%以上。⑤ 巴西全能银行的持续稳定发展与巴西监管机构对商业银行混业经营准入制度的逐年完善密切相关。

第一,商业银行投资业务准入监管规则。

1997年和1998年为了避免全能银行在投资业务和储蓄业务之间的利益冲突问题,巴西中央银行先后颁布了两项法令对特定的投资基金设立了数额限制,并要求商业银行在第三方资产信托项目和商业银行储蓄业务之间建立

---

① Article 9 of Regulation Annex to Resolution 1524.

② Article 11 of Regulation Annex to Resolution 1524.

③ Article 8 of Regulation Annex to Resolution 1524.

④ Article 11 of Regulation Annex to Resolution 1524.

⑤ 参见巴西中央银行:《巴西金融机构统计数据更新》,载 http://www. bcb. gov. br/?cevnfs201701,最后访问日期:2017年7月2日。

“防火墙”。①

2002年为了保障储蓄资金的安全，巴西颁布3005号法令，将商业银行利用储蓄资金设立的信贷基金的用途进行了限定，即只能用于“工资变动补偿基金”（FCVS）、信用证、房地产权证应收账款和票据抵押。

2004年4月巴西国家议会通过了179号临时措施，禁止了商业银行通过储蓄账户进行的赎回业务，禁止以法人名义开立投资联合账户，要求商业银行将相关业务在“投资账户”（investment accounts）中统一进行。②

第二，商业银行证券化业务准入监管规则。

商业银行的信贷资产证券化可以降低贷款成本，实现信贷资产的有效分配，1998年监管部门开始允许巴西商业银行将信贷资产转移给特殊目的公司，这为商业银行信贷资产证券化提供了前提条件。

2000年监管部门正式允许商业银行应收账款的证券化，并依据国际标准要求商业银行部分或全部转让信贷资产必须清晰界定，并对相关风险承担连带责任。③

虽然资产证券化是次贷危机的直接原因，但为了降低住房和农业贷款的成本，巴西仍然在强化监管的前提下对商业银行的资产证券化业务持鼓励态度。2016年巴西国家货币委员会修订了相关立法，允许金融机构购买次级抵押贷款担保债券（subordinate mortgage backed securities，CRI）和农业贷款抵押担保债券（rural credit backed securities，CRA）。只要基础借贷关系符合信托制度，金融机构也可以购买同一金融集团内部的证券公司发行的次级抵押贷款担保债券和农业贷款抵押担保债券。

第三，商业银行衍生品业务准入监管规则。

为了降低商业银行的风险，巴西允许商业银行从事特定的金融衍生品业务。2002年巴西中央银行通过2933号法令，许可商业银行从事信用违约掉期业务（total return swaps）和总收益掉期业务（total rateof return swaps）。

2002年12月监管部门通过3054号法令，允许商业银行从事固定收益证

---

① Resolutions 2,451/1997 and 2,486/1998.

② Provisional Measure 179, dated April 1, 2004, was sent to the National Congress by the executive branch with the objective of altering articles 8 and 16 of law 9,311, dated October 24, 1996.

③ Resolution 2,686/2000.

券的回购业务,并规定证券回购业务中的卖方应具有证券所有权证明,除非该交易经过了巴西中央银行授权的清算机构的登记。

2009年11月,为了防范金融衍生品的风险,巴西监管部门要求商业银行将其直接或通过全能银行集团间接持有的金融衍生品持仓情况在巴西国家货币委员会和认可的清算机构进行登记。

与此同时,巴西商业银行混业经营的持续稳定发展也得益于巴西长期坚持的高标准资本充足率要求和以去通货膨胀为目标的稳健货币政策。

(二)过度准入自由化的俄罗斯制度

俄罗斯与中国相似,都在20世纪末经历了从计划经济向市场经济的转轨改革,两国都以改革高度集中的计划经济体制为目标,不同的是俄罗斯采取了激进式的改革模式。俄罗斯的自由化改革是在彻底否定和迅速抛弃原有的经济体制的基础上进行的。也就是说,在向市场经济转型的初期,没有与市场经济相适应的经济和金融法规、金融监管制度,这形成了俄罗斯金融自由化初期的"制度真空"。① 在"制度真空"的背景下,俄罗斯采取了快速与国际标准接轨的金融改革方式,缺乏有效监管和指引的金融自由化改革造成了20世纪末、21世纪初俄罗斯金融领域危机的一系列恶果。俄罗斯的商业银行较早地开展了混业经营业务,而俄罗斯商业银行混业经营准入制度也体现出自由化的盲目性和监管的不足。

1. 俄罗斯金融业的激进式自由化改革背景

20世纪90年代俄罗斯面临着经济转型中资金的严重匮乏,在国际和国内双重压力下,俄罗斯开始了"一步到位"的激进式金融自由化改革。②

在银行业准入自由化方面,俄罗斯经济转轨之初就将商业银行准入自由化作为改革的重要目标。1991年开始修订银行法,将苏联时代监管与商业银行混乱不清的"单一银行体系",变为中央银行与商业银行分开的"二级银行体系"。然而俄罗斯对商业银行的自由化改造是在缺乏相应的监管措施的基础上进行的,1991年10月俄罗斯中央银行发布《商业银行等级和许可证

① 参见白钦先等:《各国金融体制比较》(第3版),中国金融出版社2013年版,第110页。

② 参见王凤京:《俄罗斯的金融自由化与金融危机:剖析与借鉴》,经济科学出版社2008年版,第48页。

发放的程序》,简化了商业银行准入条件。随后俄罗斯商业银行数量大规模增加,1994年银行数量已在世界处于领先水平,1995年已达到2599家,分支机构5500家。[①] 商业银行的爆炸式增长活跃了金融市场,但数量众多的新设银行往往资本较小、缺乏良好的经营规范,这造成了俄罗斯金融市场的无序竞争和混业局面。

在利率自由化方面,1992年1月俄罗斯一次性放开了商业银行利率,然而俄罗斯利率市场化远远没有达到动员储蓄、增加投资的目的。利率市场化后的实际情况表明,俄罗斯商业银行实际利率长期处于负的状态,这造成了商业银行贷款短期化,大量资金流向畸形繁荣的外汇市场和国债市场,加剧了商业银行与实体经济的脱节。[②]

在汇率自由化方面,1992年7月俄罗斯开始实行经常项目下的统一浮动汇率制,卢布汇率持续下跌,并引发了1995年俄罗斯银行危机,莫斯科150家银行为了轧平头寸,在同业拆借市场上一天期的贷款利率高达年利率1100%,这导致多家银行停业。[③]

在1995年银行危机、1998年经济危机、2007年次贷危机的教训中,俄罗斯政府逐渐对金融自由化的改革措施进行一定程度的修正,加强了银行准入与开放的监管并取得了一定的积极效果。

2. 俄罗斯商业银行混业经营准入制度的教训

在金融自由化改革中,俄罗斯选择了符合国际潮流的混业经营模式,许可商业银行从事存贷业务之外的大量混业经营业务。俄罗斯选择混业经营模式符合俄罗斯金融自由化过程中一贯秉持的“高速度”“一步到位”的整体思路,同时商业银行进行混业经营也可以使商业银行通过证券业务获取资金,弥补资金短缺的现实需要。然而对商业银行混业经营的准入许可却未能与严格的准入条件、持续监管和违法处罚相结合,导致商业银行从事混业经营活动中大量的违规操作和恶性竞争,影响了金融业的整体安全。

俄罗斯的金融法律规范主要包括三个层次,即《俄罗斯联邦民法典》等

---

① 参见高晓慧、陈柳钦:《俄罗斯金融制度研究》,社会科学文献出版社2005年版,第146页。

② 参见李霞:《俄罗斯利率市场化改革简析》,载《欧亚经济》2011年第2期。

③ 参见常玢:《俄罗斯的“外汇走廊”》,载《欧亚经济》1996年第1期。

基础立法;《俄罗斯联邦中央银行法》《俄罗斯联邦银行和银行活动法》等金融领域的联邦专门法律,以及俄罗斯中央银行制定的各种具体监管规章。其中,涉及商业银行混业经营准入的法律规范主要体现在1990年制定并经多次修订的《俄罗斯联邦银行和银行活动法》①中,由于该法在银行规范中具有核心作用,其通常被称为"俄罗斯银行法"。②

《俄罗斯联邦银行和银行活动法》第5条列举了商业银行可以从事的9项传统银行业务和7项扩展业务,在扩展业务中包括资金和财产管理业务、贵金属和矿石交易业务、融资租赁业务、咨询和服务业务等涉及混业经营的业务。在保险业务方面,该法明确禁止了商业银行从事生产、贸易和保险业务,但不禁止商业银行持有保险公司的股票。在证券业务方面,该法第6条规定,商业银行可以从事广泛的证券业务,包括对多种有价证券的发行、买卖、寄存、保管、信托等经营活动。可见,俄罗斯商业银行的混业经营采取了商业银行与投资银行的结合,同时适度将商业银行与保险进行分离的模式。在监管主体方面,《俄罗斯联邦中央银行法》和《俄罗斯联邦银行和银行活动法》都确定了俄罗斯中央银行在商业银行的准入监管方面的主体地位。2013年7月俄罗斯通过《将金融市场领域调节、监督和监察职能转接中央银行的若干有关法规修正案》,进一步扩大了俄罗斯中央银行的混业经营监管权,俄罗斯中央银行取代联邦金融市场局对证券商、保险公司、小金融组织、交易所投资和养老基金等所有金融机构的经营活动实行全权的统一监管。③

虽然俄罗斯通过联邦法律层面的文件确立了商业银行混业经营准入的基本规范,但这些规范无法脱离俄罗斯激进式金融自由化的背景。在旧有制度被打破,又缺乏具体准入条件、监管措施、配套规则的情况下,放开混业经营准入管制只能带来金融业的混乱。缺乏对混业经营准入的监管措施使俄罗斯商业银行的经营策略带有强烈的短期性和投机性,在转轨初期商业银行的贷款业务和证券业务的利益冲突非常明显,商业银行热衷于在证券市场和

---

① 该法为联邦层面立法,全称为The Federal Law "On Banks and Banking" No. 395-1。

② See Erpyleva N., "the Role of the Bank of Russia in Banking Regulation (Legal Aspects)", *Journal of Banking Regulation* 1, 2001, p. 90.

③ 参见胡滨、尹振涛、郑联盛等:《金融监管蓝皮书:中国金融监管报告》(2014),社会科学文献出版社2014年版,第196页。

外汇市场进行投资炒作。这样的混业经营状况,使商业银行在国内外不利条件的影响下信用不佳,反复发生商业银行的破产和金融危机。①

（三）巴西、俄罗斯制度的差异与共性

巴西与俄罗斯同为资源型国家、新兴经济体,都进行了经济转型和金融开放,都经历了多次金融领域的动荡和危机,在商业银行混业经营准入的监管制度方面也体现出了诸多共性。第一,巴西和俄罗斯的立法都明确地许可了商业银行从事混业经营业务。在金融自由化的过程中,两国都选择了符合国际金融发展趋势的金融混业经营模式,商业银行可以通过全能银行或金融控股公司的方式获得混业经营业务的准入许可。虽然新兴经济体国家许可商业银行混业经营存在制度经验不足、监管理念转变和监管权重新配置等问题,但立法中对混业经营准入的明确许可减少了商业银行混业经营实践中的不确定性,促进了两国金融业的迅速现代化。第二,巴西和俄罗斯虽然都从宏观上许可了商业银行的混业经营,但在许可的具体业务方面都进行了较多的限制,俄罗斯金融控股公司的混业经营业务主要集中于证券领域,不能直接从事保险业务;巴西的全能银行只能兼营商业银行业务、房地产贷款业务、发展银行业务等5类业务。两国金融监管部门仍具有强烈的行政色彩,保留了许多混业经营业务的特殊审批程序。第三,两国的监管机构都做出了适应商业银行混业经营的变革,巴西2006年成立了形式上隶属于财政部的金融、证券、保险和补充养老金监管委员会(COREMEC),确立了以巴西中央银行为中心,原有分业监管机构分工配合的协调机制。2010年还在该委员会下成立了维护国家金融系统稳定的附属委员会(SUMEF)。2011年巴西中央银行内部设立金融稳定委员会(COMEF),负责宏观审慎监管。俄罗斯2013年也赋予了中央银行对混业经营的全面监管职责。第四,两国的混业经营准入监管法律制度都在多次金融动荡和金融危机中不断地修正和完善。作为新兴经济体,巴西和俄罗斯都存在政治和经济领域的诸多不稳定因素,都面临通货膨胀、外债等宏观金融问题,因此这两国商业银行混业经营准入法律制度的发展历程也是不断遭遇金融动荡并不断修正的过程。

---

①　参见朱显平、邹向阳:《转轨时期的俄罗斯金融市场研究——区域经济干预理论的实践》,吉林人民出版社2006年版,第69页。

巴西和俄罗斯在商业银行混业经营准入方面最大的差异就是选择了不同的立法理念。面对苏联解体后的社会动荡和经济混乱,俄罗斯选择了激进的改革方式,为了尽快实现计划经济向市场经济的转化目标,在金融立法方面也采取了"一步到位"的立法理念,在缺少配套监管制度的"制度真空"中大幅度放开了商业银行的业务准入监管,引发商业银行的竞争混乱和金融危机的发生。

四、域外制度经验的借鉴

无论是美国、英国、欧盟高风险混业经营模式的修正,还是巴西、俄罗斯对混业经营严格管制的放松,这些域外商业银行混业经营准入监管法律制度既反映了本国政治、经济、法治传统的特殊性,也体现了在确立商业银行混业经营合理限度方面的共性制度安排,因此在进行具体制度借鉴时应当对是否适合我国的国情进行分析。如美国、英国和欧盟地区是典型的金融业发达地区,商业银行的混业化程度较高,业务类型丰富,因此在美国、英国、欧盟的商业银行混业经营准入监管制度的借鉴中应当对许可的混业经营类型进行区别对待,不能全盘照搬。在对商业银行混业经营准入监管机构的选择上,德国、意大利等欧盟国家采取了单一监管机构模式,英国改为了双峰监管机构模式,而我国的分业经营体制具有长期稳定性,不能盲目将商业银行混业经营主体制度改为单一监管机构模式或双峰监管机构模式,尤其是在金融风险较为集中的情况下,①保持主体制度的相对稳定性,增强监管协调机制更符合我国国情,有利于我国金融业的稳定发展。通过对相关域外制度的分析,以下4方面经验可以对我国商业银行混业经营准入监管制度的完善提供有益的借鉴。

(一)安全与自由价值的平衡

对商业银行混业经营的准入监管体现了市场与政府的博弈,银行集团利益和经济整体利益、金融消费者利益的矛盾,商业银行经营自由与金融系统安全的冲突,因此各国的商业银行准入监管法律规范都以安全和自由作为主要价值并力图取得两者的平衡。在商业银行混业经营准入的业务类型方面,为了在保障金融业整体安全的前提下维护商业银行的经营自由,各国普遍在

---

① 参见王君:《金融监管机构改革宜缓行》,载《财新周刊》2016年第7期。

原则许可商业银行的混业经营的基础上对特定的高风险混业经营业务进行了禁止性规定,同时还列举了禁止性规定的大量例外条款,以减少对金融市场的负面影响。在准入禁止性规范的适用对象方面,各国立法采取了区别对待的原则,即严格的禁止性条件主要适用于超过一定规模的商业银行,不适用于资产规模和交易规模较小的金融机构。在合规程序方面,较长的期限、灵活的业务处理方式成为次贷危机后各国准入规范的共同特征。尤其是近年来,经历了次贷危机之后的严格监管规范,银行业要求放松监管、提供充足信贷支持的呼声越来越高,各国普遍采取了依据银行规模大小实施差异化准入监管的态度,即放松小银行的监管要求,仍然保留对大型商业银行集团的混业经营准入监管的严格要求。

(二)准入监管机构的适应性变化

对商业银行混业经营业务的准入监管涉及多种业务的监管和金融集团的监管,特别是次贷危机之后,对商业银行混业经营监管还增加了对金融系统性风险的考量。因此原来采取分业监管体制的国家,如巴西、俄罗斯为了适应商业银行的跨业经营开始新建或改造原有的监管机构。那些原本已经建立了混业经营监管机构的国家,如英国,也为了防范系统性风险实施了新一轮的监管机构改革。对我国而言,商业银行混业经营的现实和商业银行混业经营的分业监管的矛盾已经显现。我国的大型商业银行大多通过金融集团从事证券、保险等混业经营活动,但目前金融集团在我国金融市场中的主体地位并不明确,①因此形成了分业监管体制中没有确定性的监管机构对其实施监管的现实,金融控股公司是依据业务的不同由不同的监管机构监管的。显然对大型银行集团的并表监管和系统性风险控制才能保障商业银行的混业经营不危及金融业的整体安全,因此,应当推进我国商业银行混业经营准入监管机构的适应性变革。

(三)混业经营活动的明确授权

无论是金融业发达、金融机构具有充分混业经营经验的美国、英国、欧盟,还是20世纪80年代在金融自由化浪潮中开始放松金融管制,逐渐向混

① 参见刘考场、舒杨:《银行业并表监管问题研究》,载《中央财经大学学报》2008年第5期。

业经营转型的巴西和俄罗斯，在金融领域采取混业经营方式的国家都以明确的立法许可了商业银行的混业经营活动。如美国《银行控股公司法》明确规定商业银行可以从事“与银行业密切相关的业务”，《金融服务现代化法》更是授权商业银行可以从事广泛的“金融性质”的混业经营业务。欧盟 1989 年的《第二银行指令》确立了整个欧洲的全能银行模式，直接授权商业银行可以从事的“股票发行及相关业务”等十几项混业经营业务。巴西和俄罗斯在金融业向混业经营发展的过程中也通过法律对商业银行从事混业经营的合法地位进行了确认。如巴西 1989 年对全能银行模式的授权，俄罗斯《俄罗斯联邦银行和银行活动法》第 5 条对商业银行从事的资金和财产管理业务等扩展业务的授权。明确授予商业银行从事混业经营的权利有利于发挥混业经营的效率价值，也是依法规范商业银行混业经营活动的前提。

（四）高风险业务的准入限制

由于商业银行在经济中的特殊地位和储蓄业务的特殊性，商业银行的混业经营比其他金融机构具有更强的外部性。因此，各国都从保护存款人利益、防范道德风险、保障金融的系统性安全角度对商业银行的高风险混业经营进行了限制。这些限制既包括对特定业务的明确禁止，如自营交易业务，特定基金投资业务等，也包括对特定业务进行附条件的准入，如确定交易规模，投资所占比例等，还包括从原则上对影响储蓄业务安全或伤害金融消费者利益的混业业务进行的准入限制。经过多年的发展，我国商业银行的混业经营业务逐渐增多，而在“默许”式立法和分业监管体制下，始终没有明确的法律规范确定商业银行禁止从事的混业经营业务类型。这既不利于监管机构控制商业银行混业经营的系统性风险，也使商业银行进行混业经营活动无法可依。因此应当明确商业银行高风险业务的准入限制，为商业银行混业经营确立必要的安全底线。

小结

虽然各国的法律制度都受到了本国独特政治、经济、法治传统的影响，但无论是在次贷危机后对高风险经营模式进行修正的美国、英国、欧盟混业经营准入监管法律制度，还是金融自由化过程中逐步放松混业经营管制的巴西、俄罗斯混业经营准入监管法律制度都存在共性的追求，即寻求以法律方式确定商业银行混业经营的合理限度。美国、英国、欧盟的相关制度经历了从放松管制到重新加强商业银行混业经营准入的过程，而巴西和俄罗斯则在相关立法中采取了逐步取消混业经营准入管制、明确承认混业经营合法地位，并随着经济发展逐步调整具体范围的方式。两种不同的立法历程的共性经验包括：在确定混业经营合理限度时考虑安全与自由价值的平衡，并对准入监管机构及其权限进行适度调整，同时对大型金融集团和特定的高风险业务采取特殊的准入监管措施。

第五章　我国商业银行混业经营准入监管法律制度的定位

在金融自由化的激励和"金融脱媒"的压力下，商业银行混业经营业务日益呈现出结构的复杂性、功能的复杂性与计算的复杂性。[①] 商业银行往往通过与证券、保险、信托等机构的复杂合同关系来实现降低风险、规避监管、扩大收益的多重目标，对商业银行混业经营业务的准入监管涉及多个监管部门的统筹协调。相应的商业银行混业经营准入监管法律制度也需要适应日益复杂化、业务融合发展的混业经营现实。然而在分业经营、分业监管的金融体制下，面对我国已有分业的立法方式与混业经营现实存在明显不一致的问题，我国商业银行混业经营准入监管法律的完善首先要解决制度定位问题，即在我国现行分业立法的金融法律体系中确定商业银行混业经营准入监管法律的主要规范形式。

---

① See Rescher N., *Complexity: A Philosophical Overview*, Transaction Publishers, 1998, pp. 9 – 11.

一、分业监管体制对混业经营准入监管法律制度的影响

(一)监管理念与金融监管体系的关系

金融监管是金融业发展到一定阶段的产物,是为了克服金融业高收益高风险的特殊性而存在的。[①] 随着金融业从分业走向混业,金融监管理念发生了变化,各国的金融监管体系也演化出多种模式。

1. 金融监管理念的类型与差异

依据监管对象的差异,监管理念可以分为机构监管、功能监管和目标监管。[②] 机构监管理念,是指"按照金融机构的类型来划分金融法规的适用范围及监管机构管辖权范围的监管方式,而不论这些金融机构经营了哪些金融业务"。[③] 功能监管理念由哈佛大学商学院的 Merton 和 Bodie 两位教授提出,主张对发挥同一金融功能的不同金融机构所开展的类似业务与金融活动进行大体相同的监管。[④] 目标监管由世界银行的专家 Michael Taylor 最先提出,是指依据金融监管的目标设计监管结构,金融监管的目标通常包括金融系统保护(systemic protection)和消费者权益保护(consumer protection)两方面。[⑤]

这三种监管理念体现了对金融监管认识的不断深化,机构监管理念适应了分业经营阶段的金融实践,可以有效实现对经营单一业务的金融机构的监管。然而随着金融业的发展,金融市场和金融机构的业务和组织结构都发生了变化,仅以机构类型划分监管体制容易造成监管套利、监管真空、忽视投资人利益保护等问题。[⑥] 无论金融机构如何变化,其所承担的支付、

---

① 参见冯科:《金融监管学》,北京大学出版社 2015 年版,第 5 页。

② 参见于永宁:《金融监管模式的博弈与选择》,载《山东大学学报》(哲学社会科学版)2011 年第 4 期。

③ 许多奇:《信贷资产证券化之现实冲突与法律整合》,法律出版社 2016 年版,第 125 页。

④ See Robert C. Merton, "A functional Perspective of Financial Intermediation", *Inancial Management*, 1995, pp. 23 – 41.

⑤ See Taylor M., "'Twin Peaks': A Regulatory Structure for the New Century", *Centre for the Study of Financial Innovation* 20, 1995, p. 12.

⑥ 参见黄韬:《"金融抑制"与中国金融法制的逻辑》,法律出版社 2012 年版,第 40 ~ 43 页。

提供资金、跨领域资源分配、提供信息等金融功能并没有变化。[①] 因此，以较少发生变化的“金融功能”为依据设计的公共政策和监管规则更具有连续性和一致性，减少了金融机构进行“监管套利”的机会主义行为。很多学者主张在混业经营的背景下应当从机构监管走向功能监管。[②] 然而功能监管中由不同机构负责监管特定业务功能的监管理念也存在弊端，即各监管者只负责金融机构中的某一种功能，而缺少一个监管者从整体控制金融集团的风险，次贷危机正是美国“碎片化”功能监管造成的。目标监管理念不以机构或业务类型划分监管职能，而是以监管最终的目标作为金融监管机构分类的依据，监管机构明确了各自的监管目标、权责，进而明确各自应当监管的重点，可以避免机构监管和功能监管中监管目标之间的潜在冲突。

2. 金融监管理念与金融监管体系的思辨

金融监管体系通常体现出特定的金融监管理念，而监管理念则反映出监管者的基本立场，也从根本上影响着监管绩效的高低。[③] 金融体系是由一系列涉及金融业经营活动的监管法律法规和监管组织机构组成的体系，世界各国的金融监管体系主要有三种模式：分业型、统一型和双峰型。[④] 分业型监管体系是以机构监管理念为基础，根据金融机构的类型在银行、证券、保险三个业务领域分别设立一个专门的监管机构分别进行监管的模式，目前美国和中国主要采取分业型监管体系。统一型监管体系是将不同的金融行业、金融机构和金融业务作为一个整体，由一个统一的金融监管机构负责进行监管的模式，体现了功能监管的理念。目前采取统一型监管体系的国家包括日本、韩国、瑞典、意大利等国。双峰型监管体系是以目标监管理念为基础，分别设立负责系统性风险的监管机构和负责对不同金融业务经营活动进行监管的机构两类，英国、澳大利亚是双峰模式的代表。

---

① See Robert C. Merton, “A Functional Perspective of Financial Intermediation”, *Financial management* 2, 1995, pp. 23 – 41.

② 参见许多奇：《信贷资产证券化之现实冲突与法律整合》，法律出版社2016年版，第128页；黄韬：《我国金融市场从“机构监管”到“功能监管”的法律路径——以金融理财产品监管规则的改进为中心》，载《法学》2011年第7期；郭锋：《大金融视野下的证券监管理念和〈证券法〉修改路径》，载《金融服务法评》2013年第4期。

③ 参见冯辉：《我国基金会的法律监管机制研究》，载《政治与法律》2013年第10期。

④ 参见王正茂：《金融监管的国际比较》，国家行政学院出版社2011年版，第31页。

金融监管体系可能随不同时期金融监管理念的改变而发生变化，例如20世纪末开始，随着金融市场的发展和功能监管理念的广泛传播，北欧的挪威、丹麦、瑞典等国家，亚洲的日本、韩国纷纷改变了传统的分业监管体系，采取了统一型监管体系。而在次贷危机之后，随着英国的金融监管理念从功能监管向目标监管理念的回归，英国2012年《金融服务法》将金融业的统一监管机构金融服务局（FSA）拆分为审慎监管局（PRA）和金融行为监管局（FCA），即从统一型监管体系向双峰型金融监管体系转变。

但金融监管理念与金融监管体系也并非一一对应。一国监管体系的形成往往是该国政治格局、法治传统、经济形态综合作用的结果，这使金融监管体系呈现出复杂性和多样性。正如世界银行顾问、美国经济学家James Barth教授对1999～2011年世界180多个国家的银行监管体系进行考察后得出的结论一样，各国监管机构的数量、监管机构和中央银行的关系、银行准入的条件、业务限制等监管问题受政治、经济的影响巨大，却又不完全取决于这些条件，体现出很强的异质性。① 一国的金融监管体系可能同时受到多种金融监管理念的影响，这也使金融监管体系在宏观框架不变的基础上，具体监管制度安排呈现出差异性的多种金融监管理念。例如，美国的金融监管体系虽然在宏观上属于分业型监管体系，但1999年《金融服务现代化法案》为美国的金融体系引入了功能监管理念，因此在对金融控股公司的监管方面美国采取了跨业务的"伞形功能监管"模式，以防范金融控股公司的整体风险。但这并不能改变美国仍然按照"存款机构、保险、证券、期货"进行分类监管的监管架构。② 德国2002年成立新的金融监管局（BaFin），形成了统一型金融监管体系，但其内部设置仍然体现了分业监管理念，依据不同的业态分为联邦银行监管局（FBSO）、联邦证监管局（FSSO）、联邦保险监管局（FISO）、消费者顾问委员会等。③ 巴西虽然宏观

---

① See Barth J. R., Caprio Jr G., Levine R, "Bank Regulation and Supervision in 180 Countries from 1999 to 2011", *Journal of Financial Economic Policy* 2, 2013, pp. 111－219.

② 参见林元辉、焦玲、刘贻兴：《美国金融监管体制改革趋势及启示》，载《广西大学学报》（哲学社会科学版）2009年第3期。

③ 德国金融监管局官方网站：Bafin Bodies. https://www. bafin. de/EN/DieBaFin/AufgabenGeschichte/Bankenaufsi cht/bankenaufsicht_node_en. html，最后访问日期：2017年5月10日。

上采取分业型监管体制，巴西中央银行监管银行业，证券交易委员会监管资本市场，私人保险监督局监管保险业。但为了适应混业经营的发展，巴西也吸收了功能监管理念，建立了国家货币委员会牵头的金融系统稳定的附属委员会（SUMEF），负责协调中央银行、证券和外汇管理委员会等监管机构的职能。

（二）我国混业经营准入监管立法的现实考量

20 世纪末我国通过《商业银行法》《证券法》《保险法》等金融基本法律确立了分业经营的金融体制，到 2003 年我国已分别组建了银监会、证监会、保监会，确立了分业监管的监管体制。即使进行了大规模的金融混业经营试点，我国金融基本法律仍然保留了“分业经营，分业监管”的原则性规定。2003 年、2008 年、2013 年我国先后推动了三次金融监管协调制度，①其中联席会议是主要的协调方式。联席会议等协调制度的前提是保持现有监管机构的职能，2017 年设立的金融稳定发展委员会也是作为监管协调机制而建立的。2018 年银保监会成立，并将原来银监会和保监会拟定银行业、保险业重要法律草案和审慎监管基本制度的职责划入中国人民银行，这表明了我国强化综合监管、弥补监管不足的改革趋势。但从新设的银保监会内部机构的设置来看，银行机构与保险机构的主要监管机构仍然是分离的。也就是说，商业银行混业经营业务准入的监管机构仍以原有的银行业监管机构为主。同时从 2019 年 7 月出台的《金融控股公司监督管理试行办法（征求意见稿）》《关于完善系统重要性金融机构监管的指导意见》等法律规范来看，中国人民银行的金融监管协调、宏观金融监管职能得到了强化。但这些最新的法律规范也表明，中国人民银行的金融监管职能主要是宏观层面的，对各业态金融机构的监管仍然依靠各业态原有的监管机构，甚至包括各业态

① 2003 年银监会、证监会、保监会签署的《在金融监管方面分工合作的备忘录》。2008 年国务院办公厅《关于印发中国人民银行主要职责内设机构和人员编制规定的通知》，根据此方案中国人民银行将会同银监会、证监会、保监会共同建立金融监管协调机制。2013 年国务院《关于同意建立金融监管协调部际联席会议制度的批复》，同意建立由中国人民银行牵头的金融监管协调部际联席会议制度。

金融机构建立的金融集团。[①] 这充分说明我国现有以分业为基础的监管体系仍然具有相当的稳定性。而我国商业银行混业经营准入监管立法模式和制度完善都必须以我国分业监管体系的现状为依据。

通过对各国“分业型”“统一型”“双峰型”金融监管体系的分析可以发现,任何一种金融监管体系都可能存在监管失灵问题。如“分业型”监管体系可能产生不同金融机构的类似业务的差异化监管,以及金融集团利用金融机构的不同监管规则进行监管套利的问题。而“统一型”监管体系可能产生集多种监管权于一身的单一监管机构,而单一监管机构可能存在监管职能的冲突和道德风险,同时单一监管机构也未必能关注到不同金融行业的本质区别。[②] “双峰型”监管体系虽然具有目标明确的优势,但“审慎监管”目标与“行为监管”目标往往非常类似,这必然造成以这两种目标为基础设置的两个主要监管机构在职能方面具有很强的重叠性。[③] 正如2017年3月10日全国“两会”期间,中国人民银行行长周小川在“金融改革与发展”记者会上指出的:“我国正在制定金融协调机制规范,而由于市场的变化任何协调机制都不是一劳永逸的。”[④]因此,我国的金融监管体系取决于我国的历史和经济、金融运行的内外部环境,无论我国选择何种金融监管体系,都应当既尊重传统和现实国情,又合乎金融的内在规律,既要技术上可行、成本上可接受,也要考虑未来发展趋势,具有一定的弹性。[⑤]

在我国目前分业监管体系框架下,颁布统一的金融混业基本法律规范,

---

① 参见《金融控股公司监督管理试行办法(征求意见稿)》第2条:金融监管部门根据本办法,对金融机构跨业投资控股形成的金融集团实施监管。具体实施细则由金融监管部门另行制定。本办法所称金融机构是指依法设立的、经国家金融管理部门批准从事金融业务的机构。金融机构包括以下类型:(1)商业银行(不含村镇银行)、金融租赁公司。(2)信托公司。(3)金融资产管理公司。(4)证券公司、基金管理公司、期货公司。(5)人身保险公司、财产保险公司、再保险公司、保险资产管理公司。(6)金融管理部门认定的其他金融机构。

② See Awrey D., “The FSA, Integrated Regulation, and the Curious Case of OTC Derivatives”, *University of Pennsylvania Journal of Business Law* 13, 2010, p. 1.

③ See Briault C., “The Rationale for A Single National Financial Services Regulator”, *Opportunities and Risks in Central European Finances*, 1999, p. 211.

④ 李文姬:《2017全国两会:央行行长周小川表示将协调一行三会》,载《法制晚报》2017年3月10日,第3版。

⑤ 参见史际春、杜远航:《如何优化金融监管:以我国金融业的集中抑或分业监管为中心》,载《江淮论坛》2010年第5期。

如英国1986年《金融服务法》、日本1993年《金融制度改革法》、美国1999年《金融服务现代化法案》比较困难。也就是说,我国的商业银行混业经营准入监管很难通过金融业统一监管立法的方式进行规范。但这并不意味着商业银行混业经营准入监管法律应当一成不变,如前文所述,金融监管理念与金融监管体系之间并非严格的一一对应,可以在保持宏观金融监管框架不变的情况下将更灵活的金融监管理念引入金融监管法律规范之中。可以先进行个别立法以适应我国目前混业经营的监管需求,待时机成熟后再进行整体金融监管立法的变革。对我国商业银行混业经营准入监管规范而言,可以先引入功能监管与目标监管理念修订《商业银行法》《证券法》等金融基本法律中的准入规范,并参考《金融控股公司监督管理试行办法(征求意见稿)》制定银行集团监管规范,以解决目前我国商业银行混业经营准入监管中突出的系统性风险和利益冲突等问题。随着我国金融监管体系改革的演进,再推出适应混业经营的金融业监管基本法。

近年来,我国颁布的多项监管规范已经体现出监管当局对多种金融监管理念的综合运用,2014年银监会发布的《关于2014年银行理财业务监管工作的指导意见》中,对复杂理财产品首次明确提出了"解包还原"和"穿透原则",即对银行交叉金融产品实施"穿透"载体、跨越金融机构,"穿透"至金融业务本质功能的监管方式,体现了功能监管的理念。2015年银监会颁布的《商业银行并表管理与监管指引》就超越了分业监管理念,适用于银行集团内部的商业银行、非银行金融机构、非金融机构等附属机构,体现出以金融集团整体风险控制为目标的目标监管理念。①

二、域外商业银行混业经营准入监管法律制度定位

商业银行的混业经营准入监管首先是对商业银行这一特定金融机构业务活动的监管,因此,各国的商业银行法中都存在相应的法律规范。同时商业银行混业经营准入涉及多种业务和多个监管部门,因此其监管规范还存在于金融服务基本法和金融控股公司法中。目前,世界各国商业银行混业经营准入监管的制度定位主要表现为三种类型,分别为:金融服务基本法加商业银行法模式、金融控股公司法加商业银行法模式和商业银行法主导模式。

① 《商业银行并表管理与监管指引》第2条。

英国、德国、法国等国家采取了金融服务基本法与商业银行法相结合的模式。在这种模式下，金融服务基本法通常在宏观层面确定商业银行可以从事混业经营业务的类型，如可否参与证券业务或兼营保险业务，而具体准入规则由商业银行法规定。英国在 1986 年“金融大爆炸”改革期间颁布了对金融服务业进行整体监管的法律规范《金融市场法》，允许商业银行经营投资银行业务。2000 年《金融服务和市场法》确立了英国的金融监管基本框架，系统性地规定了金融机构许可和禁止从事的业务，成为了英国金融的基本法，并随着英国金融业的发展不断修正。英国对商业银行混业经营准入的法律规定是由《金融服务和市场法》和英国不同时期的商业银行法共同构成的。德国一直实行全能银行制度，但长期实行金融业的分业监管，[①]2002 年德国联邦议院通过了金融业统一的《一体化金融服务监管法》，明确了商业银行混业经营准入监管的监管机构及职权。对商业银行混业经营准入监管的具体规范体现在 1961 年颁布的德国《银行法》（Gesetz über das Kreditwesen）中，该法历经多次修订至今仍然有效。法国具有分业监管的传统，仅银行监管机构就包括国家信贷和证券委员会（CNCT）、金融和银行管理委员会（VRBF）、咨询委员会、投资公司和信贷机构委员会，以及银行委员会。[②] 2003 年法国开始统一金融业监管的立法活动，2003 年颁布《金融安全法》，2008 年推出了《经济现代化法》。《经济现代化法》将原有的多种监管主体合并，成立统一的金融监管机构“审慎监管局”（ACP），并将“银行业、保险业的审批权”“确保与银行业和保险业相关的法律法规得到遵循”等职权赋予了审慎监管局。[③]

美国、日本、韩国、新加坡等国家采取了金融控股公司法与商业银行法相结合的模式。这种模式关注到商业银行等金融机构采用金融控股公司形式进行混业经营活动所产生的一系列法律问题，并以单独立法的方式系统地规定了金融控股公司的法律地位、允许从事的业务、监管机构、关联交易

---

① 参见杜莉、高振勇：《金融混业经营及其监管：德国和英国的比较与借鉴》，载《经济体制改革》2007 年第 2 期。

② 参见柴瑞娟：《法国金融市场监管体制的历史流变及现状研究》，载《南京大学法律评论》2010 年第 1 期。

③ 参见柴瑞娟：《法国金融法律监管机构的重整与强化》，载《武汉大学学报》（哲学社会科学版）2013 年第 5 期。

等问题。在这种模式下,金融控股公司法往往确认商业银行集团混业经营准入的监管主体、业务类型等主要内容,而商业银行法则从单一商业银行主体方面对相关规则进行补充。美国虽然也存在1999年《金融服务现代化法案》这一金融服务基本法,但关于商业银行混业经营准入的主要法律规范存在于1956年颁布的《银行控股公司法》中,次贷危机后关于商业银行业务范围限制的沃尔克规则也并入《银行控股公司法》,成为该法的第13条。日本于1997年通过了《由控股公司解禁所产生的有关金融诸法整备之法律》《整备法》,该法是在已有银行法、保险业法、证券交易法的基础上统一修正和追加必要的法律条文形成的,[①]包括了商业银行混业经营准入的业务范围、审批程序等详细规范。韩国于2000年10月颁布了《金融控股公司法》,并随着金融业的发展不断修订,其中第4章集中规定了金融控股公司的业务准入及子公司纳入问题。次贷危机后新加坡颁布了2013年《金融控股公司法》,对金融控股公司的监管机构、业务限制进行了规定。

俄罗斯、巴西等国家采取了以商业银行法主导的模式,采取这种模式的国家其商业银行法通常适用范围较广,既适用于普通商业银行也适用于大型银行集团,同时通过不同时期的商业银行法的修订增加其适应性。俄罗斯和巴西虽然较早地进行了金融业的混业经营改革,但对商业银行的混业经营准入监管的法律规范主要存在于商业银行中。俄罗斯的《银行和银行活动法》、巴西的《银行改革法》都是商业银行混业经营准入的主要依据。

这三种模式体现了不同国家差异化的金融和法治传统,但无论是长期实行全能银行制的英国、德国等欧洲国家采取的"金融基本法律加商业银行法模式",还是采取金融控股公司制的美国、日本等国家选择的"金融控股公司法加商业银行法模式",抑或新兴经济体的俄罗斯、巴西等国家采取的商业银行法主导型模式,都是对该国金融混业现实的积极回应。三种模式都以金融业基本法律作为商业银行混业经营准入监管的主要法律渊源,都对商业银行混业经营采取了立法上的明确授权,都明确规定了商业银行混业经营准入的监管机构和权限,并在法律规范中对混业经营准入业务的主要类别和准入条件进行了详细规范。

---

① 参见许多奇:《从"分业"到"混业":日本金融业的法律转变及其借鉴》,载《法学评论》2003年第4期。

三、我国商业银行混业经营准入监管立法模式选择

(一)既有立法存在的问题

目前我国已经存在大量的商业银行混业经营准入规范,从规范层次来看,可以分为法律和行政规章等规范性文件。在法律层面上,存在《商业银行法》《证券法》《保险法》等金融基本法律以及《银行业监督管理法》《公司法》等相关法律。在行政法规层面,存在《中资商业银行行政许可事项实施办法》和银保监会、证监会等金融监管部门不同时期颁布的行政规章等规范性文件。在规范内容方面,既包括对商业银行混业经营业务的许可与禁止规范,也包括具体准入条件的规范。

我国现有的商业银行混业经营准入规范虽然数量较多,但在法律定位上存在明显不足。第一,我国缺少确认混业经营合法性和适应混业经营监管框架的金融业基本法和金融集团监管法律规范。[①] 虽然我国在金融实践中允许商业银行从事混业经营活动,但在"分业经营、分业监管"的宏观金融体制下,法律层面的立法从来没有正面确认过混业经营的合法地位,更没有适应混业经营监管特殊需求的专门立法。金融混业经营监管顶层法律制度的缺失,一方面造成了商业银行混业经营准入监管机构及其权限分配的不合理,另一方面形成商业银行混业经营准入业务范围及其条件的规范的分散和多种规范的冲突。更重要的是,在缺乏与混业经营相适应的金融业基本法和金融集团监管规范的情况下,极易形成监管机构依据不同业态进行分业监管,而对大型集团利用分业体制下金融监管的差异开展子公司的高风险业务活动缺乏整体风险控制,这种情况既存在于大型银行集团中,也存在于拥有银行子公司的金融集团中。第二,在商业银行混业经营准入监管中主要采取行政审批模式。我国《商业银行法》等金融法律对商业银行混业经营业务的类型和准入条件规范不足,银保监会等金融监管部门制定的行政规章成为商业银行混业经营准入的主要制度依据。而在我国"管制型政府"的传统理念中,[②]银保监会等金融监管机构往往把商业银行的混业

---

① 虽然2019年中国人民银行等部门已经颁布《金融控股公司监督管理试行办法(征求意见稿)》,但该办法并不适用于银行等金融机构建立的金融集团。

② 参见姜明安:《建设服务型政府应正确处理的若干关系》,载《北京大学学报》(哲学社会科学版)2010年第6期。

经营准入监管转化为设定准入的行政审批条件和程序。而行政审批模式中存在的以审批代替监管、审批事项过多、审批业务类型模糊、审批条件主观等问题影响了商业银行混业经营业务的开展。第三,我国商业银行混业经营准入监管法律规范层次较低,行政规章等规范性文件之间缺乏协调,具有较强的任意性。目前,我国涉及商业银行混业经营准入监管的行政规章数量众多、时间跨度大,监管部门经常依据特定的金融情况发布决定、通知、命令等,许可或禁止某项混业经营业务、增加或减少业务准入条件,这种制度定位难以保障商业银行从事混业经营业务的稳定发展。

(二)立法模式的应然选择

1. 修法与立法结合的模式

1978 年以来,我国的法制建设是以一系列的立法为标志的,30 年来立法活动经历了成长期、高峰期、稳定期和消落期。① 2011 年 3 月 10 日,全国人大四次会议宣布中国特色社会主义法律体系已经形成,这标志着我国从"立法时代"进入"修法时代"或"司法时代"。② 在这种背景下商业银行混业经营准入监管立法模式面临着"立法"还是"修法"的选择,而无论何种选择都应当以"是否确有必要的"为标准。

从"修法"的角度而言,商业银行混业经营准入监管规范涉及《商业银行法》等金融基本法律,这些金融基本法律是否有必要修改呢?以《商业银行法》为例,我国《商业银行法》自 1995 年制定以来,经历了 2003 年大规模修订和 2015 年修改两次变化。其中 2003 年修改达 37 处,而 2015 年修订只有两处,而且主要是关于商业银行存贷比例的规定。近年来我国经济和金融市场环境已发生变化,金融混业经营大规模发展、互联网金融兴起、金融消费者保护问题日益突出,然而现行《商业银行法》仍以 20 世纪末我国金融发展状况为立法依据,缺乏对商业银行混业经营的有效监管。因此 2013 年第十二届全国人大常委会将《商业银行法》的修改列入立法规划中的第二类项目,即"需要抓紧工作、条件成熟时提请审议"。2014 年 9 月,银

---

① 参见付子堂、胡夏枫:《立法与改革:以法律修改为重心的考察》,载《法学研究》2014 年第 6 期。

② 参见吕芳:《中国法院 10 年(2000 ~2010 年)法律适用问题探讨》,载《法学》2011 年第 7 期。

监会向银行业金融机构就《商业银行法》的修改广泛征求意见。2015 年 4 月，银监会成立了由法规部牵头《商业银行法》修订小组，就《商业银行法》可修改的地方进行调研和全面的论证。然而 2015 年没有如预期进行“全面修订”，[①]对金融实践中亟待解决的“混业经营牌照”“理财产品监管”“资产管理计划”等问题并没有进行修改，仅取消了存贷比限制的两项规定。因此在 2015 年《商业银行法》修改之后仍有学者和金融从业者呼吁对与金融混业经营实践不匹配的《商业银行法》进行全面修订，[②]2015 年十二届全国人大常委会立法规划再次将《商业银行法》的修改列入立法计划。

从“立法”的角度而言，我国商业银行混业经营准入监管规范的不足很难通过修改现行立法的方式全部解决，存在立法的必要性。由于商业银行混业经营准入涉及多种业务和多个监管部门，而单独依靠《商业银行法》《证券法》《保险法》等各金融业态的单独立法难以完成对商业银行混业经营风险的全面监管。因此采取混业经营模式的国家往往以制定统一的金融基本法律或制定金融集团监管规范的方式对混业经营可能产生的监管问题进行统一规范。商业银行混业经营准入监管法律规范应当建立在与金融混业相适应的宏观监管体系下，在合理的宏观监管框架下，各类混业经营准入法律规范才能取得本质上的统一，减少监管真空和监管重叠。

在我国商业银行混业经营准入监管的“立法”中，选择“金融服务基本法”还是“金融控股公司法”或者两者都是未来立法的方向值得深入思考。在金融混业经营的市场中，金融机构广泛地提供多种金融服务、推出多种跨业态的复杂金融产品，以单一《银行法》《证券法》或者《保险法》都难以有效规制跨业金融风险，因此许多实施金融混业经营的发达国家采取了对整个金融业进行统一立法的做法，例如英国 1986 年《金融服务法》和 2000 年《金融服务与市场法》，日本 2006 年《金融商品交易法》等。这种统领整个

---

① 参见朱宁宁：《加快对商业银行法整体修改步伐》，载《法制日报》2015 年 8 月 27 日，第 3 版；刘筱、攸梅菀：《银行商业银行法大修在即混业牌照及贷存比最受关注》，载《证券时报》2015 年 5 月 11 日，第 6 版；李玉敏、张杰：《商业银行法草案仅“取消存贷比”全面修法或将延后》，载《21 世纪经济报道》2015 年 8 月 19 日，第 9 版。

② 参见刘少军：《〈商业银行法〉改为“银行业法”的总体构想》，载《中国政法大学学报》2016 年第 6 期；张先明：《商业银行法应全面修改》，载《人民法院报》2016 年 3 月 11 日，第 7 期。

金融服务业的统一立法,可以对新产生的金融消费者与金融机构之间的不平等交易关系的金融服务关系进行调整规制。① 制定一部统一的金融法典,既可以最大限度地减少规范之间的重复与冲突,也有助于推动金融法内容的完善和结构的协调,并提高法律的系统化程度,促进金融法治体系的现代化。② 然而在肯定统一立法的优点的同时,也必须看到,银行、保险、证券等金融业的不同业态具有不同的本质特征,其风险来源也不相同,监管目标也因此不同,银行业的风险主要来自其资产负债表的资产方,绝大多数保险公司的风险则主要来自其负债方,作为中介服务机构的证券公司的风险相对较弱,主要在其资金(包括自有资金与客户资金)不当使用能否被有效控制。因此,银行监管更多地关注于银行系统的安全与稳健经营,强调的是银行资金的流动性和偿付能力;证券监管的目标侧重于维护市场的公平与秩序,强调的是信息披露与反欺诈。监管目标的差异反映的则是监管模式的不同。只要金融业内部分工一天不消失,金融业所赖以存在的基础就一天不会发生根本性的动摇,那么金融服务模式也就不可能单一化,③单一的"金融服务基本法"的立法也只能是相对的、有限的。事实上,在建立统一金融监管机构的国家中多数没有制定统一监管的立法来保障不同金融机构提供的类似产品能够受到平等的监管待遇,法律通常适用于金融机构而不是使用于特定的产品和服务。④

金融控股公司法通常是对金融混业的主要组织形式——金融控股公司进行的规范,通常包括金融控股公司的界定、设立条件、业务范围、运营监管、退出制度、监管主体等一系列内容。采取金融混业经营模式的国家也往往对金融控股公司进行专门立法。我国的金融控股公司已经存在多年,但一直缺乏确立金融控股公司法律地位、规范其混业经营活动的专门立法。2019 年中国人民银行等监管部门颁布《金融控股公司监督管理试行办法(征求意见稿)》,规定商业银行等金融机构设立的金融集团不适用《金融控股公司监督管理试行办法(征求意见稿)》,商业银行集团的监督管理规范

① 参见杨东:《论金融法的重构》,载《清华法学》2013 年第 4 期。
② 参见邢会强:《论金融法的法典化》,载《首都师范大学学报》(社会科学版)2016 年第 1 期。
③ 参见冯果:《金融服务横向规制究竟能走多远》,载《法学》2010 年第 3 期。
④ 参见周仲飞:《银行法研究》,上海财经大学出版社 2010 年版,第 29 页。

由金融监管部门另行制定。可见在我国分业监管体制短期内无法改变的情况下，我国选择了先制定金融控股公司法的模式。监管部门还出台了《关于完善系统重要性金融机构监管的指导意见》《系统重要性银行评估办法（征求意见稿）》等法律规范，这些都是根据混业经营的发展情况，进行监管适应性变革的立法尝试。

法律体系的形成并不意味着法律规范已经完备，我国法律规范体系中还存在许多缺陷，[①]因此，2014 年我国又提出了“建设中国特色社会主义法治体系”的主张。在商业银行混业经营准入领域中还存在无法可依或规范不完善的情况，因此应当采取修法与立法相结合的模式。

2. 原则立法与规则立法结合的模式

法律规则，通常的是指被普遍认可的对人的行为的明确规定，或具有普遍性的行为模式，而法律原则则是法律精神的体现，是制定和执行法律的指导思想。[②] 法律规则具有直接性、确定性，而法律原则往往具有抽象性、模糊性。在金融监管中一直存在着两种监管模式，即规则导向监管模式（rule-based regulation）与原则导向监管模式（principal-based regulation）。以美国为代表的规则导向监管强调制定具体、清晰的规则，为监管对象设定明确的权利义务，以此保障金融体系的安全稳健。英国金融服务局 2005 年开始广泛地采取原则监管模式，原则监管强调简化监管具体规则，以监管目标的实现与否作为监管评价标准，原则可以独立作为执法依据。[③] 采取规则导向监管的国家往往制定出全面、系统、标准化的法律规范体系对金融活动进行规范；而采取原则导向监管的国家制定的法律规范通常较少量化标准，注重规范用语的灵活性，在法律条文中经常使用“恰当”“谨慎”“有效”等模糊用语。[④]

无论是法律原则与法律规则的差异，还是原则导向监管和规则导向监管的分野，其本质都是对法律规制模式是“确定性”“缺少变化”还是“抽象

---

① 参见张文显：《建设中国特色社会主义法治体系》，载《法学研究》2014 年第 6 期。

② 参见严存生：《规律、规范、规则、原则——西方法学中几个与“法”相关的概念辨析》，载《法制与社会发展》2005 年第 5 期。

③ 参见刘轶：《金融监管模式的新发展及其启示——从规则到原则》，载《法商研究》2009 年第 2 期。

④ 参见徐捷：《商业银行规则导向监管与原则导向监管的比较》，载《财经科学》2010 年第 2 期。

性”和“灵活适应性”的不同选择。显然,规则立法模式还是原则立法模式的选择应当依据不同的监管对象和已有的立法基础而定。对商业银行混业经营准入监管立法而言,应当首先考虑是否已经有了商业银行混业经营准入所必需的法律规则,只有在基本准入监管“有法可依”的基础上才能进行规范灵活性的更高追求,“规则之治”是“原则之治”的前提。商业银行的混业经营准入监管规范必须考虑金融环境的变化和商业银行混业经营自主经营权的保护,因此单纯依靠规则立法建立固化而缺乏弹性的商业银行混业经营业务类型和条件并不现实。因此,在我国商业银行混业经营准入监管立法中应当坚持规则立法与原则立法相结合的方式。目前,我国的混业经营准入监管规范在法律层面偏重于原则立法,未能发挥法律制度对准入监管的规范作用,而在监管部门规章中又偏重规则立法,缺乏对准入监管的整体考量。显然在法律层面完善准入监管的具体规则,并加入宏观法律原则的立法模式是我国商业银行混业经营准入监管立法模式的应然选择。

3. 行政审批模式的修正

我国监管机构对商业银行混业经营准入监管采取的是行政审批模式。《商业银行法》第 3 条对商业银行可以经营的业务进行了宏观规定,并规定商业银行的“经营范围由商业银行章程规定,报国务院银行业监督管理机构批准”。因此商业银行具体可以从事何种混业经营业务以及特定混业经营业务的条件是交由监管机构进行审批的,而监管机构的行政规章等法律规范则以规定行政审批的具体内容为主要模式。

在我国,“行政审批”是一种广泛用于行政管理中,极为复杂却缺乏明确界定的用语。[①] 我国行政审批的形式多样、名称不一,审批、核准、批准、审核、同意、注册、许可、认证、登记、鉴证等都是行政审批的表现形式。虽然 2004 年《行政许可法》试图清晰地界定行政许可与行政审批的关系,但该法颁布后只是将行政许可相对独立出来,成为了行政审批的下位概念。[②] 在我国政府管理职能没有完全转变的背景下行政许可之外仍存在着大量的

① 参见王克稳:《我国行政审批与行政许可关系的重新梳理与规范》,载《中国法学》2007 年第 4 期。

② 参见魏琼:《简政放权背景下的行政审批改革》,载《政治与法律》2013 年第 9 期。

"非行政许可审批"事项。[1] 2014 年国务院第一次常务会议提出"简政放权"的主张,由此我国各行政机构逐步减少了一系列行政审批事项。

我国商业银行混业经营准入的行政审批方式主要包括行政许可制和备案制。2014 年银监会等金融监管机构根据国务院的规定,纷纷减少了行政许可事项,部分金融监管部门涉及商业银行混业经营的行政许可事项见表 5-1。但目前我国商业银行混业经营业务准入监管中涉及银监会等金融监管机构的行政许可仍有十余项,而且很多行许可事项还是概括性许可,一项许可编号下包括几项甚至几十项具体许可内容,例如银监会编号 43008 项目的行政许可,就囊括了多达 39 项具体审批内容。监管机构还对大量的商业银行混业经营业务准入采取了备案制,虽然行政备案制度的本意是作为一种相对缓和的监管手段,减少行政机关对市场的影响。然而在行政审批制度改革背景之下,行政备案逐渐成为被取消行政审批项目的"避风港",[2]大量行政备案实际上仍具有行政审批的本质属性。如 2014 年 11 月银监会、证监会共同推出资产证券化备案制,对已经取得资质的银行取消资格审批,发行产品"事前实施备案登记",在这种"备案制"下取得资产证券化资格的银行仍需审批,这种采取"事前备案"的形式与许可的区别也并不明显。

表 5-1　部分金融监管部门涉及商业银行混业经营的行政许可事项[3]

监管机构	行政许可事项编号	许可事项内容
银监会	43004	外资银行调整业务范围和增加业务品种审批
银监会	43007	商业银行、政策性银行、金融资产管理公司对外从事股权投资及商业银行综合化经营审批

---

① 2004 年 8 月 2 日国务院办公厅发布了《关于保留部分非行政许可审批项目的通知》。

② 参见张红:《论行政备案的边界》,载《国家行政学院学报》2016 年第 3 期。

③ 国务院各部门行政审批事项汇总清单,载中机构编制网,http://www.scopsr.gov.cn/xzspzd/gghg/2014/201511/t20151111_282309.html,最后访问日期:2017 年 5 月 6 日。虽然 2018 年银保监会成立,但根据《十三届全国人大一次会议批准国务院机构改革方案》,银保监会是由原来的银监会和保监会合并而来。根据中国银行保险监督管理委员会令(2018 年第 5 号),将《中国银监会中资商业银行行政许可事项实施办法》调整为《中国银保监会中资商业银行行政许可事项实施办法》。因此金融监管部门中涉及商业银行混业经营的行政许可事项没有明显改变。

续表

监管机构	行政许可事项编号	许可事项内容
银监会	43008	中资银行业金融机构及其分支机构设立、变更、终止以及业务范围审批
证监会	44011	基金托管人资格核准
证监会	44012	公开募集基金募集申请注册
证监会	44020	境内企业间接到境外发行证券或者将其证券在境外上市交易审批
证监会	44036	境外证券经营机构在境内经营证券业务审批
证监会	44034	证券公司变更业务范围、增加注册资本且股权结构发生重大调整、减少注册资本、变更持有5%以上股权的股东、实际控制人、变更公司章程重要条款及合并、分立审批
证监会	99002	资产评估机构从事证券业务资格审批
保监会	45006	保险集团公司及保险控股公司设立、合并、分立、变更、解散审批
保监会	45020	保险公司拓宽保险资金运用形式审批

我国商业银行混业经营准入监管中存在的大量行政许可和备案事项事实上架空了《商业银行法》等金融法律，将商业银行混业经营准入监管过程变成了单纯的行政审批程序，这种审批模式具有下列弊端：第一，《商业银行法》虽然规定了商业银行可以从事的业务，但在监管实践中，商业银行发行金融债券、从事银行卡业务等《商业银行法》明确许可的业务也要经过监管机构的行政许可或备案。同时《商业银行法》中也没有对商业银行禁止从事的混业经营业务进行明确规定。这事实上限制了商业银行的自主经营权，同时违背了“法无禁止即许可”的基本精神。第二，以行政审批为主要特征的商业银行混业准入监管只强调商业银行准备相关材料，进行业务准入的审批程序，而忽视混业经营业务准入监管的持续性。监管机构对已经准入的业务是否具备条件，以及不再具备准入条件的业务是否可以继续经营缺乏连续监管。第三，行政审批的许可方式具有较强的主观性和不确定性。行政机关经常根据某种金融环境的变化对混业经营业务进行禁止或许可，行政机关往往要求商业银行提供复杂具体的申请文件，然而审查标准却是模糊和主观的。

以行政许可的方式进行混业经营准入监管在商业银行混业经营业务较少的情况下也许可以起到防范风险的作用,然而在商业银行混业经营日益深化的背景下,这种方式既增加了商业银行混业经营活动的政策风险,又未能形成对商业银行混业经营宏观风险的有效控制。因此应当转变我国商业银行混业经营准入监管的行政审批模式,以完善和细化相关准入监管法律制度为进路,逐渐减少准入环节的行政审批。

四、我国商业银行混业经营准入监管基本法律的协调

商业银行混业经营准入监管涉及多个监管机构,跨越多个金融业态,因此必然涉及多项法律规范,特别是在我国目前分业经营、分业监管的宏观金融体系具有相当稳定性的情况下,建立我国商业银行混业经营准入监管基本法律规范之间的协调机制尤为重要。

(一)商业银行法的基础性地位

《商业银行法》虽然在2015年经过一次修改,但修改内容仅限于存贷比的规定,因此可以说我国《商业银行法》仍维持了2003年修正后的状态。显然,十几年间我国经济和金融发展环境已发生巨大变化,商业银行的经营管理水平不断提高、监管机构的金融监管经验逐渐积累,这些意味着《商业银行法》的立法基础已经发生重大变化。特别是2005年十六届五中全会正式提出"稳步推进金融业综合经营的试点"以来,我国商业银行的混业经营、股份制改造、利率市场化改革等改革逐步推进,《商业银行法》在监管机制、经营范围、业务规则等方面已经与我国的金融现实存在较大的差异,已不能适应商业银行混业经营防范风险的要求,因此很多金融领域的学者和从业人员呼吁对我国《商业银行法》进行全面修订。

第一,应当在《商业银行法》中明确许可商业银行从事特定的混业经营业务,这既是对我国金融混业现实的确认,也是我国混业经营深化发展的制度保障。第二,纠正机构监管模式中重视机构准入监管忽视业务准入监管的立法理念,对《商业银行法》涉及业务范围的条文进行修订,将近年来部门规章对商业银行混业经营业务中获得的实践经验上升为法律条文,对实践中商业银行已经大规模开展并且效果良好的混业经营类型确定为可从事的业务。第三,减少《商业银行法》中业务准入的行政许可,增加商业银行混业经营业务的禁止性规定。由于《商业银行法》基本法地位的弱化,监管规则"隐性"

取代法律规范的现象日益严重。在《商业银行法》的修订中,应当修改第3条的规范方式,明确规定法律许可的业务不再需要监管机构的行政审批。同时,对可能产生系统性风险、安全网扩散、利益冲突问题的混业经营业务进行立法的明确禁止,细化第43条对商业银行禁止业务的宏观规定。第四,对同时具有积极和消极意义的商业银行混业经营业务,应当在允许的同时规定禁止性规范的例外。

(二)金融集团监管法律规范的补充

目前世界各国进行金融混业经营的组织形式主要包括德国的全能银行模式,英国的母子公司模式和美国的金融控股公司模式,金融控股公司模式由于采取了独立子公司的经营形式因而既可以发挥共同行销、统合经营的优势,又能较好地实现风险的分散,因此我国的金融混业经营实践中也采取了金融控股公司的经营模式。20世纪80年代以来,我国的金融控股公司数量不断增加,规模日益增大,然而金融控股公司这一重要的混业经营组织机构却长期处于"无法可依"的状态,可以说各种尚不规范的金融控股公司已经成为我国金融业新的组成部分。虽然我国现有的《金融控股公司财务管理若干规定》《商业银行并表管理与监管指引》等部门规章在一定程度上规范了金融控股公司的运行,然而缺乏从设立、许可、业务监管、变更、退出等方面整体上规范金融控股公司的法律制度。2019年中国人民银行等部门颁布《金融控股公司监督管理试行办法(征求意见稿)》,为我国金融控股公司的健康发展提供了法律依据。然而《金融控股公司监督管理试行办法(征求意见稿)》第2条规定,"本办法适用于实际控制人为境内非金融企业和自然人的金融控股公司"。同时明确,"对金融机构跨业投资控股形成的金融集团实施监管,具体实施细则由金融监管部门另行制定"。因此商业银行集团并不适用《金融控股公司监督管理试行办法(征求意见稿)》。但是在实践中我国商业银行已成为通过金融集团开展混业经营的重要力量,因此我国商业银行混业经营准入监管法律制度的完善无法绕开金融集团监管的相关问题。

第一,商业银行混业经营准入监管涉及金融集团的监管主体问题。当商业银行以金融集团模式从事混业经营时,其业务准入监管机关是原有银行监管机构还是央行或者金融监管局需要法律的明确规定。

第二,商业银行从事混业经营的程度需要金融集团监管规范从金融业发展的整体出发进行确认。我国商业银行虽然进行金融混业经营试点多年,但没有基本法律对混业经营的合法授权,商业银行的混业经营在“名不正,言不顺”的情况下或者畏首畏尾发展不畅,或者选择非正规途径陷入影子银行的漩涡。因此应当在法律中明确规定商业银行可以从事跨业经营的程度,明确规定是否可以从事相关的证券业、保险业等金融业务。对商业银行混业经营合法地位的规定涉及多种金融业态,不能只在《商业银行法》这样的分业金融法律中进行确认。应当综合考量银行、证券、保险、保险等金融业态的发展状态,在我国金融混业选择的主要形式——金融控股公司的法律规范中对商业银行的混业经营进行宏观的许可。

第三,商业银行混业经营准入的具体业务类型需要从金融集团的全局进行考量。金融集团往往设有大量从事不同金融业务的子公司,子公司从事的业务风险程度不一,既有需要安全稳健的储蓄机构,又有从事衍生金融业务的证券公司、期货公司、基金公司等。次贷危机的教训表明,金融控股公司中高风险业务的部分很可能会将风险传导至储蓄机构,而为了避免系统性风险政府通过公众资金救助就成为必然结果。因此,次贷危机后西方国家进行的“结构性改革”正是以限制金融控股公司的高风险业务为核心的。在我国商业银行集团通过子公司大规模从事混业经营业务的背景下,更应吸取次贷危机的教训,从金融控股公司的层面限制商业银行高风险混业经营业务的准入。

第四,商业银行混业经营准入监管涉及金融集团监管规范中的防火墙制度,即金融集团子公司之间的往来业务限制问题。基于商业银行的特殊外部性,监管机构对商业银行的监管要求与其他金融机构明显不同,商业银行也受到金融安全网的特殊保护。对拥有银行子公司的金融集团而言,可能存在着银行子公司与其他子公司的交易活动,而这种关联交易活动可能演变为损害银行子公司利益、利用公众安全网为控股公司牟利的道德风险活动。因此对商业银行混业经营业务的准入监管应当涉及金融集团的关联交易业务的规范。

对以上问题的回答仅仅通过对现行法律规范的修修补补难以实现,近年来,监管部门已经意识到金融控股公司的混业经营模式对已有金融监管体系提出的挑战,因此试图通过对现存法律规范的小规模修改,或者通过制定金融监管部门的行政规章制定细则，例如在《商业银行并表管理与监管指引》中对银行业并表监管的规定，或者推出监管部门的监管协调机制，例如，2004年银监会、证监会和保监会联合发布的《金融监管分工合作备忘录》等方式加强对金融控股公司混业经营活动的监管。然而这些法律制度的效果并不明显，以《商业银行并表管理与监管指引》为例，虽然银监会2008年就出台了《银行并表监管指引(试行)》，2014年正式公布了《商业银行并表管理与监管指引》，然而从执行情况来看，大部分银行并未实行真正意义上的并表监管，而仅仅是以负责合并报表的财务部门代为执行相应责任。这些金融监管规范的变化没能从根本上取得监管金融控股公司混业经营活动的效果，究其原因就是现存法律规范对金融集团的规制都是针对操作层面上某一特定问题的，都没能从宏观上对我国金融混业和金融集团存在的金融监管机构和混业经营定位问题进行正面的确认和回应。在缺乏金融集团法律规范指引的情况下，监管机构不明、混业经营合法性尚且缺乏依据，何能奢求混业经营监管的有效？因此应当以制定金融集团监管专门法律规范为契机，对我国商业银行混业经营的现实进行立法确认，并从宏观层面规定商业银行以金融集团方式进行混业经营时准入的监管机构、跨业程度、业务的类型、与子公司的交易限制等基本问题。

(三)与其他金融基本法律的协调

随着金融市场的自由化进程和通讯技术的发展，金融业传统业态的界限逐渐被打破，相互联系日益密切。① 商业银行直接或通过金融集团方式从事证券、保险、信托等多种混业经营业务，因此商业银行的混业经营准入监管法律制度必然涉及《证券法》《保险法》《信托法》等规范的统一与协调问题。

第一，《证券法》《保险法》《信托法》应当依法确认混业经营的合法地位，与相关法律规范保持一致。第二，证券公司、保险公司等金融机构投资设立的金融集团既要符合《证券法》《保险法》《信托法》，也要符合金融集团监管法律规范的相关规定。第三，《商业银行法》混业经营准入规范中涉及的证券、保险、信托等行业的相关概念、业务内涵应当保持一致。第四，以证券业

---

① See Awrey D.,"Complexity,Innovation,and the Regulation of Modern Financial Markets", *Harvard Business Law Review* 2,2012,p.235.

务、保险业务、信托业务为主的金融集团中的银行子公司进行从事混业经营业务也应当遵循《商业银行法》和金融集团监管法律规范中业务准入的相关规定。

小结

以法律方式确定商业银行混业经营的合理界限首先要解决的问题就是相关的法律规范应当以何种立法方式存在,也就是在已有的分业立法体系中混业经营准入监管制度的制度定位问题。在我国分业经营、分业监管的监管体系具有相当稳定性的情况下,可以引入功能监管和目标监管的理念,采取修法与立法相结合、原则立法与规则立法结合、行政审批模式修正的方式进行混业经营准入监管立法。明确商业银行法的基础性地位,积极修订银行法,促进金融集团监管法律规范的制定,并促进基本法律之间的协调。

第六章　我国商业银行混业经营准入监管主体制度变革

市场规模扩大、技术发展、社会环境的变化等因素使市场中存在着潜在的获利机会，如果由于厌恶风险、政治压力等原因使这些潜在的利益无法在现有的制度内实现，则将出现“制度的无效率”，[①]在这种情况下，制度的均衡就会被打破，在原有制度下总会有某些人为了获取潜在利润而率先克服这些障碍，当潜在利润大于这些障碍所造成的成本时，一项新制度安排就会出现，即由制度均衡走向制度变革。[②] 基于利率市场化、金融脱媒等原因，当前我国商业银行的混业经营已经成为金融发展不可逆的趋势。近年来，商业银行混业经营的异化扩张已经产生了潜在的获利机会并打破了原有“一行三会”监管主体制度的均衡，为了有效防范系统性风险和利益冲突、安全网扩散等问题，应当在商业银行混业经营准入监管法律规范中进行主体制度的变革。

---

① 参见林岗：《诺斯与马克思：关于制度变迁道路理论的阐释》，载《中国社会科学》2001 年第 1 期。

② See Rutton, V. W., *Induced Innovation: Technology, Innovation and Development*, Baltimore Johns Hopkins University Press, 1978, p. 38.

一、商业银行混业经营对我国金融监管格局的挑战

我国金融领域开展的混业经营具有显著的探索性和试探性，起于“局部试点”，由基本法的松动和部门规章的授权而展开，因此缺乏对现行监管体系和监管法律的宏观安排。在商业银行的混业经营在规模和组织上日益庞大的背景下，建立在分业经营基础上的金融监管格局暴露出监管割据和宏观审慎监管不足这两个突出问题。

在监管割据方面，我国的金融监管格局具有明显的分业经营和分业监管的制度惯性，①长期的分业监管导致金融监管机构往往强调各自的监管范围和权限，形成了金融监管实践中的各自为政。各监管部门只重视对在本部门登记注册的金融机构的监管，对其他金融机构从事的与本部门密切相关的业务不予关注，形成了监管实践中“谁的孩子谁抱”“铁路警察，各管一段”的监管割据形态。2003 年监管机构之间的“监管合作备忘录”和 2008 年、2013 年监管机构推动的“部级联席会议制度”难以形成有效的监管合作正是监管割据的直接体现。

我国目前金融监管领域中经常被提及的监管低效率、监管真空、监管套利等问题本质上都是监管割据所造成的恶果，并不是导致监管割据的原因。一方面，监管割据难以实现混业金融监管的效率。在传统金融机构的业务边界逐步模糊的情况下，由于存在着监管割据，各监管机构之间以登记注册管理形成的监管壁垒影响了监管信息的传递、监管标准的统一和监管一致行为的采取。这既不能维护稳定的金融市场秩序获得金融监管“收益”，也没有减少实施金融监管耗费的资源；②另一方面，监管割据引发混业经营业务活动和金融创新产品运营过程中的监管套利、监管真空、监管重叠等一系列监管弊症。商业银行直接或通过金融集团从事的混业经营活动日益增多，商业银行的资金通过各种金融创新工具在金融市场内流动，对创新业务的监管真空、对上市商业银行的监管重叠、金融集团通过复杂金融工具进行的监管套利等监管不力现象不断涌现。以监

① 参见陶士贵：《制度惯性中的金融监管体制改革》，载《探索与争鸣》2016 年第 10 期。

② 参见朱灿、云佳祺：《中国私募股权投资监管效率研究》，载《中央财经大学学报》2015 年第 1 期。

管套利为例，近年来，商业银行利用我国金融监管体系割裂和金融监管标准不一致的特点，通过跨产品、跨机构、跨市场的交易安排消解监管约束、粉饰资本充足率，或者绕开投融资限制，以谋求监管套利的收益。[①] 商业银行通过各类资产管理计划违规转让、表内资产设立附回购协议的财产权信托、理财业务与自营业务相互交易、发放虚假用途的贷款用于股票或理财投资等多种异化手段实现监管套利，而监管套利实现的基础就是存在监管割据。

在宏观审慎监管方面，中国人民银行金融监管职能的逐步弱化与金融监管割据相互作用，形成了我国商业银行混业经营宏观审慎监管不足。世界各国的中央银行法中往往规定，中央银行具有制定和执行货币政策和维护金融稳定的职能，[②]而对中央银行是否应当具有金融监管职能却存在不同的理解。支持者认为，货币政策与金融监管在逻辑、目标和实现手段上具有一致性；[③]反对者认为，金融监管职能与货币政策职能具有冲突，当中央银行既承担银行监管职能又履行货币职能时，可能会使中央银行肩负承担银行破产损失的公众预期，[④]也可能产生利益冲突问题。[⑤] 20 世纪 70 年代，西方国家普遍出现了“滞胀”现象，很多国家的中央银行试图通过扩张性的货币政策来保障经济增长，因此出现了对中央银行应专注于货币政策以稳定物价的呼声。20 世纪 80 年代以来，一些国家将中央银行的金融监管职能进行了剥离，出现了中央银行“职能缩小论”和金融监管“去央行化”的趋势。[⑥] 我

---

① 参见梁家全：《商业银行金融创新的异化与规制：基于监管套利的视角》，载《南方金融》2016 年第 3 期。

② 参见常健：《论金融稳定与货币稳定的法律关系——兼评〈中国人民银行法〉相关规定》，载《法学评论》2015 年第 4 期。

③ 参见崔建军：《货币政策的十大理论问题辨析》，载《中央财经大学学报》2004 年第 5 期；胡哲一：《谈谈货币政策与金融监管的关系》，载《中国金融》1996 年第 5 期；曹华：《中央银行学》，科学出版社 2006 年版。

④ See Goodhart C., Schoenmaker D., "Should the Functions of Monetary Policy and Banking Supervision be separated?", *Oxford Economic Papers* 4, 1995, pp. 540 – 545.

⑤ See Barth J. R., Caprio G., Levine R., *Rethinking Bank Regulation*, Cambridge University Press, 2006, p. 88.

⑥ 参见尹继志：《金融调控中的物价稳定与金融稳定：从分离到融合的逻辑演进》，载《南方金融》2012 年第 3 期。

国人民银行从1983年开始专门行使中央银行职能以来，①其金融监管职能逐渐弱化。随着1992年证监会成立，1998年保监会成立，2003年银监会成立，中国人民银行将主要的金融监管职能都交由三会行使。可以说，我国也顺应世界潮流，实施了金融监管的“去央行化”。②

然而值得注意的是，世界上那些减少中央银行金融监管职能的国家往往在监管“去央行化”的同时，建立了央行之外的新的机构或整合了旧有机构以承担中央银行剥离的金融监管职能。如1997年，英国从英格兰银行中分离出金融监管职能，成立了统一的金融监管机构金融服务局；1998年，日本赋予日本银行独立制定货币政策权力的同时，成立了金融监管厅承担金融监管工作；1998年，韩国将韩国银行的银行监管职能分离，同时成立了金融监管委员会。而我国对人民银行金融监管职能进行剥离的过程中，并没有建立统一的金融监管机构，而是采取了分业监管的模式。在金融分业状态下，这种监管格局也能覆盖各种金融机构的风险监管，但在我国混业经营深化的趋势下，商业银行通过金融集团开展多种混业经营业务，而监管割据使现有的监管机构无法超越分业的壁垒对金融集团进行整体的风险监管；同时我国金融监管的“去央行化”又使中国人民银行无法介入金融集团具体的金融监管，因此我国人民银行金融监管职能的弱化和分业监管机构的监管割据相结合造成了宏观层面审慎监管的不足。

次贷危机使系统性风险问题暴露出来，危机后美国、英国、欧盟等国家和地区纷纷加强了宏观审慎监管，中央银行在宏观审慎监管方面的权力普遍增强。③ 虽然中央银行职能的强化可能只是随着金融形势变化而产生的中央银行与监管机构间在立法中力量的此消彼长，④但中国人民银行监管

---

① 国务院于1983年以国发(1983)146号文向各省、市、自治区人民政府、国务院各部委、各直属机构发出《国务院关于中国人民银行专门行使中央银行职能的决定》。

② 参见刘迎霜：《论我国中央银行金融监管职能的法制化——以宏观审慎监管为视角》，载《当代法学》2014年第3期。

③ 参见陈斌彬：《危机后美国金融监管体制改革述评——多边监管抑或统一监管》，载《法商研究》2010年第3期；黎四奇：《后危机时代对宏观审慎监管理念法律化的冷思考》，载《法学评论》2014年第1期。

④ 参见苏洁澈：《危机与变革：英国银行监管体系的历史变迁》，载《甘肃政法学院学报》2014年第1期。

职能的弱化进程与加强中央银行宏观审慎监管职能的国际趋势相背，显然缺乏中央银行参与的金融监管体制在防范系统性金融风险方面存在先天缺陷，①尤其是在商业银行混业经营深化和原有分业监管割据相叠加的情况下，中国人民银行在宏观审慎监管中更不应缺位。

二、差异化准入监管——主体制度困惑的解决路径

（一）基于金融安全的商业银行差异化监管

金融安全是国家安全的重要组成部分，是一国在其金融发展过程中具备抵御国内外各种威胁、侵袭的能力，确保金融体系、金融主权不受侵害，使金融体系保持正常运行与发展的一种态势。② 金融安全包括微观层面金融机构的安全、中观层面金融业的安全和宏观层面国家的金融安全。③ 不同于静态的金融稳定，金融安全是一个动态的过程，与金融风险和金融危机密切相关。银行业的安全是一国金融安全的核心，如果一国的银行业出现危机该国的金融危机将不可避免。④ 在我国银行主导的金融体系中，银行业安全稳健更是构成金融安全的主要内容，尤其是在商业银行混业经营业务和组织不断扩张的趋势下，大型商业银行集团往往聚集了系统性风险、利益冲突风险、安全网扩散风险等多种问题，对金融安全影响深远。因此从维护金融安全的角度，对银行业中的系统重要性金融机构、金融集团、金融业综合统计进行统筹监管意义重大。⑤

截至2018年年底，我国有6家大型商业银行、12家股份制商业银行、134家城市商业银行、17家民营银行、1427家农村商业银行、1616家村镇银行。⑥

---

① 参见巴曙松、沈长征：《从金融结构角度探讨金融监管体制改革》，载《当代财经》2016年第9期。

② 参见王元龙：《中国金融安全论》，中国金融出版社2003年版，第67页。

③ 参见刘锡良等：《中国经济转轨时期金融安全问题研究》，中国金融出版社2004年版，第6页。

④ 参见徐盛发、唐志军、巴曙松：《银行业安全的主要影响因素及其传导机制》，载《西安交通大学学报》（社会科学版）2009年第6期。

⑤ 习近平：《在中共中央政治局第四十次集体学习中的讲话：金融活经济活，金融稳经济稳，做好金融工作维护金融安全》，载《人民日报》2017年4月27日，第1版。

⑥ 银监会：《银行业金融机构法人名单》（截至2018年12月底），载http://www.lbrc.gov.cn/q0vview-D63FDEEA25CA4D089BC1DB5BA70B10CA.html，最后访问日期：2019年6月7日。

这些数量众多、种类多样的商业银行在资产规模、业务结构、经营范围、关联程度、发展战略等方面都体现出较大的差异性(如图6-1所示)。而这些经营差异直接导致不同类型的商业银行在信用风险、市场风险、系统性风险等商业银行定量风险指标和公司治理、风险管理、信息披露等定性风险指标方面的差异。① 也就是说,不同类型的商业银行对金融体系和国家金融安全的影响并不相同,采取"一刀切"式的同质化监管必然导致监管约束的"无效区间"越来越大,难以取得好的监管效果,②因此应基于维护金融安全的考量对不同类型的商业银行进行差异化监管。

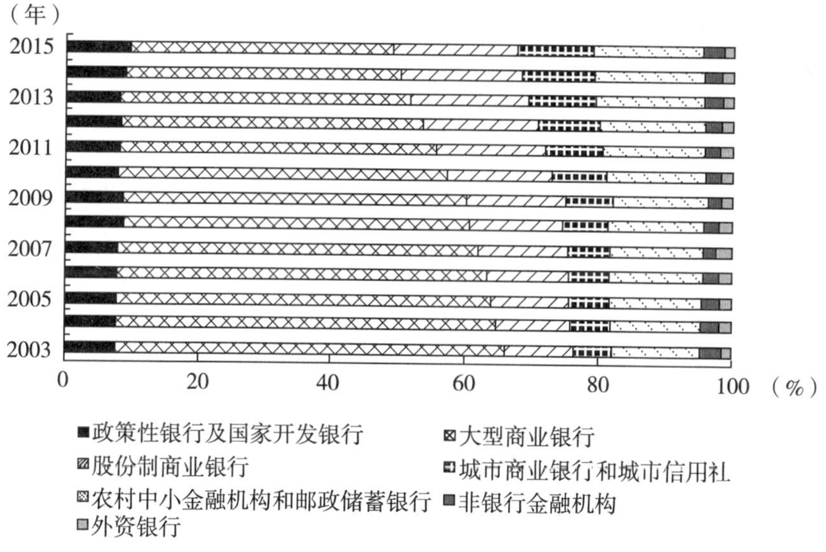

图6-1　银行业金融机构市场份额(按资产)(2003~2015年)③

差异不仅是事物存在的基本样态,而且成为人类从事认识和实践活动

---

① 2005年中国银监会制定了《商业银行风险预警操作指引(试行)》,确立了商业银行风险预警体系。该指标体系包括定量指标和定性指标两部分。定量指标包括资本充足度、信用风险、市场风险、操作风险和流动性风险5类22个指标,定性指标由管理层评价、经营环境、公司治理、风险管理与内控、信息披露和重大危机事件6类指标组成。

② 参见陈娟娟、侯娟:《商业银行同质化监管和差异化监管效果的对比研究——基于"无效区间指数"》,载《上海金融》2015年第6期。

③ 参见中国银行业监督管理委员会政务信息:《银监会2015年年报——银行业概况》,载http://zhuanti.cbrc.gov.cn/subject/ subject/nianbao2015/1.pdf,最后访问日期:2017年6月20日。

的基本的方法论原则,对差异性世界及其差异化运动发展进行理性思考符合客观规律的要求。[①] 商业银行的差异化监管是指对银行的分类监管,即依据不同类别银行的风险程度对其从市场准入到市场退出的全过程进行不同的监管,差异化监管表明了监管当局对银行系统性风险非对称性认识的不断深化。[②] 目前,我国的商业银行监管中存在着较强的趋同性,在资本充足率、不良贷款率等指标上不同类型的银行并无显著差异,在业务资格和市场准入的条件设定上也没有明显区分,对不同类型的商业银行实施无差异的监管,形成了“大无约束,小无关照”的监管低效率现象。[③] 对商业银行实施差异化监管既可以发挥不同类型商业银行的比较优势,改善我国商业银行业务经营同质化的问题,[④]同时有利于加强对特定商业银行的风险监管,维护商业银行和整个金融市场的安全。

(二)我国商业银行混业经营差异化准入监管的正当性

商业银行的差异化监管是依据商业银行风险程度的不同而进行的区别监管,其监管内容涉及从市场准入到市场退出的全过程。目前各国商业银行的差异化监管主要体现在资本充足率要求差异、准入要求差异、风险检测指标差异、存款保险制度差异等方面。[⑤] 我国对商业银行的差异化监管始于2000年中国人民银行公布的《商业银行考核评价暂行办法》对国有独资商业银行的分类评价,随后又依据不良贷款比例等标准将全国城市商业银行划分为6种类型。[⑥] 近年来,随着民营银行的建立和小微金融的发展,对商业银行进行差异化监管的思想体现在多种监管文件中,如2011年《关于中国银行业实施新监管标准的指导意见》、2012年《商业银行资本管理办法(试行)》、2014年《商业银行全球系统重要性评估指标披露指引》等。2018

---

① 参见邱耕田:《差异性原理与科学发展》,载《中国社会科学》2013年第7期。

② 参见唐双宁:《分类监管——中国银行业有效监管的必然选择》,载《银行家》2005年第8期。

③ 参见刘元、王亮亮:《银行差异化发展与差异化监管》,载《中国金融》2012年第10期。

④ 参见刘兆胜、陈菲、黄国涛:《我国中小商业银行差异化经营模式路径选择研究》,载《金融监管研究》2013年第5期。

⑤ 参见王婉婷:《中国商业银行差异化监管研究:基于监管效率的视角》,首都经济贸易大学出版社2016年版,第49~83页。

⑥ 参见贾壮:《全国112家城市商业银行将按商业银行分类标准实施监管》,载《证券时报》2006年6月6日,第6版。

年以来,我国更是连续出台了针对系统重要性金融机构,特别是系统重要性银行的监管规范,包括《关于完善系统重要性金融机构监管的指导意见》《系统重要性银行评估办法(征求意见稿)》。

然而目前我国对商业银行的差异化监管主要集中在资本监管和机构准入监管中,①对商业银行业务准入的差异化监管较少,特别是对不同类型的商业银行从事混业经营业务可能产生不同程度的系统性风险、安全网扩散风险等问题缺乏相应的差异化监管。显然在我国商业银行混业经营规模日益扩大、发展不均衡的背景下,对我国商业银行的混业经营实施差异化准入监管确有必要。

第一,对我国商业银行混业经营实施差异化准入监管有益于保障金融安全。不同类型的商业银行从事混业经营业务对金融安全产生的影响并不相同,中小型商业银行往往单独或小范围从事混业经营业务,而大型商业银行集团可以通过子公司大规模从事混业经营业务,加剧了商业银行的关联性、复杂性和不可替代性,严重威胁金融系统的安全。② 仅对商业银行的资本和机构准入实施差异性监管不能反映商业银行从事混业经营活动对金融安全的影响程度,因此对不同类型的商业银行从事混业经营采取差异性的准入监管可以更好地预防大型商业银行混业经营可能产生的多种金融风险。

第二,对我国商业银行混业经营实施差异化准入监管有利于促进平等竞争,实现实质公平。平等并不是正义的全部内容,只是正义的一个方面,是平等的显性价值,而平等的隐性价值还在于它构成了差异性正义的生成要件,即不同的人因某些被认可的差异而得到不同的对待。③ 商业银行通过金融集团方式大量从事混业经营业务,一方面可以利用金融安全网的特殊保障在与其他非银行集团成员的证券机构、保险机构进行竞争时取得不

---

① 我国对商业银行资本的差异性监管主要体现在与巴塞尔协议相适应的各项资本要求方面,如2007年《中国银行业实施新资本协议指导意见的通知》,2011年《关于中国银行业实施新监管标准的指导意见》。对商业银行的机构准入差异性监管主要体现为对商业银行及其分支机构的准入监管要求方面,如《商业银行法》第13条、2013年《中资商业银行行政许可事项实施办法》、2014年《推进简政放权改进市场准入工作有关事项的通知》等。

② See Basel Committee,"Global Systemically Important Banks: Assessment Methodology and the Additional Loss Absorbency Requirement", *Bank for International Settlements*, Basel, 2011, p. 5.

③ 参见易小明:《分配正义的两个基本原则》,载《中国社会科学》2015年第3期。

当的竞争优势；另一方面由于大型商业银行集团对金融体系的影响强于中小型商业银行，因此在大型商业银行集团面临危机时更容易引发政府救助，[①]这种道德风险使大型商业银行集团更容易从事高风险业务，同时也使得大型商业银行在与中小型商业银行进行混业经营业务的竞争时更具有不当的比较优势。因此，应当对不同类型的商业银行从事混业经营采取差异性的准入监管，给予非银行集团成员的证券、保险、信托机构和中小商业银行混业经营时代真正的公平竞争环境。

第三，对商业银行混业经营实施差异化准入监管是次贷危机后各国监管改革的有益经验。次贷危机使商业银行混业经营的风险，尤其是大型商业银行从事高风险混业经营引发的系统性风险、道德风险等问题凸显，因此近年来各国进行的金融监管制度改革的重点内容就是对商业银行从事混业经营业务进行准入限制。考虑到商业银行混业经营的规模经济性，各国监管机构对不同规模商业银行从事混业经营采取了差异化的准入监管。例如，美国沃尔克规则将商业银行的准入监管分为100亿美元以下、100亿美元以上不足500亿美元和500亿美元以上的三类。英国和欧盟的相关法规都将商业银行混业经营准入限制应用于特定范围的大型商业银行，如英国"栅栏原则"的适用对象是资产为250亿英镑以上的商业银行，《欧盟银行业结构改革法（草案）》适用于总资产不少于300亿欧元并且业务交易额不少于700亿欧元的商业银行。

三、我国商业银行混业经营准入监管主体及权限配置

目前，我国商业银行混业经营的准入监管以银保监会的行政审批监管为主，对商业银行以金融集团子公司方式从事的混业经营业务由银保监会、证监会等分业监管机构分别进行准入监管，同时对特定的混业经营业务的准入需要经过中国人民银行的许可或备案。[②] 目前，我国商业银行混业经

① 参见美国联邦存款保险公司官方网站：https://www. fdic. gov/bank/individual/failed/banklist. html，最后访问日期：2017年5月27日。

② 中国人民银行对银行间债券市场结算代理人资格、做市商资格进行审批，对进入银行间债券市场和商业银行的理财业务实施备案管理，具体项目参见中国人民银行官方网站：中国人民银行行政审批事项目录表，载：http://www. pbc. gov. cn/zhengwugongkai/127924/128041/128117/2813693/index. html，最后访问日期：2017年5月29日。

营监管主体的选择和权限的配置反映出我国金融监管体制中监管割据和宏观审慎不足的问题，没有根据商业银行从事混业经营面临的不同风险进行差异化的准入监管，缺乏对商业银行混业经营整体风险的关注，应依据商业银行差异化准入监管的要求对我国监管主体及其权限进行重构。

（一）准入监管权的内容及配置方式

银行监管权是政府干预银行领域产生的权力，其主体是经法律授权的专门机关，其内容是对银行市场主体权利的一种限制或制约，具有法定性、专属性和支配性。① 银行监管权贯穿于商业银行业务活动的始终，包括银行准入监管、银行运营监管和银行退出监管。② 商业银行混业经营准入监管权是在混业经营方面银行准入监管权的体现，是对银行市场主体混业经营准入权的一种限制或约束。依据银行监管权的客体，可以将商业银行混业经营准入监管权分为混业经营准入监管中的规则制定权、监督检察权和强制执行权。③

银行监管权的配置就是法律对以银行权利作为干预对象的权力认可、界定、行使和制约提供的制度性安排。④ 监管权的配置包括主体和内容两方面，前者涉及主要由哪个机构承担银行监管职能，后者涉及银行监管权主体所拥有的具体监管权力。⑤ 由于混业经营跨越多个金融业态，涉及多种利益主体，不同的混业经营业务、不同的商业银行主体又存在着差异性的风险，因此需要通过法律手段对混业经营准入监管权进行合理配置。近年来随着商业银行混业经营的发展，原有分业经营体制中的监管权配置问题凸显。目前，我国商业银行混业经营准入监管权配置中存在着准入监管权配置不足、配置混乱和配置重叠等问题。

准入监管权配置不足体现在没有为大型商业银行集团的混业经营准入

---

① 参见熊伟：《银行监管权边界问题研究》，法律出版社2013年版，第38页。

② 参见程信和、张双梅：《金融监管权法理探究——由金融危机引发的思考》，载《江西社会科学》2009年第3期。

③ 参见朱大旗、李慈强：《论存款保险立法中银行监管权的分配与协调》，载《北京行政学院学报》2013年第3期。

④ 参见杨松、魏晓东：《次贷危机后对银行监管权配置的法律思考》，载《法学》2010年第5期。

⑤ 参见熊伟：《银行监管权边界问题研究》，法律出版社2013年版，第232页。

监管安排恰当的监管机构并赋予充分的监管权力。虽然2003年《监管合作备忘录》和《商业银行并表监管》中规定了银保监会具有对商业银行集团进行并表监管的职责,而这种并表监管多体现在数据统计领域,在实践中大型商业银行集团仍然依据分业监管的方式由银保监会、证监会等监管机构分别进行准入监管。2017年中央政治局会议中提出的维护金融安全的6项任务中就强调了对金融控股公司的统筹监管,然而目前仍然缺乏相应的监管主体对大型商业银行集团的准入监管承担宏观统筹监管职责,履行相应的监管职权。2017年7月全国金融工作会议决定设立国务院金融稳定发展委员会,设立该机构的目标是要"加强金融监管协调、补齐监管'短板'"。显然商业银行的混业经营准入监管需要多个监管部门的统筹协调,国务院金融稳定发展委员会应当在商业银行的混业经营准入监管中拥有一定的金融监管权,其具体的监管职权如何并没有进一步明确。

准入监管权配置混乱体现在监管主体的具体混业经营准入监管权配置不恰当。以规则制定权为例,由于缺乏统一的商业银行混业经营监管法律规范,目前中国人民银行、银保监会、证监会等多个监管机构都拥有部分商业银行混业经营准入监管的规则制定权。一方面,商业银行的混业经营准入影响金融系统乃至经济的安全,对商业银行禁止、许可从事的业务及许可的条件应当从金融业的全局做统筹安排,显然各个监管部门分散化的规则制定权很难实现商业银行混业经营的准入安全;另一方面,规则制定权的分散化、部门化也导致商业银行混业经营准入监管行政色彩浓厚,准入监管日益"去法律化",这种规则制定方式造成了实践中商业银行混业经营准入规则随着金融整治风潮而朝令夕改,缺乏稳定性。

准入监管权配置重叠是指在分业监管体制下多个监管机构同时拥有对商业银行某一特定混业经营业务的准入监管权。如商业银行资产证券化业务的准入就需要银保监会、中国人民银行的共同监管,商业银行承办记账式国债柜台交易也需要中国人民银行和财政部的共同监管。

纠正我国商业银行混业经营准入监管权配置中的多种问题首先应当确立恰当的监管权配置方式。在宏观方面,应对商业银行混业经营准入监管进行统筹安排,对不同类型的商业银行从事混业经营确立不同的监管主体并赋予相应的监管权,以保障商业银行特别是系统重要性银行的混业经营准入安全；在微观方面，应当增加监管权配置的透明度，减少准入监管权在不同监管主体之间的冲突，同时强化行政审批之后的准入监督检察权和违反准入监管规范的强制执行权。

（二）我国准入监管机构的选择及其权限

对商业银行实施差异化准入监管首先要对商业银行进行分类，我国对商业银行分类监管的标准较为模糊，长期存在"唯身份论"，即以商业银行的发展的历史轨迹、所有制结构为划分银行类别的标准，将商业银行分为大型银行、股份制银行、城市银行、农村金融机构、外资银行等类别。[①] 这样的分类标准不能反映商业银行的差异性风险，也不利于公平竞争的市场机制的运行，近年来监管机构开始尝试以多种方式对商业银行进行分类监管。

2010 年起中国人民银行按照国际货币基金组织的统计方法，在中国境内各金融机构的本、外币业务统计数据的基础上，以 2008 年末各金融机构本、外币资产总额为参考标准，将我国中资商业银行分为三类，即大型商业银行（本、外币资产总量超过 2 万亿元）、中型商业银行（本、外币资产总量小于 2 万亿元且大于 3000 亿元）和小型商业银行（本、外币资产总量小于 3000 亿元）。[②] 这种分类方法以商业银行的规模为分类依据，但缺少了对商业银行的关联性、可替代性和复杂性等因素的综合考量。2014 年银监会发布了《商业银行全球系统重要性评估指标披露指引》，将在我国境内设立的商业银行中确定为两类全球系统重要性商业银行，即上年度巴塞尔委员会认定的全球系统重要性商业银行和上年度表内外资产余额为 1.6 万亿元人民币以上的商业银行。[③] 显然这一标准是针对全球系统重要性银行的，不

---

① 参见张惠：《重构银行业分类监管标准》，载《中国金融》2016 年第 9 期。

② 大型商业银行包括中国工商银行、中国建设银行、中国农业银行、中国银行、国家开发银行、交通银行、中国邮政储蓄银行。中型商业银行包括招商银行、中国农业发展银行、上海浦东发展银行、中信银行、兴业银行、中国民生银行、中国光大银行、华夏银行、中国进出口银行、广东发展银行、深圳发展银行、北京银行、上海银行、江苏银行。小型商业银行包括恒丰银行、浙商银行、渤海银行、小型城市商业银行、农村商业银行、农村合作银行、村镇银行。参见《中国人民银行年报（2010 - 2015）》，载中国人民银行官方网站：http://www.pbc.gov.cn/chubanwu/114566/115296/index.html，最后访问日期：2017 年 5 月 30 日。

③ 《商业银行全球系统重要性评估指标披露指引》（银监发〔2014〕1 号）第 3 条。

同于我国国内金融体系中系统重要性银行的判断标准,①同时银监会的全球系统重要性银行的资产要求和计算方法也不同于中国人民银行的分类标准。因此应当以这两种判断标准为基础,建立以规模划分标准为基础,参考巴塞尔委员会的相关风险规则和系统重要性金融机构识别标准,将我国的商业银行分为系统重要性银行和非系统重要性银行,并对其混业经营进行分类准入监管。2019 年中国人民银行等部门公布《系统重要性银行评估办法(征求意见稿)》,该办法参考了全球系统重要性银行评估方法以及巴塞尔银行监管委员会 2012 年发布的《国内系统重要性银行框架》,并结合我国实际对评估指标进行了调整。

系统重要性银行(Systematically Important Banks)是指由于规模、复杂度与系统相关度,其无序破产将对更广范围内金融体系与经济活动造成严重干扰的银行。② 系统重要性银行往往规模巨大、子公司众多、业务领域广泛,一旦其发生经营问题极易引发公共资金救助和整个金融体系的风险,因此对系统重要性银行从事高风险的混业经营业务进行准入监管必须从金融业的全局出发,对其经营的证券、保险、信托等全部金融业务进行综合分析。正因如此,次贷危机后在系统重要性银行的监管中美国的美联储、英国的英格兰银行对系统重要性银行的监管权力都得到了加强。显然仅依靠与证监会同等法律地位的银保监会对系统重要性银行进行准入监管难以把握对系统重要性银行、证券、保险等业务的综合准入监管。在我国宏观审慎不足的监管格局中,应当赋予中国人民银行对系统重要性银行的混业经营准入监管权,同时发挥新设的国务院金融稳定发展委员会的协调职能。

中国人民银行对系统重要性银行的混业经营准入监管权应当既是宏观的也是微观的。从宏观层面而言,中国人民银行具有在《商业银行法》、金融集团法律规范等法律框架下,制定系统重要性银行混业经营准入具体规

---

① 一个国家或地区内部的系统重要性银行通常被称为"domestic systemically important banks(D-SIBs)",美国、欧盟等国家和地区每年都公布本国或本地区的系统重要性银行名单。载美联储官方网站:https://www. federalreserve. gov/newsevents/press/bcreg/ccar_20140326. pdf,最后访问日期:2017 年 6 月 12 日。欧洲银行管理局官方网站:https://www. eba. europa. eu/documents/10180/760486/EBA-CP-2014-19. pdf. 最后访问日期:2017 年 6 月 20 日。

② See Basel Committee,"Global Systemically Important Banks: Assessment Methodology and the Additional Loss Absorbency Requirement", *Bank for International Settlements*, *Basel*, 2011, p. 5.

范的规则制定权,并可以从宏观审慎的角度对系统重要性银行的混业经营准入进行统筹安排;从微观层面而言,中国人民银行对系统重要性银行具有监督检察权和强制执行权,即在可能危害金融体系安全的情况下,中国人民银行可以对任何一个被认定为系统重要性银行的混业经营准入状况进行现场或非现场的监督检查,并对违反相关规则的系统重要性银行进行处罚或采取其他强制措施。考虑到中国人民银行具有制定和执行货币政策的核心职能以及我国分业监管体制的相对稳定性,目前我国人民银行对系统重要性银行行使的准入监管权应当以制定规则权为主,辅以特定事项的监督和处罚权。系统重要性银行进行混业经营的日常准入监管应当由新设的国务院金融稳定发展委员会协调银保监会、证监会等监管机构根据协调具体规则进行。

虽然对国务院金融稳定发展委员会的具体职权并没有明确规定,但目前国务院金融稳定发展委员会办公室设在中国人民银行。[①] 2017 年 8 月 11 日在中国人民银行发布的《2017 年第二季度中国货币政策执行报告》中,中国人民银行货币政策分析小组指出:中国人民银行要“履行好国务院金融稳定发展委员会办公室职责,加强金融监管协调,加强对系统重要性金融机构和金融基础设施的统筹监管”。[②] 可见新设的国务院金融稳定委员会在协助中国人民银行对系统重要性金融机构进行监管中将发挥重要的监管协调作用。由于系统重要性商业银行往往组织庞大、业务众多、整体风险复杂,由单独的银保监会进行监管难以防范系统性风险的发生,因此由国务院金融稳定发展委员会对系统重要性银行的混业经营进行协调监管可以在银保监会、证监会等部门之间建立良好的沟通机制,防范商业银行混业经营可能产生的系统性风险。

非系统重要性银行的混业经营应由银保监会实施准入监管。由于商业银行具有吸收公众存款的特殊功能并享有金融安全网的特殊保障,商业银

---

① 参见李丹丹:《国务院金融稳定发展委员会办公室设在央行》,载《上海证券报》2017 年 7 月 19 日,第 2 版。

② 中国人民银行:《2017 年第二季度中国货币政策执行报告》,载 http://www.pbc.gov.cn/zhengcehuobisi/125207/1252 27/125957/3307990/3360428/index.html,最后访问日期:2017 年 9 月 10 日。

行从事高风险混业经营活动的风险往往高于其他金融机构的混业经营活动，同时商业银行过度从事混业经营业务也会削弱对基础存贷业务的关注，弱化金融业对其他行业的信用支持功能。因此，次贷危机之后英国和欧盟地区的混业经营准入监管规范都对从事储蓄业务的商业银行可以从事的混业经营业务及其条件进行了特殊规定，并加强了对从事储蓄的商业银行的特殊保护。在我国，对大量的非系统重要性商业银行的混业经营准入监管应当由具有银行监管经验和相关专业人员的银保监会进行。银保监会对非系统重要性银行的混业经营准入监管权也包括规则制定权、监督检察权和强制执行权，但在这三项权力的配置中应限制规则制定权的行使，保障商业银行混业经营准入的业务类型和准入条件的法定性和稳定性。同时加强银保监会对商业银行混业经营准入的监督检查权和强制执行权，完善商业银行混业经营准入的事后监管。由于非系统重要性银行分布广泛、数量众多，规模不大、经营特色、风险程度差异较大，应当充分发挥地方银保监局的积极作用，将非系统重要性银行分为中型商业银行和小型商业银行，分别由银保监会和地方银保监局进行准入监管，实现银保监会内部纵向监管权的合理配置。

小结

银保监会、证监会等金融监管机构通常拥有对监管事项的规则制定权、监督检察权和强制执行权，因此在商业银行的混业经营实践中金融监管机构对确定商业银行混业经营的合理界限往往产生重大的影响。特别是金融监管机构的规则制定权可能直接决定商业银行是否可以从事某项混业经营业务。目前，我国商业银行混业经营准入监管主体制度中存在着监管割据和宏观审慎监管不足的问题，应当引入混业经营的差异化监管制度。即以商业银行的规模为主要依据，参考关联性、复杂性等因素确定我国的系统重要性银行和非系统重要性银行，并以此为依据对系统重要性银行和非系统重要性银行安排不同的监管机构和相应的监管权。差异化的商业银行混业经营准入主体制度有利于防范系统重要性商业银行从事混业经营可能产生的系统性风险，促进金融机构之间的公平竞争。

第七章　我国商业银行混业经营准入授权性规范的确立

法律作为社会交往的行为规范就是运用多种方式对纷繁复杂的人类交往行为进行规范的活动。[①] 而能够发挥法律规制功能、具有严密逻辑结构的最小单位就是法律规范。[②] 法律规范不仅包括体现命令与强制的义务规范，也包括补充义务性规则不确定性、静态性和无效性的授权性规范。[③] 商业银行混业经营准入监管的主要目标是确定商业银行是否可以从事特定的混业经营业务，因此商业银行混业经营准入监管规范的主要表现形式就是“授权”与“禁止”，[④]即授权性规范与禁止性规范。

在商业银行混业经营准入监管法律中存在典型的法律规范与社会实践的背离与冲突。金融实践中商业

---

① 参见谢晖：《法律规范的事实还原与司法中法律知识的生成》，载《法律科学》2015 年第 3 期。

② 参见刘杨：《法律规范的逻辑结构新论》，载《法制与社会发展》2007 年第 1 期。

③ 参见［英］哈特：《法律的概念》，张文显等译，中国大百科全书出版社 1996 年版，第 94～95 页。

④ 参见汪习根、武小川：《权力与权利的界分方式新探——对“法不禁止即自由”的反思》，载《法制与社会发展》2013 年第 4 期。

银行早已大量从事混业经营业务,建立了规模庞大的金融集团,而金融基本法律中却仍然规定商业银行“不得从事信托投资和证券经营业务,不得向非自用不动产投资或者向非银行金融机构和企业投资”。在商业银行混业经营实践中长期缺乏明确的授权性法律规范,这一现象正是法律与实践脱节的集中体现。社会实践与制定法规范的不对称带来的后果是:超前使规范被束之高阁、规避、空转,滞后使规范遭弃用。① 商业银行混业经营准入监管规范的滞后性已经导致我国金融基本法律在商业银行混业经营活动规范中的“无所作为”,商业银行混业经营业务的主要依据是行政规章。“只有实践的法律才具有最终的现实意义”,②商业银行混业经营准入监管规范应以社会实践的需求为目标,以存款保险等相关制度为保障,在金融基本法律中引入授权性规范。

一、我国商业银行混业经营准入授权性规范的制度依据

授权性规范是以“可为”的行为模式为核心的法律规范,是指示人们可以作为或不作为或要求别人作为、不作为的规则。③ 我国现有法律对商业银行混业经营准入长期缺乏明确的授权性规范,其主要原因是担忧混业经营可能对金融安全产生负面影响。然而面对混业经营的国际趋势和金融业竞争加剧的现实,保护商业银行混业经营的营业权才是商业银行转型发展的根本动力。我国现有的混业经营准入规范和逐步完善的相关配套制度已为商业银行混业经营准入授权性规范提供了基础。

(一)授权性规范的权利基础

正如美国著名法学家罗纳德·德沃金所言,“权利使人们更相信法律正当,更愿意忠诚于法律。正是这一点把法律与其他强制性规则和命令区别开来,使法律更有效力”。④ 企业作为市场主体,能够参与市场活动,展开自由竞争的基础就是拥有一系列的权利。企业所拥有的一系列主体权利是

---

① 参见郑永流:《实践法律观要义——以转型中的中国为出发点》,载《中国法学》2010 年第 3 期。

② 程卫东:《论主体法律实践准则的构建》,载《法律科学》1998 年第 5 期。

③ 参见张文显:《法理学》,高等教育出版社 2004 年版,第 93 页。

④ [美]罗纳德·德沃金:《认真对待权利》,信春鹰、吴玉章译,上海三联书店 2008 年版,第 156 页。

市场机制充分发挥作用的前提,而企业的营业权就是企业最基本的经济权利。

企业的营业权,是指主体享有平等的营业机会,可以作为独立的投资主体,自主地选择特定产业领域或特定商事事项作为其主营事项进行经营,从事以营利为目的的营业活动而不受国家法律不合理限制和其他主体干预的权利。① “营业”从语义上讲具有主观和客观两种意义,主观的营业,是指营业活动,即以营利为目的的连续、有计划地进行营业活动;而客观的营业往往是指营业财产,即为进行营业活动所使用的一切财产。② 企业的营业权保护的对象不是固定化的营业财产而是主观的营利活动。企业营业权不是静态的财产权、所有权,往往具有动态性和防御性。企业的营业权是企业在动态的营利性活动中取得的,因此具有动态性。赋予企业营业权的核心思想是保护营业自由,是赋予企业正当经营过程中对抗国家公权力不当干预的自由,具有鲜明的防御性。同时赋予企业营业权也要求干预主体不得非法侵犯企业的经营活动。

由于其自身的商业属性,商业银行是以营利为目的的企业法人,③因此商业银行也应具有营业权。我国《商业银行法》明确规定,商业银行“实行自主经营,自担风险,自负盈亏,自我约束。商业银行依法开展业务,不受任何单位和个人的干涉”。而商业银行从事混业经营的权利正是在商业银行营业活动中为适应市场的变化改变经营策略、转换经营模式的正当权利,是营业权的直接体现。

在我国商业银行混业经营准入监管法律中采取授权性规范直接赋予商业银行从事混业经营业务权利的模式具有三方面的积极意义。第一,通过授权性规范直接规定商业银行在混业经营业务中的营业权是对商业银行基本经济权利的确认。与自然人的人身权、财产权等基本权利相对应,商业银行作为企业法人根据金融市场变化从事混业经营业务也是维持自身生存和发展的基本经济权利。第二,通过授权性规范直接规定商业银行在混业经

---

① 参见肖海军:《营业权论》,法律出版社 2007 年版,第 41 页。

② 参见谢怀栻:《外国民商法精要》,法律出版社 2002 年版,第 236 页。

③ 参见冯果:《深化我国农村合作金融制度改革的若干法律思考》,载《法学杂志》2005 年第 6 期。

营业务中的营业权是建立我国金融混业经营秩序的需要。我国现行法律规范对商业银行混业经营的规定往往以整体的禁止性规范为主,同时采取“但书”和“国家另有规定的除外”等间接方式进行商业银行混业经营的探索。然而正如分析学派法学家赫伯特·哈特所言,单纯依靠“命令”和“禁止”无法形成完整的法律规则,①因为单纯的义务规则往往分散、零散,不能形成规范人类行为的规范体系,无法确立连续、有序确定性的社会秩序。②我国金融混业经营的趋势已经形成,而为包括商业银行在内的金融机构确立行为的规则体系仅依靠“禁令”显然无法实现。第三,通过授权性规范直接规定商业银行在混业经营业务中的营业权是商业银行有序从事混业经营业务、对抗不当干预的有效手段。要使商业银行成为真正独立经营、自负盈亏的企业法人,其前提就是赋予商业银行营业权,减少非市场因素对商业银行的不当干预。而在我国的金融监管实践中,特别是对商业银行的混业经营监管中往往存在着诸多法律规范之外的“隐形”干预,例如在“简政放权”的趋势下,银保监会减少了对混业经营业务的行政审批事项,商业银行的很多混业经营业务虽然不再需要行政审批,却需要经过登记程序,而是否允许登记则由行政机关自由裁量,显然监管部门的登记程序已经成为另一种形式的行政许可。这些缺少法律依据、具有临时性和随意性的行政干预行为给我国商业银行混业经营的持续、健康发展带来了巨大的不确定性和负面影响。只有通过授权性规范明确赋予商业银行混业经营的营业权,才能对抗不当的干预行为,为我国金融混业经营的深化发展提供制度保障。

(二)授权性规范的法规基础

虽然在我国商业银行混业经营一直处于“试点”和“探索”的状态,但近年来在我国金融混业经营的发展中,相关的法律规范中已经存在实际上允许商业银行从事混业经营的分散规定,这为商业银行混业经营准入授权性规范的引入提供了制度基础。

在金融基本法律层面,我国《商业银行法》第3条第13项概括性地规定

① 参见[英]哈特:《实证主义和法律与道德的分离》,翟小波译,载《环球法律评论》2001年第2期。

② 参见喻中:《哈特的“授权规则”及其本体意义——兼评中国学者对“授权规则”的误读》,载《北京行政学院学报》2004年第4期。

了商业银行可以从事“国务院银行业监督管理机构批准的其他业务”。《商业银行法》第43条、《证券法》第6条、《保险法》第8条都确认了“证券业、银行业、信托业、保险业的分业经营、分业管理”的体制，同时规定了“国家另有规定的除外”。这一“但书”规定为商业银行从事混业经营提供了可能性。

在行政法规、规章等规范性文件法律层面，从20世纪末开始，我国逐渐开展金融混业经营试点，基于“分业经营，分业监管”的指导思想，在金融基本法律层面鲜有商业银行混业经营的准入规范，而实践中商业银行的混业经营业务的主要依据行政法规和规章。从1999年《基金管理公司进入银行间同业市场管理规定》和《证券公司进入银行间同业市场管理规定》，到2006年《金融机构衍生品交易业务管理暂行办法》，再到2008年《银行间债券市场非金融企业债务融资工具管理办法》，[①]我国商业银行就是通过这些行政规章等规范性文件开始设立基金公司，从事股票质押贷款、信贷资产证券化、金融衍生品业务等混业经营活动的。近年来，金融混业的经营模式已经被越来越多的行政规范所承认和规范。如2018年《商业银行股权管理暂行办法》《关于规范金融机构资产管理业务的指导意见》《商业银行理财业务监督管理办法》《关于完善系统重要性金融机构监管的指导意见》，2019年的《金融控股公司监督管理试行办法（征求意见稿）》《系统重要性银行评估办法（征求意见稿）》等。虽然这些行政规范相对于法律而言具有条文分散，效力不稳定等问题，但多年来商业银行混业经营的尝试性规范为基本金融法律的调整和改变提供了重要的规范基础。

在国家政策层面，近年来我国商业银行开展混业经营也得到了不同时期国家政策的肯定。2005年10月中共中央《关于制定国民经济和社会发展第十一个五年规划的建议》（以下简称“十一五”规划）首次明确提出“稳步推进金融业综合经营试点”。2011年我国“十二五”规划提出“积极稳妥推进金融业综合经营试点”。2015年我国“十二五”规划提出“稳妥推进金融机构开展综合经营”。从2005年开始我国金融业的三个五年计划中也持续性地提出“开展综合经营试点”的方向。因此许可商业银行开展混业经

① 具体规范参见本书“表3-6　我国银行混业经营业务准入主要行政规章”。

营业务的思想在国家层面、金融监管部门层面的会议和讲话中反复出现,这些都是授权性规范的政策基础。

(三)授权性规范的制度保障

经过了多年的混业经营试点,我国商业银行从事混业经营业务积累了大量的实践经验,同时随着我国金融法律制度的完善,一些与混业经营相适应的配套制度也在逐渐完善,这为混业经营准入授权性规范提供了制度保障。

2015年国务院正式颁布《存款保险条例》,打破了长期以来我国银行业由国家进行隐形担保的情况,对于我国金融业深化改革、保护存款人利益、改善银行业的经营模式和竞争格局意义重大。虽然我国《存款保险条例》也存在对资本金来源、使用安全、保值增值问题的规定不足,①但存款保险制度的初步建立无疑促进了银行业的竞争,为商业银行从传统存贷业务向综合经营发展提供了转型的契机。同时也减少了监管层和公众对商业银行从事混业经营活动会损害存款人利益的顾虑,为商业银行从事混业经营业务减少了阻碍。

对商业银行从事混业经营业务的担忧还体现在商业银行一旦从事高风险业务将会引发政府救助等公共利益损失。如果授权商业银行从事混业经营业务,那么必须保证商业银行可以作为独立运营的市场主体,独立承担责任,而不是由政府通过公共利益的损害弥补商业银行的风险损失。这就要求配套完善商业银行的破产制度。首先,我国出台的《存款保险条例》的逻辑前提就是商业银行的可破产性,也就是在此确认了商业银行可以依据《公司法》和《企业破产法》进入破产程序。我国《企业破产法》第134条明确规定了商业银行等金融机构的破产制度,最高人民法院在2011年、2013年先后两次出台了《企业破产法》的司法解释,这些破产基本法律为商业银行有序破产提供了基础。2017年,银监会将针对商业银行破产的《商业银行破产风险处置条例》明确列为要完成的立法计划,目前正处于起草阶段。②

① 参见曹阳:《我国存款保险制度若干问题初探——以我国存款保险制度的存款人权益保护为视角》,载《学术交流》2016年第8期。

② 参见中国银监会:《中国银监会办公厅关于印发2017年立法工作计划的通知》,载http://www.cbrc.gov.cn/chinese/home/docView/2017D188DE4B4FBABA4EE1F3A3519899.html,最后访问日期:2017年9月10日。

虽然有存款保险制度和破产制度的保障,那些具有系统重要性的大型商业银行的破产也可能导致金融系统性风险。我国近年来出现了旨在防范系统性风险相关规范文件,2011 年银监会出台了《关于国内系统重要性银行划分标准的征求意见稿》,2014 年银监会发布了《商业银行全球系统重要性评估指标披露指引》,为我国系统重要性银行的识别和监管提供了标准。近年来随着混业经营实践的发展,在金融监管领域也出现了适应混业经营发展的新的监管手段,如“并表监管”“穿透监管”①都是提高商业银行混业经营业务监管力度、降低混业经营交叉风险的有效监管方式。

二、简政放权背景下授权性规范的表达方式

(一)简政放权与负面清单制度

授权性规范与主体的权利直接相关,是规定主体可以为一定的行为或者不为一定的行为,以及可以要求他人为一定的行为或者不为一定的行为的法律规范。商业银行混业经营准入监管规范中的授权性规范是规定商业银行可以从事特定混业经营业务的法律规范。商业银行作为企业主体,对其混业经营权的授予应当遵循私法的基本理念。然而商业银行在金融业中的特殊地位又使商业银行混业经营相关法律规范不同于一般的私法规范,因此商业银行混业经营准入中授权性规范的表达方式需综合考虑市场与政府、简政放权与清单制度等多种因素。

从私法层面看,商业银行是企业主体,在金融综合经营的趋势下从事各类混业经营业务是市场机制运行的结果。而保证企业作为主体自主决定实现的制度才是符合人性的制度,也是最有生命力的制度,②从这个角度而言,商业银行混业经营准入中的授权性规范应当充分保障商业银行的营业权,更好地发挥市场的基础性作用,应当遵循“法无禁止即许可”的基本法治理念。

我国市场经济的发展中长期存在着以“计划”“行政审批”代替市场机

---

① 穿透式监管主要是指透过金融产品的表面形态,看清金融业务和行为的实质,将资金来源、中间环节与最终投向穿透连接起来,按照“实质重于形式”的原则甄别金融业务和行为的性质,根据产品功能、业务性质和法律属性明确监管主体和适用规则,对金融机构的业务和行为实施全流程监管。

② 参见王利明:《负面清单管理模式与私法自治》,载《中国法学》2014 年第 5 期。

制的倾向，尤其在商业银行的监管中往往存在着不尊重市场需求的“监管制度供给过剩”、[①]以大量行政许可代替市场机制的情况。因此面对世界经济危机的影响和经济转型的压力，2013 年我国中央政治局会议明确提出解决当前经济发展问题的关键在于“简政放权”。[②] 简政放权的核心就是要确立政府职能在市场、社会中的公共属性地位，既包括政府向社会与市场放权，也包括上级政府向下级政府放权。[③] 简政放权的核心问题就是减少行政审批事项，在市场准入领域建立进入的“负面清单制度”。“负面清单制度”要求政府以清单方式明确列出禁止和限制境内外投资经营者投资和经营的行业、领域、业务等，清单以外则充分开放，经营者只要依法定程序注册登记即可开展投资和经营活动，遵循的是“除非法律禁止，否则允许”的权利推定逻辑进路。[④] 2013 年以来，我国分 9 批取消或下放国务院部门行政审批事项 618 项、分 3 批取消 323 项国务院部门行政审批中介服务事项，[⑤]从上海自贸区开始多地开始采用“负面清单”的管理模式。

虽然简政放权和负面清单准入管理模式有益于发挥市场机制的作用，保护企业经营权、鼓励企业主体的创新活动，但对商业银行混业经营监管而言，业务准入的授权性规范不能盲目地取消行政审批转而采取“负面清单”形式，这是由商业银行的特殊性和商业银行准入监管规范的经济法意义所决定的。

(二)我国混业经营准入授权性规范的应然表达方式

从经济法层面来看，商业银行混业经营准入监管是为了克服商业银行混业经营可能导致的外部性、公共物品问题、信息不对称等市场失灵现象，调节商业银行自发进入混业经营业务产生的市场失灵问题，因此商业银行混业经营准入监管规范具有明显的经济法属性，故商业银行混业经营准入

---

① 参见王煜宇：《我国金融监管制度供给过剩的法经济学分析》，载《现代法学》2014 年第 5 期。

② 参见《习近平支持召开中共中央政治局会议讨论研究当前经济形势和下半年经济工作》，载《人民日报》2013 年 7 月 31 日，第 1 版。

③ 参见魏琼：《简政放权背景下的行政审批改革》，载《政治与法律》2013 年第 9 期。

④ 参见陈兵：《简政放权下政府管制改革的法治进路——以实行负面清单模式为突破口》，载《法学》2016 年第 2 期。

⑤ 参见王珂：《“放管服”释放新红利》，载《人民日报》2017 年 5 月 11 日，第 4 版。

授权性规范的表达方式也不能仅符合的私法自治的精神。与负面清单的模式相对，金融业的特殊性与商业银行在金融体系和社会经济中的特殊地位相叠加，各国对商业银行的经营授权往往采取许可模式，被称为“银行特许权”。该许可不是一般的行政许可，而是一种特许，具有特殊权价值，被称为“银行特许权价值”，这正是商业银行具有一定公共性的原因。① 也就是说，商业银行从事各项业务的前提就是正面授权，同时各国商业银行法对商业银行业务范围的规定通常也是正面授权式的，即以列举方式明确规定商业银行可以从事的业务范围。这种列明准入领域、行业和事项的模式与列明禁止领域的负面清单相对，被称为“正面清单”，②体现了“法无规定不可为”的本质。商业银行的混业经营业务是商业银行业务范围的组成部分，同时商业银行的混业经营业务由于其经营组织和金融工具的复杂性往往具有更高的风险性，因此对商业银行混业经营业务的授权性规范各国往往采取“正面清单”模式，列明商业银行可以从事混业经营的具体范围以防范风险。美国对商业银行混业经营准入的授权性规范就通过1986年《联邦银行法》第24条、1956年《银行控股公司法》的附则Y条款进行了明确列举。从商业银行监管的特殊要求和国际经验而言，对商业银行混业经营准入的授权性规范应当以正面清单的表达方式为主。

长期以来，我国对混业经营的态度都是谨慎的，在不改变分业金融制度体制的基础上采取了个别业务试点的方式引入混业经营。因此对商业银行从事混业经营业务的许可主要表现为两种方式：第一种方式是在法律规定的商业银行业务范围中通过监管机关对兜底条款的解释而授权，即“国务院银行业监督管理机构批准的其他业务”；第二种方式是在禁止商业银行从事混业经营活动条文中加入“但书”规定，即“国家另有规定的除外”，从而使商业银行混业经营业务在宏观被禁止的情况下有合法经营的可能性。这两种许可方式最后都由监管部门的部门规章对商业银行混业经营进行具体授权，没有在法律规范层面明确授权商业银行可以从事混业经营。从金

① 参见邢会强：《商业银行的公共性理论——兼论商业银行收费法律问题》，载《现代法学》2012年第1期。

② 参见陈家付：《负面清单制度与治理的公平正义》，载《社会科学研究》2015年第6期。

融“十一五”规划提出“综合经营试点”至今已经经过了十几年的发展，我国金融业已形成多样化的金融机构体系、复杂的产品结构体系、信息化的交易体系和更加开放的金融市场，混业经营趋势明显。① 商业银行混业经营业务准入监管无法律明确授权的立法现实与商业银行混业经营异化扩张的金融现实形成了巨大的反差，既不利于维护法律制度的权威性也不利于商业银行混业经营业务的开展，因此现阶段我国商业银行混业经营准入的授权性规范更应当以立法的正面明确授权为主要表达方式。②

三、我国商业银行混业经营准入授权性规范的制度设计

在采取金融混业经营模式的国家里，商业银行混业经营的监管规范主要体现在金融服务基本法、金融控股公司法和商业银行法等法律规范中。在我国金融分业监管体制短期内难以改变的情况下，出台金融服务业基本法的可行性不高。可以通过修订商业银行法以及相关制度、制定金融集团监管专门法律规范的方式将混业经营授权性规范写入法律，实现金融实践与金融监管法的统一，促进商业银行混业经营的健康发展。

（一）商业银行法中的授权性规范

无论采取何种立法模式，商业银行法在各国的商业银行混业经营准入监管规范中都占据重要地位。为了适应商业银行混业经营的发展，各国普遍在商业银行法中有关商业银行业务范围的列举行规定中加入了混业经营业务的内容。德国《银行法》第 1 条就规定了广泛的“商业银行业务”(Banking business)，其中既包括存款业务、贷款业务、承兑贴现业务、保管业务等传统银行业务，也包括证券业务、发行业务（自担风险或提供等值担保发行金融证券）和多种投资业务，其中投资业务涵盖了为他人进行投资资产管理活动和购买资产以及德国《投资法》中规定的其他可经营的投资及其附属业务。③ 日本 1981 年颁布了《银行法》，2006 年为了适应混业经营的发展对商业银行业务规范进行了大规模修订，现行日本《银行法》第 2 章第 10～16 条对商业银行的业务进行了详细的列举，其中第 10 条规定，商业银

---

① 参见谭江：《推进金融业综合经营试点 提升综合竞争力》，载《金融时报》2016 年 11 月 10 日。

② 参见余华：《负面清单嵌入行政审批制度改革研究》，载《甘肃社会科学》2015 年第 5 期。

③ Division 1, Section 1(1) of Banking Act (Gesetz über das Kreditwesen).

行除了可以从事传统的“存款”“贷款”“贴现”“外汇”等业务外，还可以从事多项银行业务的“附带业务”（businesses incidental to banking business）。仅“附带业务”就包括买卖证券、证券承销、发行私募债券、衍生品交易等17项。①

可以看出，在开展混业经营的国家中《商业银行法》通常对商业银行可以从事的混业经营业务进行详细的正面授权性规范，这一方面保障了商业银行依据金融发展展开混业经营的营业权，另一方面也有利于明确商业银行混业经营的准入范围，减少风险。我国《商业银行法》第3条规定了商业银行的13项具体业务，其中大部分属于传统银行业务，如存款、贷款、结算、代理等业务，也有少部分涉及混业经营，如代理保险业务、承销政府债券等。这与我国商业银行混业经营业务发展的现状极不相符，近年来各监管部门通过《商业银行法》第3条第14款中“其他业务”的兜底条款，在《商业银行法》之外许可了大量混业经营业务，如商业银行个人理财业务、股票质押贷款业务、资产证券化业务、做市商业务、套期保值业务以及投资设立基金公司等投资业务。其中多种混业经营业务运营良好，并成为商业银行转型发展的重要利润来源，而这些业务却未能得到法律的明确授权，承受了较大的政策性风险。因此，对我国《商业银行法》进行修订，明确许可商业银行可以从事特定的混业经营业务。对此类混业经营业务可以采取“附属业务”或“附带业务”的表达方式，在《商业银行法》业务范围的规定中加入许可商业银行从事“附属业务”的原则性授权规范，同时将股票质押贷款、资产证券化等近年来发展比较成熟的商业银行混业经营业务纳入其中进行列举性规定。

（二）金融集团监管法律规范中的授权性规范

金融控股公司具有产权清晰、母公司混业与子公司分业相结合的特点，成为美国、韩国、日本等多国的混业经营主要形式。金融控股公司模式也成为我国分业经营的法律框架下的现实选择。② 采取金融控股公司模式的国

① 日本《银行法》第2章第10条。

② 参见吴晓灵：《金融综合经营趋势——中国金融控股公司模式选择》，载《科学决策》2004年第9期。

家往往制定专门的金融控股公司法对混业经营可能产生的相关问题进行规范,如美国、韩国、新加坡等国的金融控股公司法。

由于金融控股公司是金融业发展到混业经营阶段的产物,是为了实现混业经营的规模效应而产生的新的组织形式,因此各国在金融控股公司法中对金融控股公司可以从事的混业经营业务都进行了正面的规定,这些规定就是混业经营的授权性规范。如美国《金融控股公司法》中就许可金融控股公司从事广泛的"金融性质的业务"(financial in nature),只要这些业务本质上是金融业务或者是此类金融业务的附带业务,或者对金融业务有补充作用且不会给存款机构或整个金融体系的安全和稳健造成实质的风险。① 韩国《金融控股公司法》第4章"金融控股公司业务及子公司的纳入"中第15条规定了金融控股公司可以从事"子公司的经营管理业务""附属业务"等总统令规定的业务。②

我国2019年颁布的《金融控股公司监督管理试行办法(征求意见稿)》第16条仅对金融控股公司的业务进行了原则性规定,即"除对所控股的金融机构进行股权管理外,还可以从事经中国人民银行批准的其他金融业务",但未对混业经营的主要组织形式——金融控股公司——的混业经营业务进行整体性授权和具体业务范围规定。同时根据《金融控股公司监督管理试行办法(征求意见稿)》第2条的规定,该法并不适用于"金融机构跨业投资控股形成的金融集团",因此商业银行通过金融集团实施的混业经营业务的准入规则也无法适用该法。

我国商业银行通过金融集团实施的混业经营业务已经大量存在于混业经营实践中,符合规模经济和范围经济的要求,能为金融消费者提供多种金融服务。因此应明确规定金融集团可以从事子公司相关的金融业务,授予商业银行可以通过金融控股公司从事特定混业经营业务的权利。当然对金融集团业务的规定应当采取原则性规定与明确列举相结合的立法方式,即对金融集团的混业经营活动进行原则性许可,并将我国混业经营实践中运营良好的业务类型进行列举。同时,为了保障规范的弹性,应确立中央银行

---

① Section 4(k) of the BHC Act.

② 参见《韩国金融控股公司法》,董新义译,载《金融服务法评论》2014年第1期。

对此类业务的解释权。通过在金融集团法律规范中的授权性规定，尽早结束我国商业银行混业经营业务的“脱法”状态，使商业银行的混业经营进入“适法”状态。[①]

（三）相关法律中的授权性规范

近年来，随着我国金融混业经营的深化发展，呼吁《证券法》《保险法》《信托法》等金融基本法律适应混业经营实践进行修订的主张也日渐增多。[②] 而对商业银行混业经营的授权也需要《证券法》等金融基本法律的协调一致。在我国金融市场和金融工具相互关联、融合程度越来越高的情况下，应当修订相关金融基本法律，明确授权金融集团可以通过下属的证券公司经营证券、基金、期货等多种业务，[③]使法律规范与金融现实相一致。

对商业银行混业经营的授权也意味着法律更多地赋予商业银行直接依法从事混业经营业务的自主权，这必然伴随着金融监管机构对商业银行混业经营业务行政审批的减少和《中资商业银行行政许可事项实施办法》等相关行政法规的变革。近年来，随着简政放权的推进，中国人民银行、银保监会等机构纷纷减少了行政审批事项，但在商业银行混业经营准入监管领域仍存在着行政审批事项“一合了之”、行政审批条件模糊等阻碍商业银行混业经营准入的现象。因此要真正实现对商业银行混业经营的依法授权经营，还需进一步完善混业经营准入的行政审批制度，减少行政准入的事项、增加行政审批的透明度。

小结

商业银行混业经营准入监管法律中的授权性规范是从积极方面确定商业银行混业经营合理限度的重要内容。虽然我国商业银行在实践中已经从事了大量混业经营业务，但商业银行混业经营的法律地位至今没有得到确

---

① 参见沈云樵：《我国金融控股公司立法原因初论》，载《法学杂志》2009 年第 4 期。

② 参见胡滨：《保险法修订的市场化取向》，载《中国金融》2014 年第 12 期；宋伟杰：《论证券公司经营模式的选择》，载《经济学动》2005 年第 10 期；卢伟：《金融分业与混业选择之分析框架——兼论〈证券法〉第六条之修改》，载《当代经济》2013 年第 15 期；唐宪：《试析我国“银证合作”新趋势》，载《西南金融》2007 年第 6 期。

③ 参见郭锋：《大金融视野下的证券监管理念和〈证券法〉修改路径》，载《金融服务法评论》2013 年第 1 期。

认。在我国混业经营趋势不断深化的背景下,以存款保险制度、破产制度为基础明确规定商业银行混业经营的授权性规范有利于保护商业银行的营业权,更好地发挥市场机制的调节作用。

第八章　我国商业银行混业经营准入禁止性规范的完善

我国的金融混业经营长期处于试点经营的状态，监管部门对混业经营的监管态度模糊，这导致金融基本法律对商业银行混业经营具体业务准入规则语焉不详、规范缺位，而部门规章则分散混乱、变化无常。次贷危机的教训表明，商业银行的高风险混业经营活动对商业银行和金融体系的安全稳健影响巨大，2017年年初银监会连续颁布了针对商业银行“不当创新”“不当交易”和“监管套利”“空转套利”等违规混业经营活动的专项文件，表明了监管层对商业银行无序混业经营活动危害金融安全的担忧。①

商业银行从事混业经营可能引发多重风险，因此各国通常在允许商业银行从事混业经营的同时对混业经营进行业务限制，表现为法律条文中禁止商业银行从事特定混业经营业务的禁止性规范。特别是次贷危机之

① 银监会2017年3月29日公布《关于开展银行业“监管套利、空转套利、关联套利”专项治理的通知》（银监办〔2017〕46号），4月6日下发《关于开展银行业“不当创新、不当交易、不当激励、不当收费”专项治理工作的通知》（银监办发〔2017〕53号）。

后,面对商业银行从事高风险混业经营给金融业甚至全球经济造成的损失,多国通过了限制商业银行混业经营的监管新规,相关规则的核心内容就是商业银行从事特定高风险业务的"禁止性规范"。同时考虑到大型商业银行的"合规成本"和保障金融市场整体流动性的需求,①禁止性规范中还包括了大量的例外规则。

一、商业银行混业经营准入禁止性规范的目标和基本原则

(一)禁止性规范的双重目标

从本质上而言,商业银行混业经营的禁止性规范就是通过列举禁止事项而划定商业银行混业经营合法性的边界,结合授权性规范的内容可以明确商业银行混业经营准入的法律界限。

由于金融机构既是以经营金融为业的商主体,也是在金融活动中充当融资中介、实施公共政策的特殊商主体,因此金融法通常具有平等性和管理性的双重属性,金融法律规范体现了二元规范结构。② 商业银行混业经营准入中的禁止性规范也具有金融法内在的二元结构,兼具维护公共利益和保障私权的双重目标。

商业银行混业经营准入中的禁止性规范首先具有防范风险、维护金融系统安全、保护金融消费者利益的公益目标。在金融自由化的浪潮中,商业银行开始跨越传统金融业态的限制从事大量混业经营业务,这就形成了商业银行特殊保护措施(存款保险、政府救助)的公益性与商业银行混业经营业务的高风险性之间的矛盾:为了保障存款安全、金融体系的稳健,必然要求商业银行在一定的限度内从事混业经营业务,禁止商业银行从事高风险混业经营业务;同时在金融工具和金融产品日益复杂的背景下,金融消费者极易成为商业银行利用信息优势进行复杂金融操作、劝诱交易的牺牲品,对商业银行损害金融消费者的混业经营予以禁止正是为了保障处于信息弱势地位的金融消费者的利益。

商业银行混业经营准入中的禁止性规范同时具有确定商业银行活动的

---

① See Whitehead C. K., "The Volcker Rule and Evolving Financial Markets", *Harvard Business Law Review* 1, 2011, p. 39.

② 参见王保树:《金融法二元规范结构的协调与发展趋势——完善金融法体系的一个视点》,载《广东社会科学》2009 年第 1 期。

合法界限,保障商业银行混业经营权的私益目标。禁止性规范最直观的效果是对商业银行混业经营业务的限制,是对商业银行混业经营权的剥夺。然而禁止性规范通过明确地列举“勿为”的行为,并辅以合理的例外条款,实质上给商业银行提供了合法从事混业经营的制度保障,即在不触碰混业经营“禁止性规定”底线的情况下,可以从事符合法律规定的混业经营活动。这一点对我国商业银行混业经营的深化发展更具现实意义。我国金融基本法律长期对金融实践中混业经营的合法地位不予确认,只有宏观的禁止性规范,如“商业银行在中华人民共和国境内不得从事信托投资和证券经营业务,不得向非自用不动产投资或者向非银行金融机构和企业投资,但国家另有规定的除外”。显然我国《商业银行法》中抽象、宏观的禁止性规范没有明确商业银行禁止从事的具体业务类型,同时又与行政规章中对商业银行混业经营的多种授权形成了巨大的反差,这必然造成商业银行对禁止性业务认识不清,阻碍了商业银行混业经营的深化发展。因此减少准入监管中具体监管活动的任意性,以法律的方式对我国商业银行混业经营准入禁止性规范进行细化,正是保障商业银行营业权的要求。

(二)构建禁止性规范应遵循的基本原则

商业银行具有较强的外部性,商业银行特别是大型商业银行从事高风险混业经营活动将对整个金融安全网产生负面影响。[①] 但商业银行从事混业经营活动是金融市场发展到一定阶段的产物,商业银行从事混业经营可以发挥多种经营优势、提高市场的流动性。因此对商业银行从事混业经营活动进行准入规范必须在保障金融系统安全与保护商业银行自主经营权、维护合理金融创新之间进行平衡。正如英国独立银行监管委员会主席约翰·维克斯教授所言,“直接对商业银行业务模式进行限制应充分考虑规范可能产生的利弊影响”。[②]因此,在构建我国商业银行混业经营准入禁止性规范时,应从规则制定的原则开始对多种利益考量进行回应。

---

① See Carow K. A., Kane E. J., Narayanan R. P., “Safety-Net Losses from Abandoning Glass-Steagall Restrictions”, *Journal of Money, Credit and Banking* 7, 2011, p. 1384.

② Vickers J., “Some Economics of Banking Reform”, *Rivista di Politica Economica* 4, 2012, p. 30.

第一,系统性风险防范原则。

系统性风险是强系统性事件造成金融体系及实体经济遭受损失的可能性,①外部因素和金融机构的内部治理都可能成为系统性风险的诱因,而系统性风险一旦形成就具有巨大的破坏性,并随着资产负债、风险溢价、流动性等多种渠道迅速传染到整个金融系统。次贷危机之后各国颁布的混业经营准入监管规范都将防范系统性风险作为立法的主要目标,英国 2013 年《金融服务(银行改革)法》第 1 条"审慎监管目标"中就将"栅栏原则"的"保障储蓄机构免受来自于英国内外的不良风险影响"作为立法目标。②《欧盟银行业结构改革法(草案)》也明确指出:结构性改革立法旨在通过对商业银行高风险业务的限制和全能银行储蓄业务与高风险业务的分离减少银行的过度风险,消除银行集团不同部门的利益冲突,减少银行集团的复杂性以避免系统性风险,促进银行业的有效监管。③

通常认为,规模、关联性、复杂性、可替代性是系统性风险的最重要的决定因素,④而我国商业银行从事混业经营业务已经在规模、关联性等方面对金融领域的系统性风险产生了影响。商业银行在我国银行主导的金融体系中具有先天优势,近年来经过大规模开展混业经营业务更使我国商业银行在组织机构和业务范围方面日益扩张,具有了规模大、关联程度高、机构复杂的特点,这无疑形成了我国金融系统性风险累积的物质基础。特别是在金融安全网的特殊保护下,大型商业银行更倾向于采取高风险的混业经营模式(more risk-taking),⑤这种道德风险进一步威胁着金融系统的安全,形成恶性循环。因此,我国的混业经营准入监管规范应当以防范金融系统性风险为目标。

从消极方面而言,商业银行从事混业经营业务是商业银行作为企业主

---

① 参见范小云:《繁荣的背后:金融系统性风险的本质、测度与管理》,中国金融出版社 2006 年版,第 9 页。

② Section 2B of FSMA 2000.

③ Article 1 Objectives of COM(2014)43 final.

④ 参见解正山:《对衍生合同在破产中豁免的反思——系统性风险的视角》,载《法学评论》2016 年第 4 期。

⑤ See Manasfi J. A. D., "Systemic Risk and Dodd-Frank's Volcker Rule", *William & Mary Business Law Review* 4, 2012, p. 181.

体依据金融市场发展自主决定的，对商业银行可以从事的混业经营业务进行直接限制是对商业银行营业权的剥夺。这种对商业银行营业权的剥夺只有为了“正义”的目的才可能受到法律的认可，①也就是说，只有为了防范系统性风险、利益冲突等正义目的才能对商业银行混业经营业务进行准入限制，这是商业银行混业经营准入监管规范应该遵循的原则。

第二，授权性规范与禁止性规范相结合原则。

任何法律都是通过对主体享有的权利和承担的义务的不同规定，来调整人们的行为，进而调节社会关系。法律规范从权利义务的角度规定了人们可以从事的活动和禁止从事的活动，表现为授权性规范和禁止性规范。授权性规范是以“可为”的行为模式为核心的法律规范，是指示人们可以作为或不作为或要求别人作为、不作为的规则；②禁止性规范是以“勿为”这一行为模式为核心的法律规范，规定禁止人们做出一定行为，通过不作为来履行法律义务。③ 商业银行混业经营具体业务准入监管规范就是关于商业银行可以从事何种混业经营业务、禁止从事混业经营业务的类型以及从事特定混业经营业务需满足条件的规范集合，而这些规范从性质和调整方法来看主要表现为规授权性规范和禁止性规范的结合。

次贷危机之后，针对商业银行高风险混业经营活动的恶果，多个国家制定了加强商业混业经营准入的监管规范，这些监管规范的主要目标是限制商业银行从事特定的混业经营活动，相关法律规范主要表现为禁止性规范。沃尔克规则的核心内容就是禁止商业银行及商业银行集团成员从事自营交易和向特定对冲基金、私募股权基金进行投资，沃尔克规则以禁止性规则适用的广泛性和严格性著称。④ 英国的“栅栏原则”是对“栅栏”内从事“核心银行业务”(core activities)的储蓄机构进行了投资业务的广泛禁止。

虽然次贷危机后禁止性规范的大量出现，但不能因此推定商业银行混业经营准入监管规范是以禁止性规范为主，考虑到我国的特定金融法律制

---

① 参见卓泽渊：《法的价值论》，法律出版社 1999 年版，第 279 页。

② 参见张文显：《法理学》，高等教育出版社 2004 年版，第 93 页。

③ 参见徐永康：《法理学》，上海人民出版社 2003 年版，第 233 页。

④ See Channon Hodge and David Gillen, “At the Finish Line on the Volcker Rule”, *The New York Times*, December 10, 2013.

度环境下更应当将禁止性规定与授权性规定相结合。商业银行混业经营准入监管规范的根本目标是在保障金融安全的基础上确立商业银行可以从事混业经营的具体领域,这一规范应当包括正反两面,即许可的业务和限制的业务。在我国现存的金融法律规范中,缺乏对商业银行混业经营活动的基本授权,主要表现为分业体制下禁止混业经营的法律规范和监管机构对特定混业经营活动的分散性规范。因此制定我国商业银行混业经营具体业务准入规范更应当强调授权性法律规范与禁止性法律规范的结合。

第三,弹性原则。

经济学上的弹性概念是由经济学家阿尔弗莱德·马歇尔(Alfred Marshall)在研究商品供求与价格关系时提出的,是指一个变量相对于另一个变量发生的一定比例的改变的属性。① 而制度的弹性具有特定的意义,其是指制度的灵活性,即制度能够适应经济和社会结构的发展变化而随之灵活性调整的性质。② 制度的弹性是制度的活力,尤其在社会转型过程中制度弹性对促进学习与认知、技术扩散,进而推进潜在资源最优利用都具有积极意义。③ 对于法律规范而言,制度的弹性就是在法律规范的刚性和柔性之间寻求平衡,④在法律规范的确定性、强制性的基础上,尽量增加规则的适应性和包容度,避免制度的"机械"和"僵硬"。

商业银行的混业经营是金融市场自发形成的,是对金融机构业务分工的重新安排,体现了金融发展的自由化、多元化趋势。无论是在组织机构还是在业务内容方面,商业银行的混业经营都显示出极强的复杂性,尤其是在金融业抽象化程度加深、金融工具日益复杂多变的背景下,商业银行混业经营业务的具体类型变化多端,试图列举所有商业银行混业经营业务的类别并判断风险是不现实的,因此对商业银行混业经营业务的准入监管规范必须具有高度的灵活性。詹姆斯·巴斯教授对 1999 ~ 2011 年世界 180 多个

---

① See Frisch R. ,"Alfred Marshall's Theory of Value",*The Quarterly Journal of Economics*, 1950(4),p. 514.

② 参见李怀、尹中升、高磊:《产权制度变迁效率的弹性理论解析及其实证研究》,载《财经问题研究》2010 年第 10 期。

③ See Watanabe C, Kondo R, Ouchi N, et al. ,"Institutional Elasticity as a Significant Driver of IT Functionality Development",*Technological Forecasting and Social Change* 7,2004,p. 737.

④ 参见张卫平:《制度的柔性与刚性》,载《司法》2006 年第 3 期。

国家的银行监管法律规范进行了广泛调查，结果表明，世界各国对商业银行混业经营中的具体业务准入规定差异较大，只能将这些业务分为未禁止的、允许的、限制的和禁止的四类，无法区分混业经营业务的具体类型。[①] 正因如此，沃尔克规则、“栅栏原则”等混业经营准入监管规范都采取了业务列举与原则性规定相结合的立法方式以增加规范的弹性。

我国在制定商业银行混业经营具体业务准入监管规范时应当将规则立法与原则立法相结合，在规则立法中明确禁止可能危害系统性风险、产生利益冲突等混业经营业务，明确我国商业银行混业经营的安全底线，同时增加准入监管的原则性规定以提高监管规范的弹性。

从消极方面看，缺乏弹性的准入法律规范也不利于商业银行的转型发展。近年来商业银行不断推陈出新的混业经营业务极大地增强了商业银行的竞争力，而商业银行混业经营准入监管规范的目标不是禁止金融创新而是防范金融风险，如果只对商业银行混业经营业务制定简单列举式、缺乏弹性、严格禁止性的规范无疑会阻碍商业银行的传统经营模式的转型发展。

二、我国商业银行混业经营准入禁止性规范的类型

面对次贷危机的教训和我国金融市场转型发展对金融监管提出的挑战，我国应当坚持防范系统性区域性金融风险的“底线思维”，[②]而商业银行混业经营准入中的禁止性规范正是“底线思维”的体现，是对商业银行合法从事混业经营法律底线的表达。

各国禁止商业银行从事的混业经营业务不尽相同，这与本国金融业发展状况、法治传统密切相关，但针对商业银行混业经营可能发生的风险和负面效应制定禁止性规定则是共性的选择。虽然我国商业银行混业经营的发展程度和业务类型与发达国家相比仍有差异，但近年来我国商业银行混业经营实践中的“通道业务”“表内转表外”“场外配资”“代持、养券”“监管套利”等乱象层出不穷，已经引发混业经营市场的混乱，并受到监管层的重视。而穷尽所有商业银行的不当混业经营业务，一一列举并禁止，显然既难

---

① See Barth J. R., Caprio Jr G., Levine R., “Bank Regulation and Supervision in 180 Countries from 1999 to 2011”, *Journal of Financial Economic Policy* 2, 2013, pp. 111 – 219.

② 参见周小川：《深化金融体制改革》，载《中国金融》2015年第4期。

以实现,也不利于法律规范适用的灵活性。因此应当借鉴西方商业银行发展混业经营的经验教训,防患于未然,制定我国商业银行混业经营的禁止性规范。我国的混业经营禁止性规范应当针对混业经营主要风险进行原则性规定并对典型业务采取列举的立法方式,为我国商业银行转型和混业经营的健康发展确定法律底线。商业银行混业经营的异化发展可能产生利益冲突风险、存款保险损失、损害金融消费者利益、系统性风险等问题,因此制定商业银行混业经营的禁止性规范应当重点加强这4方面风险的预防。虽然商业银行可以运用多种复杂的金融工具、利用金融科技手段开展多种混业经营业务,但无论混业经营业务的形式如何只要其本质符合下列规定的,则应予禁止。

(一)利益冲突的禁止

利益冲突问题不是金融领域中的特有问题,其根源是主体角色的多元化。金融混业的多元化经营模式使金融机构更易产生多重身份和职责,而不同职责和身份的冲突与矛盾必然加剧混业经营中的利益冲突问题。由于商业银行吸收公众存款、享受金融安全网特殊保护,在其从事混业经营的过程中更容易发生作为存贷机构的商业银行和作为证券承销商、投资顾问、自营交易者之间多重身份的冲突。一旦发生利益冲突,商业银行可以利用其信息优势和地位优势,为自身和集团的利益牺牲客户、交易相对人的利益。因此商业银行在金融交易中利益冲突的后果往往更为严重。最典型的利益冲突问题发生在商业银行兼营证券业务的过程中,商业银行极易帮助企业发行证券,以归还该企业在本银行的贷款。① 随着金融市场的发展和金融工具的日益复杂,近年来商业银行自营交易成为了商业银行利益冲突问题爆发的突出领域。自营交易,通常是指银行作为证券自营商以自主支配的资金在场外市场或场内市场参与交易,承担交易风险,并获得资本利得和股息收入的业务。② 商业银行可以利用自己掌握的客户信息在金融市场上从

① See Hebb. G. M., Franser. D. R., "Conflict of Interest in Commercial Bank Security Underwritings: Canadian Evidence", *Journal of Banking and Finance* 10, 2002, p. 1935; Joseph E. Stiglitz, "Lessons From the Global Financial Crisis of 2008", *Seoul Journal of Economics* 3, 2010, p. 321.

② 参见阎敏:《投资银行概论》,武汉大学出版社2010年版,第107页。

事与客户相反方向的投资,赚取不当利益。也可以利用自己的信息优势设计可能会失败的金融产品,并同时在金融市场上做空这一产品从而获利。次贷危机中高盛等大型银行的“自营交易业务”就因银行与客户的利益冲突引发了公众的不满和监管层的重视。次贷危机之后美国的沃尔克规则、欧盟的《银行业结构改革法(草案)》都明确规定了商业银行自营交易业务的禁止性规范。我国商业银行目前经营的自营交易业务至少包括贵金属自营业务、外汇自营业务、债券自营业务、期货自营业务等,而且自营交易业务的规模还在逐年扩大。① 值得注意的是次贷危机之后,在我国2015年《证券法》修订草案第219条,已经将“证券自营业务”从现行《证券法》中第145条明确列举的证券公司可进行的业务中移除,这充分表明了监管层对自营交易业务禁止性的总体态度。当然引发商业银行利益冲突的混业经营活动还有多种表现形式,如利用贷款条件迫使公司发行证券、利用贷款支持本银行承销的证券价格、诱导、迫使客户购买自己承销的证券、将销售困难的证券转入信托人账户等活动。② 基于商业银行吸收公众存款的特殊功能,为了减少商业银行的声誉风险、保护相关主体的利益,应当对商业银行从事的引发利益冲突的业务持谨慎态度,制定禁止性规范。

(二)安全网扩散的禁止

为了保障储蓄机构的稳健经营和公众资金的安全,各国通常都采取存款保险、最后贷款、政府救助等保障商业银行安全的措施,这些措施通常被称为金融安全网。③ 然而这些本以为保障商业银行安全的措施也不可避免地降低了银行资金的成本,形成了变相的政府补贴。尤其是在商业银行从事证券、保险等多种混业经营的过程中,极易导致商业银行集团通过关联交易、同业业务等操作方式将商业银行拥有的安全网保障措施不当扩散到整个集团,造成商业银行的不正当竞争优势和安全网制度的损害。安全网扩散问题的本质是商业银行的道德风险,次贷危机使人们发现大银行更容易采取高风险的业务模式,因为即使发生经营困难也会由安全网制度即公众

---

① 参见张朝晖:《应严格分离自营业务和代客理财业务》,载《中国证券报》2014年3月10日,第10版。

② 参见郭敏:《多元化金融集团的组织经济学分析》,人民出版社2005年版,第367页。

③ 颜苏:《反思存款保险制度中的道德风险问题》,载《法学论坛》2015年第4期。

最终承担损失。正是为了防止安全网扩散,英国的“栅栏原则”、欧盟的《银行业结构改革法(草案)》中都以限制储蓄机构的混业经营业务为显著特征,要求从事存贷业务的商业银行不得从事高风险混业经营业务,并严格限制商业银行与集团中其他子公司的交易活动,保证商业银行的“法律地位独立”“操作独立”和“经济独立”。①

虽然我国《公司法》和银监会《商业银行与内部人和股东关联交易管理办法》等法律规范对商业银行的关联交易进行了规定,但这些规范关注的重点是内部人贷款的公司治理问题,而不是集团内部子公司之间的不当交易导致的安全网损害问题。引发金融安全网扩散的关联交易通常被称为集团内部交易(intra-group transaction),②在银监会颁布的《银行并表监管指引(试行)》被称为“内部交易”。虽然《银行并表监管指引(试行)》试图对损害金融安全网的内部交易活动进行限制,但缺乏对证券、保险等其他金融业态的监管协调,仅凭单个监管机构对“内部交易”监管的单独努力,很难实现对集团“内部交易”的有效控制。这些规定都出现在我国存款保险制度正式确立之前,因此应当考虑我国存款保险制度的现状,在金融集团监管法律规范中明确禁止商业银行损害金融安全网的“内部交易”活动。可能引发金融安全网扩散的混业经营业务还包括商业银行的高风险投资和交易活动,虽然我国商业银行的投资和交易活动与发达国家相比处于发展的初级阶段,但近年来商业银行集团也开始直接或通过基金公司、投资公司开展债转股、投贷联动、私募股权投资等创新投资业务。同时商业银行还涉足利率衍生品、货币衍生品和商品类衍生品、权益类衍生品等高风险衍生品业务,值得注意的是,在商业银行的衍生品业务中境外业务占比一直偏高,增加了商业银行衍生品业务的不确定性。③ 商业银行从事高风险混业经营业务无疑会对金融安全网产生负面影响,因此应当对商业银行的高风险投资业务、交易业务予以特殊关注,制定禁止性规则,防范安全网扩散风险。

---

① 142H(1)(b) Financial Services(Banking Reform) Act 2013, Article 9, 13 of COM(2014) 43 final.

② 参见李江鸿:《我国商业银行关联交易监管问题探析》,载《上海金融》2012 年第 2 期。

③ 参见曹华、陈异:《中美商业银行衍生品业务比较》,载《国际金融》2013 年第 6 期。

（三）损害消费者权益的禁止

商业银行的混业经营加剧了金融市场中商业银行与金融消费者之间的信息不对称，因此在商业银行提供的混业金融产品的设计、运营、销售各环节都存在侵害消费者利益的现象。但混业金融业务在运营和销售环节侵害消费者权益的现象涉及的主要问题是商业银行混业经营准入后的业务运营监管，而不是业务准入问题。因此，从混业经营准入监管的角度保护消费者的主要着眼点应当是禁止可能损害消费者权益的金融产品进入市场，即应当禁止商业银行设计、开发、提供加重消费者责任、减轻银行责任，或取消消费者主要权利、增加银行权益的混业金融产品，次贷危机中的次级贷款债券和掠夺性贷款正是侵害消费者权益的典型金融产品。

（四）危害金融系统性安全的禁止

次贷危机使人们认识到商业银行从事高风险混业经营业务对金融系统的危害，因此从维护金融体系整体安全的视角对商业银行混业经营进行准入限制成为次贷危机后各国金融监管立法的改革方向。沃尔克规则将维护“系统性稳定”作为禁止性规范的重要内容，即任何可能威胁银行实体和美国金融体系稳定和安全的交易均为不合法。[①] 英国也将减少商业银行的失败风险、保障英国金融体系的安全作为禁止性规范的目标。[②] 目前，我国金融体系总体安全，系统性风险发生的概率较低，但近年来占据我国金融主导地位的商业银行在混业经营中出现了多种异化现象，影响了我国金融的整体安全。其中通过混业经营中的复杂金融工具规避指标监管、规避政策监管就是危害我国金融系统安全的典型行为。为了保障金融业和商业银行的安全，政策法规对商业银行的经营活动制定了资本充足率、流动性、信贷规模等多种指标，这些指标是保障我国商业银行和金融系统安全的屏障。然而随着金融市场的发展和金融工具的创新，我国商业银行开始通过混业经营活动实现规避监管的目的，规避行为的表现形式多样，规避的对象既包括信用风险指标、流动风险指标、资本充足率、非标资产监管指标，也包括国家行业政策、信贷政策方向和并表监管等。如通过资产管理计划（包括券商、

① 12 U. S. C. 1851(d)(2)(A)(iii).

② 142D(6)(b) of FSMA2000.

基金、信托等）违规转让实现不良资产费清洁出表，人为调节监管指标；通过理财业务与自营业务之间的交易规避信贷规模控制或将自营资产出表；表外业务违规通过人为调整将非标准化转为标准化；通过理财投资等方式对不符合信贷政策的企业投资等。这些混业经营业务采取篡改会计账册等手段以规避法律监管为目标，其目的和手段都是违法的，危害我国金融的整体秩序，应予禁止。当然在金融实践中可能危害金融系统整体安全的混业经营活动既可能表现为严重的系统性事件导致的系统性风险，也可能表现为微观风险的不断积累。因此对此项禁止性规范应做广义理解，即任何可能威胁我国金融体系整体安全的混业经营业务皆为不合法，并成为统摄各项禁止性规范的根本性规范。

以上 4 类禁止性规范通过对商业银行自营交易业务、内部交易业务、高风险投资业务、规避监管等不当混业经营活动的准入限制，从源头降低了商业银行从事混业经营业务可能产生的金融消费者损害、安全网损失等风险。当然某些业务可能同时形成了多重风险，落入多项禁止性规范的要求，如自营交易活动既是“利益冲突禁止性规范”的限制对象，也可能由于损害消费者利益符合“侵害消费者权益”的禁止性规范要求。只要特定业务符合任何一项禁止性规范即应承担限制准入的法律后果。这 4 类禁止性规范对不同类型的商业银行所产生的约束效果并不相同，总体而言系统重要性银行受到的限制更多，尤其是在“安全网扩散”和“损害金融系统整体安全”的禁止性规范方面，系统重要性银行无疑应作出更多的业务调整甚至是金融集团的治理结构改良。在我国城市商业银行等中小型商业银行开始组建金融集团公司、①开展多元化混业经营②的背景下，非系统重要性银行也应当成为禁止性规范的适用对象，尤其在“利益冲突风险”和“损害消费者”的禁止性规范方面，非系统重要性银行应与系统重要性银行受到同样的禁止性约束。

三、禁止性规范的例外条款

金融业以信用为基础，具有内在的不稳定性，相较于其他行业的风险更

① 参见翟义波：《城商行实现控股金融集团路线图》，载《中国银行业》2015 年第 11 期。

② 参见石朝格：《城商行扩张凸显混业之势》，载《中国证券报》2006 年 8 月 18 日，第 4 版。

高。[①] 而现代金融更呈现出强烈的脆弱性、结构的高度复杂性、金融的巨大负外部性、虚拟性与独立性。[②] 对商业银行混业经营进行准入约束可以在一定程度上防范可能发生的金融风险，但要求商业银行从事混业经营业务绝对避免风险既不现实也不符合金融业运行自身的规律。对商业银行从事混业经营活动的准入限制也可能导致商业银行从事金融创新业务的动力不足、影响金融市场的流动性、降低金融服务的可获性，甚至对一国商业银行的国际竞争力产生负面影响。因此，各国在对商业银行混业经营进行限制的同时，都规定了禁止性规范的例外条款，即在特定条件下商业银行可以从事禁止性规范中的混业经营业务。虽然例外条款意味着商业银行可以在一定程度上从事禁止性规范中的混业经营业务，但这种例外从立法目的、规范方式和豁免业务的范围来看都与商业银行混业经营准入的许可性规范不同，因此只能被看作是禁止性规范的例外情况。

次贷危机之后，美国沃尔克规则对自营交易和高风险投资的禁止性规范就引发了学者和银行从业者对金融市场流动性和商业银行合规成本的担忧，因此沃尔克规则引入了禁止性规范的例外条款予以平衡。[③] 英国的“栅栏原则”也在 2014 年公布了专门针对禁止性规则和例外条款的法律规范，并规定了十几项准入限制的除外业务。[④] 在我国金融混业经营发展方向明确的情况下，应从金融混业经营实践需求出发，考虑以下几方面因素，制定我国商业银行混业经营中禁止性规范的例外条款。

特定目的例外条款：禁止商业银行从事特定混业经营业务的目的是防范商业银行过度的风险承担，但在金融市场日益复杂化的背景下，商业银行从事的某些复杂衍生金融业务本身正是为了应对变幻莫测的金融市场中不确定的风险。因此，这一类为了规避风险而进行的混业经营业务虽然形式上较为复杂、风险较高，但对商业银行减少风险意义重大，因此应当列入禁

---

① 参见张忠军：《金融监管法本质论》，载《法学家》1997 年第 6 期。

② 参见李爱君：《现代金融本质特征与金融宏观审慎监管》，载《金融法学家》2011 年第 3 期。

③ 参见张军、杜征征、殷裕品：《美国金融监管改革能够成功吗——基于利益集团视角的分析》，载《财经科学》2012 年第 1 期。

④ The Financial Services and Markets Act 2000 (Excluded Activities and Prohibitions) Order 2014.

止规定的例外事项。如为了规避利率风险、汇率风险和流动性风险目的进行的远期合约和掉期合约、期权与掉期期权等金融衍生品交易。对商业银行特定混业经营业务进行限制的目的还包括保护消费者利益,但商业银行作为拥有专业知识的金融服务提供者也承担着满足客户多种金融需求的职责,因此"为满足客户要求"而为的特定混业经营业务也是禁止性规范的例外条款。

特定交易对象的例外条款:商业银行作为金融中介与本国的货币传导机制关系密切,我国以银行系统为主体的金融结构决定了商业银行在我国货币政策传导中的核心地位。[①] 当商业银行对特定金融工具进行操作时,往往既是通过交易获得利益的过程,也是实现国家货币政策传导职能的过程,因此各国对商业银行交易的特定金融工具都制定了禁止性规定的例外条款。如沃尔克规则规定,对美国政府及其机构、全国抵押贷款协会、各州及分支机构等特定债权工具的投资不受禁止性规范的限制。英国"栅栏原则"也规定,与英格兰银行或英格兰银行的全资子公司从事的交易业务、商业银行投资其他"栅栏内"机构发行的金融工具不受禁止性规范的限制。[②] 因此,能传递货币政策的中央银行等特定机构发行的金融工具应成为禁止性规定的例外。

业务规模例外条款:金融混业经营可以发挥规模经营和范围经济效应,因此在商业银行混业经营的禁止性规范中必然要考虑限制混业经营业务对商业银行盈利能力、创新能力的影响。多国立法对商业银行混业经营的禁止性规范中加入了小规模经营的例外条款,即在宏观禁止特定高风险业务的前提下,允许商业银行在不超过一定业务规模的情况下小范围经营此类业务。如美国沃尔克规则就规定,不超过基金资产总量的3%的特定高风险投资是合法的。[③] 欧盟《银行业结构改革法(草案)》也对例外条款提出

---

① 参见王毓、胡莹:《我国银行类型对货币政策传导影响机制差异化研究》,载《中南财经政法大学学报》2011年第3期。

② Article 7, Article 8 of The Financial Services and Markets Act 2000 (Excluded Activities and Prohibitions) Order 2014.

③ Final Rule § __. 10(a).

了小规模的经营要求。[①] 对小规模经营的例外规定既可以保障商业银行从事混业经营业务的整体安全，又可以兼顾商业银行业务的灵活性和为消费者提供多元化的金融服务。

四、我国商业银行混业经营准入禁止性规范的适用

虽然我国商业银行在发展规模和业务类型方面取得了巨大的发展，但与发达国家的金融发展水平仍有差距，正如经济学家管涛所言，“金融发展滞后仍是中国经济发展的主要矛盾”。[②] 我国商业银行的混业经营业务与美国的摩根银行、花旗银行，日本的三菱日联、三井住友银行相比在金融服务类别、综合化程度方面仍处于发展阶段。因此，对我国商业银行混业经营准入的总体态度应当是确立许可性规范，继续推进我国商业银行的混业经营业务的发展，同时确定混业经营业务的禁止性规范，明确禁止从事业务的法律底线，保障商业银行混业经营的安全。

由于商业银行混业经营业务具有结构、功能、计算方面的多重复杂性，[③]其往往跨越多个金融部门，因此各国对商业银行混业经营业务的准入规范往往差异巨大，穷尽混业经营业务种类并进行明确规定并不现实。因此应当采取原则性规定与规则规定相结合的方式进行规范。

为了保障商业银行混业经营金融环境下的金融安全，本书试图以 4 方面禁止性规范和豁免条款为工具对我国现有商业银行的混业经营业务进行类型化分析，以明确商业银行混业经营禁止性规范的具体内容。

商业银行业务总体可以分为资产业务、负债业务和其他业务。[④] 其中负债业务的最主要类型是存款业务，资产业务的最主要类型是贷款业务，这两者构成了商业银行的核心业务。商业银行的混业经营业务表现形式多样，往往存在于传统存贷业务之外，表现为“其他业务”范围内的“中间业务”。但某些商业银行的混业经营业务也可能属于资产业务或负债业务，

---

① Article 6(2) of COM(2014)43 final.

② 管涛：《金融发展滞后仍是中国经济发展的主要矛盾》，载中国经济四十人论坛：http://www. cf40. org. cn/，最后访问日期：2017 年 9 月 11 日。

③ See Rescher N. , *Complexity: A Philosophical Overview*, Transaction Publishers, 1998, pp. 9 – 11.

④ 参见本顿 · E. 冈普、詹姆斯 · W. 克拉里等：《商业银行业务：对风险的管理》（第 3 版），康以同译，中国金融出版社 2009 年版，第 355 页。

如对外股权投资就是典型的资产业务。

依据与核心存贷业务的关系和风险程度,可以对商业银行混业经营业务进行分类,这一分类的依据是确定商业银行混业经营风险和是否予以禁止的前提。以此为依据如图 8-1 所示,可以将商业银行混业经营业务分为三类:第一类是与传统银行业务关系密切的混业经营业务,主要表现为财务顾问、代理、银行卡、托管、理财等业务,此类业务大部分属于代理性质,风险相对较小;第二类是与传统业务关系比较密切的混业经营业务,如证券经纪、债券承销、信托、租赁等业务,此类业务风险高于第一类业务,存在一定的市场风险和信用风险;第三类是与传统银行业务关联度不高或基本不相关的业务,主要表现为交易及投资类业务,此类业务往往具有较高的利率风险、政治风险。①

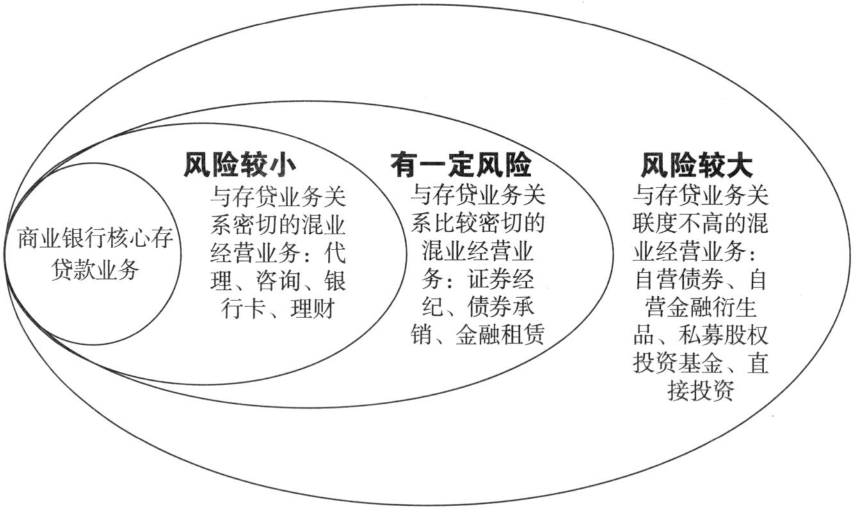

图 8-1 商业银行混业经营业务风险分类

商业银行混业经营准入监管中禁止性规范的引入就是为了防范商业银行混业经营中可能产生的风险,以保护存款人利益,减少对金融安全网的损害,保障金融安全。如图 8-2 所示,商业银行混业经营准入监管法律中的

① 参见清华大学国家金融研究院《商业银行法》修法研究课题组:《综合化经营下商业银行的业务结构研究》,载《清华金融评论》2016 年第 6 期。

禁止性规范应当依据商业银行混业经营业务的风险程度予以适用。

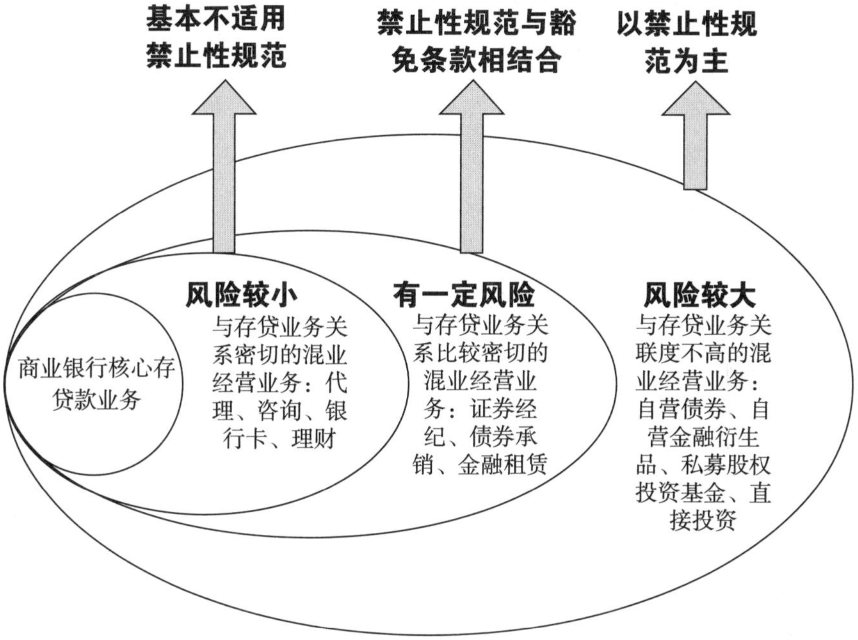

图 8－2　基于风险分类的商业银行混业经营禁止性规范适用

在三类商业银行混业经营业务中，还需要依据不同的具体业务适用利益冲突禁止、安全网扩散禁止、损害消费者权益禁止和危害金融系统性安全的禁止，并考虑该业务的特殊目的、交易对象和规模适用豁免条款。如在第一类与存贷业务关系密切的商业银行混业经营业务中，代理、咨询、银行卡等业务基本不适用禁止性规范，但在理财业务中可能适用侵害消费者权益的禁止、利益冲突的禁止。在第二类与存贷业务关系比较密切的商业银行混业经营业务中，股票承销应当适用利益冲突的禁止，属于证券经纪业务的做市商业务则由于特定的目的适用例外条款。在第三类与存贷业务关联度不高的商业银行混业经营业务中，自营金融衍生品、自营证券等业务主要适用利益冲突禁止和危害金融系统性安全禁止，但可以适用小规模经营的例外条款。

当然对混业经营的禁止，尤其是在金融科技影响下对复杂混业经营业务的禁止规范还要依赖于“穿透监管”等具体监管措施的适用。穿透监管，是指透过金融产品的表面形态，看清金融业务和行为的实质，将资金来源、中间环节与最终投向穿透连接起来，按照“实质重于形式”的原则甄别金融业务和行为的性质，根据产品功能、业务性质和法律属性明确监管主体和适用规则，对金融机构的业务和行为实施全流程监管。[①] 2016 年国务院办公厅发布的《互联网金融风险专项整治工作实施方案》中从国家层面首次提出“穿透式”监管办法，要求透过表面判定业务本质属性。近年来穿透监管的思想越来越多地体现在监管规范和具体监管措施中。

五、违背禁止性规范的法律责任

法律责任是由特定法律事实引起的对损害予以赔偿、补偿或接受惩罚的特殊义务，通常是由于违反法定或约定的义务引起的。[②] 法律责任的惩罚功能、救济功能、预防功能是法律制度实施的保证。[③] 商业银行混业经营的准入监管中，无论是商业银行业务禁止性规范的实现，还是监管机构行使准入监管权的合法依规都需要责任制度的有力保障。从责任主体来看，商业银行混业经营准入监管中的法律责任主要包括商业银行的法律责任和监管机构的法律责任两类。

商业银行违反混业经营准入中的禁止性规范就会产生法律责任问题，从《公司法》的角度而言，超越业务经营范围的活动通常被称为“越权经营”或“超范围经营”，商业银行违反禁止性规范从事混业经营业务显然也是一种越权经营。然而对商业银行混业经营准入责任的追究却不能依据《公司法》的有关规定，这是由于商业银行对业务范围的突破与一般公司企业对业务范围的突破具有不同的法律前提和法律后果。我国对《公司法》的不断修订中体现了国家鼓励创业、减少对公司经营干预的总体思想，对超范围经营也呈现出包容的态度，对一般性超范围经营不持否定态度。[④] 但商业银行的经营权从一开始就是通过法律规定以金融特许经营许可证方式特殊

---

① 参见苟文均：《穿透式监管与资产管理》，载《中国金融》2017 年第 8 期。

② 参见张文显：《法理学》（第 2 版），高等教育出版社 2003 年版，第 144 页。

③ 参见张骥：《论当代中国法律责任的目的、功能与归责的基本原则》，载《中外法学》1999 年第 6 期。

④ 参见覃有土、孙文桢：《公司超范围经营之法律后果研究——兼论无关联主义》，载《中南财经政法大学学报》2006 年第 5 期。

授权的，由于商业银行业务的特殊性，其一旦超范围从事混业经营业务往往会造成储户、消费者、金融体系的重大损失，因此商业银行混业经营准入法律责任的主要法律依据不是《公司法》，而是商业银行的特殊规范。我国《商业银行法》和《银行业监督管理法》虽然也对商业银行超越业务范围的行为规定了法律责任，但现存法律规范确定的法律责任主要是行政责任和刑事责任，对商业银行超范围从事混业经营给客户、消费者造成的损失缺乏民事责任的规定。《商业银行法》和《银行业监督管理法》对刑事责任的规定主要是概括性地表述为“构成犯罪的，依法追究刑事责任”，而我国《刑法》对违法从事金融业务主要是从不具有特种经营许可而从事金融业务的角度进行规定的，如擅自设立金融机构罪、非法吸收公众存款罪等，对已经具有金融特种经营许可证的商业银行从事超范围经营活动的刑事处罚规定不明。在金融实践中，商业银行超范围经营的混业经营活动通常由银保监会予以行政处罚，处罚的方式也局限于“罚款”一种形式，[①]缺乏应对不同风险的超范围经营的不同行政处罚措施。因此，对我国商业银行超范围混业经营的责任制度应从民事、行政、刑事责任相结合的角度进行完善，同时在行政责任中加入“责令暂停业务”“限制分红”“限制资产转让”“高级管理人员个人处罚”等具体措施。

金融监管机构违反商业银行混业经营准入监管规范也会产生相应的法律责任问题。显然对商业银行进行准入监管是监管机构的金融监管活动，而很多国家和地区对金融监管活动采取了责任豁免的制度，认为无论是被监管银行还是银行存款人都不能因审慎监管的瑕疵向监管者要求赔偿。[②]我国银行法律对监管机构的责任豁免未做明确规定。毫无疑问在对我国商业银行混业经营的准入监管中，监管机构享有较大的业务审批权，其对商业银行的混业经营有直接和决定性的影响，如果赋予监管机构完全的责任豁免权就剥夺了商业银行和相关主体获得实质救济的可能性，这与金融体系

---

① 详见表3-4：地区银监会部分商业银行混业经营相关行政处罚。

② 参见徐慧娟：《欧盟国家金融监管责任豁免制度及其启示：以银行监管责任为例》，载《南方金融》2007年第5期。

稳定、效率和正义的目标背道而驰。[①] 在对商业银行混业经营的准入监管中，监管机构的监管活动既包括规则制定权这样的抽象行政行为，也包括大量的行政许可和行政处罚的具体行政行为。依据最高人民法院《关于审理行政许可案件若干问题的规定》，监管机构的具体准入监管活动应属于可诉范围并应当承担相应的法律责任。然而在金融实践中，由于银保监会、中国人民银行等监管机构在实施行政许可的过程中透明度差，往往采用模糊的“审慎”“健全”“良好”等审查标准，商业银行等利益相关人在自身利益受损的情况下也难以追究监管机构的准入监管责任。因此，为了保障商业银行的混业经营营业权、促进商业银行经营转型，应当合理配置监管机构的监管权限，约束监管机构的规则制定权。同时规定，在监管机构违反法定职责而产生的相应注意义务，并给相对人造成损失时，承担相应的责任。

小结

商业银行混业经营准入监管法律中的禁止性规范是从消极方面确定商业银行混业经营合理限度的重要内容。我国混业经营准入监管法律中的禁止性规范缺乏系统性，呈现“碎片化”的特征。应当综合商业银行从事混业经营产生的主要问题，确定利益冲突行为禁止、可能导致安全网扩散的行为禁止、损害消费者权益的行为禁止、危害金融系统性安全的行为禁止，并将我国金融实践中典型的高风险混业经营业务明确列为禁止业务，并对金融机构和监管机构追究相应的法律责任。

---

① 参见苏洁澈：《论银行监管机构的侵权责任——以银行破产和英美法为例》，载《法学家》2011 年第 1 期。

结论与建议

在金融市场中“贪婪总是战胜恐惧”，由于商业银行经营存贷业务的基本功能和安全网制度的特殊保障，商业银行一旦忽视风险、从事高风险活动将会对金融体系和公众产生重大影响。商业银行不能一方面享受中央银行的再贷款、存款保险的保障、政府的危机救助，另一方面为了赚取利润从事危害金融体系安全、损害客户和金融消费者利益的高风险混业经营业务。因此，既要发挥商业银行混业经营的规模效应，又要防范商业银行从事过高风险的混业经营业务，这就需要以法律方式确定商业银行从事混业经营的合理限度，即通过商业银行混业经营准入监管法律制度约束商业银行的混业经营活动。

在国际金融混业程度加强和我国金融混业逐渐深化的背景下，传统金融业态界限不断被打破，与机构准入监管相比，业务准入监管更能适应混业经营发展的风险监管要求，应当充分发挥商业银行混业经营中业务准入监管的重要作用。无论是次贷危机后对商业银行高风险混业经营模式进行修正的美国、英国、欧洲，还是在金融自由化浪潮中逐渐放松混业经营管制的巴西、俄罗斯，都注重以法律方式明确商业银行混业经营的合理限度，在立法中注重安全与自由的平衡、合理配置准入监管机构的权限，明确禁止高风险混业经营业务。

“宜未雨而绸缪，毋临渴而掘井”，虽然我国商业银行的混业经营业务的发展程度、金融工具的复杂程度与发达国家还有差距，但在我国发展金融混业经营的背景下，应当吸取次贷危机的经验和教训，关注商业银行混业经营准入监管问题，制定商业银行混业经营准入监管法律规范，避免重蹈西方国家商业银行过度金融创新危害金融整体安全的覆辙。在立法方式方面，可以采取立法与修法相结合、原则立法与规则立法相结合的模式。在商业银行混业经营监管机构的权力配置中，应当参考商业银行对金融体系的影响程度采取差异化准入监管。同时建立以授权性规范、禁止性规范、例外条款在内的商业银行混业经营准入法律规范体系。当然，对商业银行混业经营准入监管法律制度的设计还要依据我国商业银行混业经营实践和我国金融监管体制改革的步伐进行调整。

具体法律建议如下：

第一，修订《商业银行法》。

在《商业银行法》第 3 条中增加在金融实践中已经被广泛许可的业务类型，如：资产证券化业务、个人理财业务、股票质押贷款业务、做市商业务、套期保值业务、证券投资基金、企业年金托管业务等；同时加入许可商业银行从事“附属业务”的原则性授权规范。修改《商业银行法》第 43 条，将对商业银行混业经营的“不得从事信托投资和证券经营业务，不得向非自用不动产投资或者向非银行金融机构和企业投资”的规定具体化为 4 方面禁止事项，即利益冲突行为禁止、可能导致安全网扩散的行为禁止、损害消费者权益的行为禁止、危害金融系统性安全的行为禁止。增加违反禁止性规定的目的例外、规模例外条款。

第二，制定金融集团监管专门法律规范。

首先，应在金融集团监管法律规范中明确商业银行集团的法律地位，并在“监管主体”部分，明确中国人民银行的监管主体地位并加强其宏观审慎监管权。其次，在金融集团法律规范中允许商业银行从事混业经营业务，并规定金融集团从事子公司业务的具体类型和禁止的情况。对商业银行以集团方式从事的混业经营业务作出与证券控股公司、保险控股公司不同的规定。在金融集团的“防火墙”制度中对银行集团的“内部交易”行为实施严格的限制。

第三,完善相应的监管配套制度。

对商业银行混业经营的准入监管需要完善相关监管的配套措施,首先,对商业银行混业经营进行“实质重于形式”的准入监管必须建立在有效的并表监管之上,因此应完善《商业银行并表管理与监管指引》,强化会计并表之外的资本并表和风险并表。其次,对商业银行混业经营的准入监管必须与商业银行对系统性风险产生的影响相一致,因此应区分不同类型的商业银行进行差异化监管,这就需要完善《商业银行全球系统重要性评估指标披露指引》《关于国内系统重要性银行划分标准的征求意见稿》等制度,以加强对系统重要性商业银行混业经营的准入监管。最后,大型商业银行集团结构的复杂性导致混业经营活动往往与关联交易相互作用,加重利益冲突风险和系统性风险,因此对商业银行混业经营的准入监管还需要重点强化对商业银行股东的监管。

参考文献

一、外文文献类

1. Anthony Saunders, Pierre Yourougou, "Are Banks Special? The Separation of Banking from Commerce and Interest Rate Risk", *Journal of Economics and Business*, 1990(42).

2. Arthur. E. Wilmarth, "Transformation of the U. S. Financial Services Industry, 1975 – 2000: Competition, Consolidation, and Increased Risks", *University of Illinois Law Review*, 2002(5).

3. Benston G J, Harland J. "Separation of Commercial and Investment Banking", *Springer*, 1990.

4. Fein M L, The Convergence of Financial Products and the Implications for Regulatory Convergence, a Symposium: "Can We Improve Policy-Making in Financial Services Regulation", Sponsored byAmerican Enterprise Institute 2007.

5. Fein M L. "Commercial Bank Private Placement Activity: Cracking Glass-Steagall", *Catholic University Law Review*, 1977(27).

6. Fein, Melanie L. Securities Activities of Banks, Aspen Publishers Online, 2011.

7. Financial Services (Banking Reform) Act 2013, the United Kingdom.

8. Grant. Joseph Karl, "What the Financial Services Industry Put Together Let No Person Put Asunder: How the Gram-Leach-Bliley Act Contributed to the 2008 – 2009 American Capital Market Crisis", *Albany Law Review*, 2009 (73).

9. Hebb. G. M, Franser. D. R, "Conflict of Interest in Commercial Bank Security Underwritings: Canadian Evidence", *Journal of Banking and Finance*, 2002 (26).

10. James R. Barth, Gerard Caprio, and Ross Levine, *Rethinking Bank Regulation: Till Angels Govern*, Cambridge University Press, 2008.

11. Joint Forum (Basel Committee on Banking Supervision, International Organization Securities Commissions, International Association of Insurance Supervisors, C/O Bank for International Settlements), Principles for the supervision of financial conglomerates (2012).

12. Joseph E. Stiglitz, "Lessons From the Global Financial Crisis of 2008", *Seoul Journal of Economics*, 2010 (23).

13. Karmel R S, "Glass-Steagall: Some Critical Reflections", *Banking Law Journal*, 1980 (94).

14. Kathy Czyrnik, L. S. Klein, "Who Benefits from Deregulating the Separation of Banking Activities? Differential Effects on Commercial Bank, Investment Bank, and Thrift Stock Returns", *Journal of Financial Intermediation*, 2004 (39).

15. Macey J. R., Holdcroft Jr J. P., "Failure Is an Option: An Ersatz-Antitrust Approach to Financial Regulation", *The Yale Law Journal*, 2011 (120).

16. Macey, Jonathan R., Geoffrey P. Miller, and Richard Scott Carnell, *Banking Law and Regulation*, Aspen Publishers, 2001.

17. Merkley. Jeff, Carl Levin, "The Dodd-Frank Act Restrictions on Proprietary Trading and Conflicts of Interest: New Tool to Address Evolving Threats", *Harvard Journal on Legislation*, 2011 (48).

18. Merton, Robert C. "A Functional Perspective of Financial Intermediation", *Financial Management*, 1995(2).

19. Nicholas J. Colombo, "The Flawed Explicit Safety Net: How Federally Sponsored Deposit Insurance Contributes to Financial Crisis", *Fordham Law Review*, 2013(82).

20. R. Rex, Chatterjee, "Dictionaries Fail: The Volcker Rule's Reliance on Definitions Renders It Ineffective and a New Solution Is Needed to Adequately Regulate Proprietary Trading", *International Law & Management Review*, 2011(8).

21. Ralf Elsas, Andreas Hackethal, Markus Holzhäuser, "The Anatomy of Bank Diversification", *Journal of Bank & Finance*, 2010(6).

22. Ralf Elsas, Andreas Hackethal, Markus Holzhäuser, "the Anatomy of Bank Diversification", *Journal of Bank & Finance*, 2010(34).

23. Rescher N., *Complexity: A philosophical Overview*, Transaction Publishers, 1998.

24. Rutton, V. W. *Induced Innovation: Technology, Innovation and Development*, Baltimore Johns Hopkins University Press, 1978.

25. Saptarshi Ghosh, Swetketu Patnaik, "The Independent Banking Commission (Vickers) Report: Squaring the Circle?", *International Journal of Law & Management*, 2012(54).

26. Saule. T. Omaova, "From Gramm-Leach-Bliley to Dodd-Frank: The Unfulfilled Promise of Section 23A of the Federal Reserve Act", *North Carolina Law Review*, 2011(89).

27. Saunders A, Walter I., *Universal banking in the United States: What could we gain? What could we lose?*, Oxford University Press, 1994: 11 – 16.

28. Sebastian C. Moenninghoffdu, Axel Wieandtdu, "Too Big To Fail? – Lessons from the Financial Crisis", *Revue economic finance*, 2011(1).

29. Steven L. Schwarcz, "Controlling Financial Chaos: The Power and Limits of Law", *Wisconsin Law Review*, 2012(3).

30. Steven L. Schwarcz, "Regulating Financial Change: A Functional Approach", *Minnesota Law Review*, 2016(100).

31. Steven L. Schwarcz, "Ring-Fencing", *Southern California Law Review*, 2013(87).

32. Taylor, M. W. "Twin Peaks: A Regulatory Structure for the New Century", Series Edited by the Centre for the Study of Financial Innovation. Centre for the Study of Financial Innovation, 1995.

33. Taylor, Michael W., "Road from Twin Peaks-and the Way Back", *Connecticut Insurance Law Journal*, 2009(16).

34. Tett G., *Fool's Gold: How the Bold Dream of a Small Tribe at JP Morgan Was Corrupted by Wall Street Greed and Unleashed a Catastrophe*, Simon and Schuster, 2009.

35. The Independent Banking Commission (Vickers report): High-level Expert Group on reforming the structure of the EU banking sector Final Report.

36. The Volcker Rule, § 619(12 U. S. C. § 1851) of the Dodd-Frank Wall Street Reform and Consumer Protection Act.

37. Vickers J S., *Independent Commission on Banking Final Report: Recommendations*, The Stationery Office, 2011.

38. Viñals J, Pazarbasioglu C, and Surti J, et al., *Creating a Safer Financial System: Will the Volcker, Vickers, and Liikanen Structural measures help?* International Monetary Fund, 2013:17.

39. Viral V. Acharya, Thomas F. Cooley, Matthew P. Richardson, "Capital Shortfall: A New Approach to Ranking and Regulating Systemic Risks", *The American Economic Review*, 2012(102).

40. Whitehead, Charles K., "The Volcker Rule and Evolving Financial Markets", *Harvard Business Law Review*1, 2011(1).

二、中文著作类

1. [美]E. 博登海默:《法理学:法律哲学与法律方法》,邓正来译,中国政法大学出版社 2004 年版。

2. [美]哈威尔·E. 杰克逊、小爱德华·L. 西蒙斯:《金融监管》,吴志攀等译,中国政法大学出版社 2003 年版。

3. [美]威廉·希尔伯:《力挽狂澜:保罗·沃尔克和他改变世界的金融

世界》,綦相、刘丽娜译,上海财经大学出版社2013年版。

4.［英］阿兰·莫里森、小威廉·维尔勒姆:《投资银行:制度、政治和法律》,何海峰译,中信出版社2011年版。

5.蔡奕:《银行参与证券业务热点透析》,北京大学出版社2006年版。

6.陈磊:《表外融资研究》,时代金融出版社2013年版。

7.大卫·G.梅斯、丽莎·海尔姆、阿诺·柳克西拉:《改进银行监管》,方文、周济等译,中国人民大学出版社2006年版。

8.丁邦开、周仲飞:《金融监管学原理》,北京大学出版社2004年版。

9.郭敏:《多元化金融集团的组织经济学分析》,人民出版社2005年版。

10.何贝倍:《我国银行业监管法律体系的制度分析》,社会科学文献出版社2015年版。

11.胡浩:《银证合作》,中国金融出版社2006年版。

12.黎四奇:《我国银行法律制度改革与完善研究》,武汉大学出版社2013年版。

13.李昌麒:《经济法学》,法律出版社2008年版。

14.李勇主编:《现代银行的投资银行业务》,中国金融出版社2008年版。

15.凌涛、张红梅:《金融控股公司监管模式国际比较研究》,上海三联书店2008年版。

16.刘士余主编:《美国金融监管改革概论》,中国金融出版社2011年版。

17.鲁篱:《经济法的基本范畴研究》,法律出版社2008年版。

18.吕忠梅、陈虹:《经济法原》,法律出版社2007年版。

19.彭金龙:《金融控股公司:法制监理与经营策略》,中国人民大学出版社2005年版。

20.漆多俊:《经济法学》(第2版),高等教育出版社2010年版。

21.钱大军:《法律义务研究论纲》,科学出版社2008年版。

22.邱海洋、刘萍译:《美国〈联邦存款保险法〉〈银行控股公司法〉》,中国政法大学出版社2005年版。

23. 沈悦、王小霞:《中国金融自由化进程中的安全预警研究》,科学出版社 2010 年版。

24. 王国刚:《全球视角下的金融混业现象:多维度透》,人民出版社 2006 年版。

25. 王婉婷:《中国商业银行差异化监管研究——基于监管效率的视角》,首都经济贸易大学出版社 2016 年版。

26. 王兆星主编:《商业银行中间业务风险监管》,中国金融出版社 2004 年版。

27. 王正茂:《金融监管的国际比较》,国家行政学院出版社 2011 年版。

28. 吴弘、胡伟:《市场监管法论》,北京大学出版社 2006 年版。

29. 吴志攀:《金融法概论》(第 5 版),北京大学出版社 2011 年版。

30. 席德应:《商业银行机构金融业务》,中国金融出版社 2010 年版。

31. 熊伟:《银行监管权边界问题研究》,法律出版社 2013 年版。

32. 徐孟洲:《金融监管法研究》,中国法制出版社 2008 年版。

33. 徐文斌:《全能银行发展路径研究》,经济科学出版社 2009 年版。

34. 阳建勋:《后危机时代衍生金融监管变革的法律问题研究——以〈多德—弗兰克法案〉为中心》,法律出版社 2014 年版。

35. 杨松等:《银行法律制度改革与完善研究:调控与监管的视角》,北京大学出版社 2011 年版。

36. 岳彩申:《论经济法的形式理性》,法律出版社 2005 年版。

37. 张文显:《法哲学范畴研究》,中国政法大学出版社 2001 年版。

38. 周丽莉:《信用风险转移对金融稳定的影响研》,经济科学出版社 2010 年版。

39. 周仲飞:《银行法研究》,上海财经大学出版社 2010 年版。

40. 朱崇实、刘志云等:《混业经营趋势下的中国金融监管法:挑战与革新》,厦门大学出版社 2013 年版。

41. 朱大旗:《金融法》,中国人民大学出版社 2007 年版。

三、中文期刊类

1. 巴曙松:《中国金融监管改革的可能路径》,载《金融客》2015 年第 2 期。

2. 白钦先:《金融全球化下的中国金融业的战略目标》,载《现代商业银行》2002 年第 7 期。

3. 陈学文:《商业银行非保本理财业务的投资者法律保护——以英美法系国家的"信义义务"为借鉴》,载《政治与法律》2012 年第 7 期。

4. 段胜辉:《银信合作、货币供应与货币政策》,载《上海金融》2012 年第 3 期。

5. 高海红、高蓓:《中国影子银行与金融改革:以银证合作为例 》,载《国际经济评论》2014 年第 2 期。

6. 顾功耘、胡改蓉:《营业自由与国家干预交织下商主体营业资格之维度分析》,载《政治与法律》2011 年第 11 期。

7. 顾海峰:《银保协作下商业银行主观信用风险形成机理探析——基于道德风险的分析视角》,载《现代财经》(天津财经大学学报)2013 年第 3 期。

8. 黄韬、陈儒丹:《功能监管视角下的中国〈证券法〉适用范围研究》,载《证券法苑》2012 年第 7 期。

9. 纪崴:《银保新规带来的改变》,载《中国金融》2014 年第 13 期。

10. 雷兴虎:《论我国金融控股公司的风险防范法律机制》,载《中国法学》2009 年第 5 期。

11. 黎四奇、宋孝悌:《中央银行最后贷款人法律制度的演变及对我国的借鉴》,载《湖南大学学报》2007 年第 5 期。

12. 李昌麒:《论经济法语境中的国家干预》,载《重庆大学学报》(社会科学版)2008 年第 4 期。

13. 李文泓、王刚:《美国实施沃尔克规则的最新进展与启示》,载《国际金融研究》2011 年第 9 期。

14. 李文泓、周皓:《金融监管体制改革的国际经验和中国道路》,载《清华金融评论》2014 年第 4 期。

15. 梁颖琳:《宏观审慎监管框架下我国金融业监管协调问题研究》,载《财经问题研究》2013 年第 4 期。

16. 廖凡:《竞争、冲突与协调——金融混业监管模式的选择》,载《北京大学学报》(哲学社会科学版)2008 年第 3 期。

17. 蔺捷:《从金融规制权解读自贸区战略与“一带一路”战略的对接和融合》,载《当代法学》2017 年第 2 期。

18. 刘明彦:《英国银行业围栏改革评述》,载《银行家》2011 年第 12 期。

19. 刘瑛:《后金融危机时期金融控股集团监管模式探析》,载《国际经贸探索》2010 年第 3 期。

20. 缪因知:《国家干预的法系差异——以证券市场为重心的考察》,载《法商研究》2012 年第 1 期。

21. 倪受彬、江翔宇:《从安信信托案看银信合作理财中信托合同效力问题》,载《法学》2010 年第 4 期。

22. 潘施琴:《构建我国金融控股公司监管立法框架的设想》,载《法学杂志》2012 年第 9 期。

23. 潘秀丽:《中国金融机构资产证券化风险分析及建议》,载《中央财经大学学报》2010 年第 9 期。

24. 彭建刚、邹克、蒋达:《混业经营对金融业系统性风险的影响与我国银行业经营模式改革》,载《中国管理科学》2014 年第 1 期。

25. 秦亚东、杨健:《论我国资产证券化的法律风险——从美国次贷危机谈起》,载《当代法学》2009 年第 2 期。

26. 清华大学国家金融研究院《商业银行法》修法研究课题组:《银行业金融机构牌照监管的国际比较》,载《清华金融评论》2016 年第 6 期。

27. 清华大学国家金融研究院《商业银行法》修法研究课题组:《主要国家和地区的银行业立法研究》,载《清华金融评论》2016 年第 6 期。

28. 清华大学国家金融研究院《商业银行法》修法研究课题组:《综合化经营下商业银行的业务结构》,载《清华金融评论》2016 年第 6 期。

29. 沈伟:《中国的影子银行风险及规制工具选择》,载《中国法学》2014 年第 4 期。

30. 时建中:《外资银行监管法律问题研究》,载《法学评论》2003 年第 6 期。

31. 孙晋、冯艳楠:《产融结合的经济力过度集中及其反垄断规制》,载《上海交通大学学报》(哲学社会科学版)2010 年第 1 期。

32. 孙美芳:《强化金融混业的功能监管》,载《中国金融》2016 年第 5 期。

33. 田苗、毕贺轩:《解读银信理财业务监管新规,探究银信合作新趋势》,载《武汉金融》2012 年第 3 期。

34. 王文宇:《论中国银行体制的改革——以内资民营银行准入限制缓和为中心》,载《清华法学》2010 年第 1 期。

35. 王晓倩:《银行理财产品监管套利模式及监管对策研究》,载《现代财经》(天津财经大学学报)2015 年第 3 期。

36. 王兆星:《机构监管与功能监管的变革——银行监管改革探索之七》,载《中国金融》2015 年第 3 期。

37. 王兆星:《金融综合经营与分业监管变革》,载《中国金融》2014 年第 23 期。

38. 闻岳春、丁志雄:《中国金融业综合经营:现状与路径取向》,载《同济大学学报》(社会科学版)2008 年第 4 期。

39. 吴娜:《金融监管体制改革的探讨》,载《财经问题研究》2014 年第 5 期。

40. 吴晓灵:《金融综合经营趋势——中国金融控股公司模式选择》,载《科学决策》2004 年第 9 期。

41. 吴永辉:《我国金融集团发展现状及法律监管》,载《法治论丛》2010 年第 1 期。

42. 吴云、张涛华:《危机后的金融监管改革:二元结构的"双峰监管"模式》,载《东政法大学学报》2016 年第 3 期。

43. 席涛:《货币、市场与商业银行法》,载《政法论坛》2015 年第 1 期。

44. 夏秋、罗然然:《金融混业经营趋势下中国金融监管改革探讨》,载《西南金融》2016 年第 6 期。

45. 向宇、朱海波:《银行理财产品对我国货币政策传导机制的影响——基于银行信贷传导渠道的角度》,载《西南民族大学学报》(人文社会科学版)2013 年第 8 期。

46. 邢会强:《商业银行的公共性理论——兼论商业银行收费法律问题》,载《现代法学》2012 年第 1 期。

47. 许多奇、张维宇:《我国非保本理财产品之运作困境与制度设计——以商业银行个人理财业务实证考察为主线》,载《法学》2014 年第 10 期。

48. 宣文俊:《我国金融业混业经营的法律框架思考》,载《法学》2005年第1期。

49. 薛梅:《银行竞争主体的塑造及银行保险的进一步演变趋势——银监会监管政策效应的经济学分析》,载《保险研究》2011年第3期。

50. 颜苏:《银行理财产品信息披露标准化原则的立法研究》,载《法学杂志》2015年第3期。

51. 杨东:《市场型间接金融:集合投资计划统合规制论》,载《中国法学》2013年第2期。

52. 杨惠:《机构监管与功能监管的交错:美国GLB法案的经验》,载《财经科学》2007年第5期。

53. 杨松、魏晓东:《次贷危机后对银行监管权配置的法律思考》,载《法学》2010年第5期。

54. 杨松、闫海:《银行代理保险业务的法律规范体系研析》,载《法学评论》2010年第5期。

55. 姚军:《我国金融控股集团发展模式选择及治理结构的再造》,载《暨南学报》2015年第8期。

56. 姚洛:《解读沃尔克法则》,载《中国金融》2010年第16期。

57. 于永宁:《金融监管模式的博弈与选择》,载《山东大学学报》(哲学社会科学版)2011年第4期。

58. 张春丽:《信贷资产证券化信息披露的法律进路》,载《法学》2015年第2期。

59. 张洪波:《以安全为中心的法律价值冲突及关系架构》,载《南京社会科学》2014年第9期。

60. 张琳、叶凡:《银证合作下的金融创新》,载《中国金融》2012年第22期。

61. 张双梅:《金融监管权比较研究——以综合经营为视角》,载《法学杂志》2011年第3期。

62. 张学安、檀吓俤:《论政府对投资银行的风险监管》,载《河北法学》2009年第8期。

63. 朱大旗、李慈强:《论存款保险立法中银行监管权的分配与协调》,

载《北京行政学院学报》2013 年第 3 期。

四、学位论文

1. 陈为:《中国大型国有商业银行发展综合经营路径研究》,西南财经大学 2010 年博士学位论文。

2. 郭金良:《系统重要性金融机构危机市场化处置法律制度研究》,辽宁大学 2014 年博士学位论文。

3. 胡再勇:《中国商业银行混业的风险分析》,对外经济贸易大学 2005 年博士学位论文。

4. 刘先良:《中国银行业宏观审慎监管法律制度研究》,江西财经大学 2015 年博士学位论文。

5. 宋怡林:《民营化背景下商业银行股东加重责任研究》,辽宁大学 2015 年博士学位论文。

6. 于永宁:《后危机时代的金融监管变革之道》,吉林大学 2010 年博士学位论文。

五、主要网络文献来源

1. 巴塞尔委员会网站:http://www.bis.org/bcbs/。

2. 美联储网站:https://www.federalreserve.gov/supervisionreg.htm。

3. 欧盟理事会:银行结构性改革网站 http://www.consilium.europa.eu/en/policies/banking-structural-reform/。

4. 巴西中央银行网站:http://www.bcb.gov.br/pt-br。

5. 中国人民银行网站:http://www.pbc.gov.cn/。

6. 中国银保监会网站:http://www.cbirc.gov.cn。

7. 中国裁判文书网:http://wenshu.court.gov.cn/。

图书在版编目(CIP)数据

我国商业银行混业经营准入监管法律制度研究 / 杨海瑶著. -- 北京 : 法律出版社, 2020
(当代金融法治发展文丛)
ISBN 978 - 7 - 5197 - 4685 - 8

Ⅰ. ①我… Ⅱ. ①杨… Ⅲ. ①商业银行-银行监管-法律-研究-中国 Ⅳ. ①D922.281.4

中国版本图书馆 CIP 数据核字(2020)第 108358 号

我国商业银行混业经营准入监管法律制度研究
WOGUO SHANGYE YINHANG HUNYE JINGYING ZHUNRU JIANGUAN FALÜ ZHIDU YANJIU

杨海瑶 著

责任编辑 屈　瑶
装帧设计 李　瞻

出版 法律出版社
总发行 中国法律图书有限公司
经销 新华书店
印刷 三河市龙大印装有限公司
责任校对 杨锦华
责任印制 陶　松

编辑统筹 学术 · 对外出版分社
开本 710 毫米 × 1000 毫米　1/16
印张 16.25
字数 245 千
版本 2020 年 8 月第 1 版
印次 2020 年 8 月第 1 次印刷

法律出版社/北京市丰台区莲花池西里 7 号(100073)
网址/www.lawpress.com.cn
投稿邮箱/info@lawpress.com.cn
举报维权邮箱/jbwq@lawpress.com.cn
销售热线/400 - 660 - 8393
咨询电话/010 - 63939796

中国法律图书有限公司/北京市丰台区莲花池西里 7 号(100073)
全国各地中法图分、子公司销售电话：
统一销售客服/400 - 660 - 8393/6393
第一法律书店/010 - 83938432/8433　西安分公司/029 - 85330678　重庆分公司/023 - 67453036
上海分公司/021 - 62071639/1636　深圳分公司/0755 - 83072995

书号:ISBN 978 - 7 - 5197 - 4685 - 8
定价:69.00 元
(如有缺页或倒装,中国法律图书有限公司负责退换)